DELE Nivel Intermedio

조 혜 진

기출문제 해설집

도서출판 월인

책을 내며

이 책은 스페인어 자격시험Diploma de Español como Lengua Extranjera을 준비하고 있는 사람들, 특히 Nivel Intermedio 준비생들을 위해 마련되었습니다. 최근 3년간 봄, 가을로 출제된 문제들을 문법 위주로 상세히 풀이, 해석하고 그 경향을 분석함으로써 앞으로의 시험을 내다볼 수 있도록 하기 위함이지요.

기출문제 분석을 하다 보니 몇 가지 느끼는 바가 있었습니다. 특히 출제자들도 실수를 하는구나 하는 생각이 자주 들었는데, amigdalitis와 같이 어려운 단어를 agmidalitis로 틀리는 등의 오타나 탈자가 잦던가, 절과 절을 나누는 쉼표(,)와 악센트를 빈번히 생략하던가, 기존의 문제를 아주 살짝만 응용한 문제들도 적지 않은 것을 보며, 출제자도 사람이구나, 요령 있게 대처하면 문법이나 어휘의 문제는 쉽게 해결될 수도 있겠구나 하는 생각이 문득문득 들고는 했습니다. 그래서 DELE 시험 준비생들에게 다음과 같은 몇 가지 충고, 혹은 이 책을 보는 방법을 설명하겠습니다.

먼저, 이 시험은 전반적으로, 부호가 생략되어 있으므로 절을 잘 끊어 읽는 연습이 꼭 필요합니다. 매우 중요하니 잊지 않길 바랍니다. 이를 위하여 동사-목적어, 수식어-피수식어, 전치사-명사나 동사 등, 의미상 연결된 단어들의 위치를 반드시 짚어주십시오. 각 동사의 주어를 잘 따져보고, Le, Lo, La 등의 대명사가 무엇을 가리키는지 확인하고, 긴 문장일수록 전치사가 어느 동사나 명사와 구를 이루고 있는지 파악하여야 합니다. 또한 ; : , 도 적당히 끊어 읽을 줄 알아야 합니다.

기출문제 그대로 책을 구성하려고 노력했습니다. 글자체나 표, 정렬 방식 등, 여러분의 눈에 익숙해지게끔 하려는 목적이었으므로 허술하게 보아 넘기지 말아주세요. 또한 문제나 지문의 해석은 원문에 충실하게 하였으니 단어 해석에 참고해주시기 바랍니다.

한편, PRUEBA 4를 풀다보면 눈치 채겠지만, 문제에서 요구하는 문법 지식은 어느 해나 정해진 규칙을 따르고 있습니다. 어떤 사항들을 중시하는지 금방 알 수 있게 풀이해놓았으니, 이해가 어렵다면 그 항목들을 별도로 복습하시면 좋겠습니다.

쓰기의 경우(Prueba 2), 기출문제를 실어놓았으니 요구하는 지식이 무엇인지 확인하고, 제시된 문제들을 간략하게나마 적어보길 권합니다. 듣기와 말하기의 경우, 단기간에 책으로 해결될 문제가 아니니 이도 소홀히 하지 않기를 바랍니다.

많이 부족한 책이지만, 그래도 효과적으로 활용하여 목적한 바를 이루시기 바랍니다.

감사합니다.

차 례

14 de mayo de 2005

PRUEBA 1. COMPRENSIÓN DE LECTURA

Instrucciones

A continuación encontrará usted cuatro textos y una serie de preguntas relativas a cada uno de ellos.

Hay dos modalidades de preguntas :

Primer tipo :

a) Verdadero

b) Falso

Segundo tipo. Selección de una respuesta entre tres opciones :

a) ...

b) ...

c) ...

Marque la opción correcta en la **Hoja de Respuestas Número 1.**

이어서 당신은 4개의 지문과 각 지문과 관련된 일련의 질문들을 만날 것이다.
두 개의 질문 양식이 있다:

첫 번째 타입:

a) 참

b) 거짓

두 번째 타입. 3개의 선택지 중에서 택일:

a) ...

b) ...

c) ...

1번 답지에 선택된 답을 표시하시오.

Texto 1

¿DEBO CAMBIAR DE TRABAJO?

Hay gente que lo subordina todo a su vida profesional mientras que otras personas ven que el trabajo es tan sólo una fuente de ingresos para financiar su existencia. Decidir qué es lo mejor para uno es una opción personal, imposible de valorar desde fuera. Lo ideal, sin embargo, sería tener dos metas bien diferenciadas : una para la vida personal y otra para la profesional, y que además no se contradigan entre sí. Esto es difícil de lograr y por eso trataremos de ayudarte en la difícil cuestión de si debes o no cambiar de trabajo.

Lo primero que debes hacer es identificar el objetivo último que quisieras alcanzar y donde mejor se exprese tu personalidad, tus ideales y la calidad de vida que siempre que has ansiado. Valora qué esfuerzo estás dispuesto a realizar, a qué cosas estás dispuesto a renunciar y a qué otras no, porque siempre tendrás que pagar un precio. Todos necesitamos luchar por un objetivo, sentir que aportamos nuestro granito de arena para cambiar el mundo y que nuestras acciones están en sintonía con nuestros principios éticos. Tener objetivos personales y profesionales divergentes, contradictorios o conflictivos, lleva a una tensión que tarde o temprano termina afectando a nuestro carácter y a nuestra vida afectiva. Un equilibrio entre ambiciones y posibilidades, sustentado en valores éticos individuales, debería permitir un proyecto de vida que integrase lo personal y lo profesional. No olvides que si te vendes al mejor postor olvidando tus principios, puedes poner en juego tu reputación y con ello un futuro profesional exitoso.

Si finalmente decides cambiar de trabajo, y con ello de vida, la búsqueda de una identidad propia es el primer paso. Sincérate contigo mismo y por el momento no preguntes a los que te rodean qué opinan de tu decisión. Ten en cuenta que este proceso provoca desacomodamientos internos y sensación de desajuste. Pero, tranquilo, este desequilibrio suscita movimientos y acciones que llevan, en el caso de ser exitosos, a un nuevo equilibrio. Reflexiona sobre tus capacidades y habilidades, sobre aquellas tareas que sabes hacer mejor, sobre tus potencialidades, carencias e intereses, y sobre cómo se desarrollan tus relaciones con los demás. Piensa igualmente si estás satisfecho con tu vida personal y familiar y con tu situación profesional. Haz un *ranking* de tus deseos y otro listado con las aficiones que más te divierten durante tu tiempo de ocio. Tu objetivo es conocerte mejor y después, si quieres, cambiar. La decisión no es fácil ni cómoda y es muy probable que no encuentres ningún apoyo. Por eso, toma la decisión sólo si sientes que tu situación actual es tan insoportable que supera el temor al cambio.

[Adaptado de *www.latinoemprendedores.com*]

GRAMÁTICA & VOCABULARIO

- **mientras que** (~한 반면) : 반의적 접속구문에 사용되며, 두 구문의 정보가 상이하다는 것을 강조한다.
- **para uno** : 부정不定 대명사 uno/a는 '누군가'를 의미하므로 누구든지 될 수 있다. 즉, 여기서는 '자기 자신', '각자'라는 의미로 해석.
- **lo ideal(mejor)** (이상적인 것, 최선의 것) : lo는 성, 수 변화 없이 형용사나 부사를 명사화하여 그 특성을 강조하는 기능이 있다.
- **entre sí** : sí는 3인칭 재귀대명사로서, '자기 자신', '서로', '상호간에'라는 뜻의 재귀적 상황에서만 쓰인다. 기타의 경우에는 항상 '전치사 +주격인칭대명사'로 사용된다.
- **tratar de +동사원형** (~하도록 노력하다, 시도하다)
- **deber +동사원형** (반드시 ~해야 한다) : 같은 의미의 'hay que +동사원형'은 무인칭 구문이고, 'tener que +동사원형'은 상황에서 비롯된 의무임을 가리킨다. 반면, deber 구문은 그 의무가 주어에게서 비롯되었음을 부각시킨다.
- **cambiar de algo** (~을 바꾸다) : 집, 의견, 옷, 직업 등을 완전히 바꿀 때 사용한다.
- **estar dispuesto(a) a +동사원형** (~할 준비가 되다, 마음을 먹다, 자세가 되다)
- **aportar(sumar) mi(tu, su...) granito de arena** : 작은 도움을 보태다, 십시일반
- **poner en juego algo** (~을 위험에 빠뜨리다)
- **sincerarse con alguien** (~에게 본심을 털어놓다, ~에게 솔직해지다)
- **por el momento** (= por ahora, provisionalmente : 당장은, 잠시 동안은)
- **Tener en cuenta algo** (~을 고려하다, 생각하다) : '계산에 넣다'라는 의미.
- **por eso** (그래서, 그러니까) : 어떤 일의 결과로 이어진다.
- **sólo si** (오직 ~할 경우에만) : 최소한의 조건을 가정할 때 사용한다.
- **tan(tanto) +형용사/명사 +que** (너무나 ~해서 ~하다)

나는 직업을 바꿔야만 할까?

보는 일을 자신의 직장생활보다 하위에 두는 사람들이 있는 반면, 다른 이들은 직업이 단지 생존을 보장하는 수입원일 뿐이라고 보기도 한다. 자신을 위한 최선이 무엇인지 결정하는 것은 외부에서 평가할 수 없는 개인적인 선택인 것이다. 그렇지만, 이상적인 것은 명확히 차별되는 두 가지 목표를 가지는 일일 것이다: 하나는 사생활을 위한 것이고, 다른 하나는 직업을 위한 것인데, 게다가 서로 모순되지도 않아야 한다. 이는 성취하기 어렵고, 바로 그렇기 때문에 직장을 바꿔야만 하는가라는 어려운 문제에서 우리가 당신을 돕도록 노력할 것이다.

당신이 먼저 해야 할 일은 도달하고 싶고 자신의 개성과 이상, 언제나 꿈꿔왔던 삶의 질이 가장 잘 표현된 최종 목표를 설정하는 일이다. 그것을 실현하기 위해 무슨 노력을 할 자세가 되어있고, 무슨 일은 포기하지만 어떤 것은 그렇지 않을 각오가 되어있는지 평가하라. 왜냐하면 당신은 언제나 댓가를 치러야만 하기 때문이다. 우리 모두는 어떤 목표를 위해 투쟁해야 하고, 세상을 바꾸기 위해 아주 작은 공헌을 할 뿐만 아니라 우리의 행동이 우리의 도덕적 원칙에 부합한다고 느낄 필요가 있다. 상이하거나 모순적이거나 혹은 상충하는 사적인 목표와 직업적인 목표를 갖는다는 것은 우리의 성격이나 정서적인 생활에 조만간 영향을 미치게 되는 긴장을 수반하기 마련이다. 개인적인 도덕적 가치에 기반을 둔 야망과 가능성간의 균형은 사적인 것과 직업적인 것을 통합하는 인생의 목표 설정을 가능하게 해 줄 것이다. 자신의 원칙을 망각하고 최고가 입찰자에게 자신을 팔게 된다면 자신의 명성과 함께 직업상의 성공적인 미래도 위험에 빠뜨릴 수 있다는 사실을 잊지 말라.

결국 직업을 바꾸고 그로 인해 삶도 바꿔보기로 결정했다면 자신의 정체성을 찾는 일이 첫걸음이 된다. 자신에게 솔직해지라. 그리고 당장은 당신을 둘러싸고 있는 사람들에게 당신의 결정에 대해 어떻게 생각하는지 묻지 말라. 이 과정이 내적인 불편함과 잘못된 느낌을 야기할 수 있음을 명심하라. 그러나 안심하라, 이 불균형은 행동과 움직임을 유발하고, 성공적인 경우 새로운 균형으로 이끌게 된다. 당신의 능력과 수완, 잠재력과 부족함과 흥미, 그리고 어떻게 다른 사람들과의 관계를 발전시킬 것인가에 대해 깊이 생각해 보라. 아울러 당신 개인과 가족 내의 삶, 직업적인 상황에 만족하는지 생각해보라. 당신의 욕구에 순위를 매겨보고, 여가시간에 당신이 가장 즐거워하는 취미들도 순위를 매겨보라. 당신의 목표는 자신을 더 잘 아는 것이며, 원한다면 그 다음에 변화를 갖는 것이다. 결정은 쉽지도 편하지도 않고 그 어떤 도움도 받을 수 없을 가능성이 크다. 그렇기 때문에, 당신의 현 상황이 너무도 참을 수 없어서 변화에 대한 두려움을 넘어설 정도라고 느낄 때에만 결심을 하라.

[www.latinoemprendedores.com 에서 각색한 글]

PREGUNTAS

1. Según el texto, los objetivos de nuestra vida profesional y de nuestra vida personal deben coincidir.
   a) Verdadero
   b) Falso

2. En el texto se afirma que para conseguir una carrera profesional exitosa, hay que aceptar las mejores ofertas.
   a) Verdadero
   b) Falso

3. Según el texto, en una decisión tan importante es fundamental la opinión de tus familiares.
   a) Verdadero
   b) Falso

1. 위 글에 의하면, 우리의 개인적인 삶과 직업적인 삶의 목표는 일치해야만 한다.	답 : b
2. 위 글에서는 성공적인 커리어(직장생활)를 성취하기 위해서는 가장 좋은 제의들을 수용해야만 한다고 말하고 있다. ► la carrera : 커리어, 직업, 전공	답 : b
3. 위 글에 의하면, 그렇게 중요한 결정에 있어 가족의 의견이 필수적이다.	답 : b

Texto 2

UNA EMPRESA DE CAMISETAS

Una camiseta, no nos engañemos, es una prenda de lo más común y, sin embargo, los hermanos Dalmau han convertido sus piezas en un sinónimo de vanguardia, en obras de arte. Algo ha tenido que ver en todo ello el que muchas estrellas de cine se prodiguen en público con estas camisetas. Esto le ha concedido una gran notoriedad. Pero el éxito tiene otras muchas claves.

Su marca, que ahora distribuye sus colecciones en todo el mundo, nació allá por los ochenta, después de un viaje alrededor del mundo en busca de nuevas ideas para una empresa. Al regresar a Barcelona, decidieron poner en marcha un negocio basado en unas prendas hasta entonces poco valoradas en el mercado : las camisetas para hombres. En un momento en el que los colores planos y uniformes reinaban en los escaparates, apostaron por los colores indiscretos y las imágenes impactantes. Toda una revolución para el mercado masculino, en el que el tono predominante era el negro y el diseño se basaba en la discreción más absoluta.

La entrada en el mundo de la moda no fue nada espectacular y al mercado de camisetas masculinas le costaba aceptar los diseños nuevos por lo que en los años noventa decidieron introducirse en el mercado femenino del que salieron mejor parados. Aun así, el sector se les resistía. Sin embargo, seguros de su poder de convicción, llenaron una maleta con camisetas y se lanzaron a la conquista del mercado internacional. Al principio se les rechazó, pero no se desanimaron y en 1996 ya distribuían sus camisetas por todo el mundo.

Hace sólo cinco años eran siete u ocho personas las que conformaban la empresa. Ahora tienen en nómina 40 personas, a las que hay que sumar otras 30 de las tiendas propias de la marca. Y para hacer frente al fuerte crecimiento nacional que se ha producido en pocos años, deben subcontratar la fabricación a empresas que producen exclusivamente para ellos.

Cada una de sus colecciones tiene más de mil grafismos y sale al mercado en distintas tiradas a lo largo de la temporada con el objetivo de mantener la novedad, por lo que es difícil coincidir en cualquier lugar del mundo con otro portador de una camiseta de igual diseño y color. Y es cierto : sus prendas son básicas, pero son el secreto mejor guardado de la empresa. Cada colección siempre es una incógnita. "Hemos de hacerlo así. Intentamos guardar el máximo tiempo nuestros diseños, nuevos colores, tejidos... Las copias están al orden del día". "Estamos muy contentos de la evolución -explican-, pero sabemos que no podemos vivir de lo que hemos hecho. Debemos estar en continua evolución." Y eso es lo que hacen.

[Adaptado de *El Mundo*. España]

GRAMÁTICA & VOCABULARIO

- **no nos engañemos** (우리 자신을 속이지 말자) : 재귀형태로 쓰인 engañarse 동사의 명령형.
- **de lo más** (가장 ~한) : 형용사나 부사와 함께 쓰여 최상의 가치를 표현한다.
- **tener que ver con algo/alguien** (~와 관련이 있다, 상관있다) : 볼일이 있다는 뜻. 그러므로 관련이 있다는 의미로 쓰인다.
- **en público** (공공연히, 공적으로)
- **allá por los** (años) **ochenta** : 'ahí/allá por +날짜' 구문으로, 사건이 발생한 대략의 시간을 가리킨다.
- **al +동사원형** : '~할 때'의 뜻으로, 두 행위의 동시성을 나타낸다. Cuando~ 구문으로 대체할 수 있다(Cuando regresaron a Barcelona...)
- **poner algo en marcha** (~을 진행하다, 추진하다, 가동시키다)
- **apostar por algo/alguien** (~에 내기를 걸다, 믿음을 주다)
- **En un momento en el que** : 전치사와 함께 쓰인 el/la/los/las que는 관계사 역할을 하며, 바로 앞에서 언급한 선행사의 성과 수에 맞춘다. 선행사를 다시 언급하지 않기 위해 사용되나 (= En un momento en el momento que~), 언급되지 않았어도 문맥상 가리키는 바가 무엇인지 짐작할 수 있을 때도 있다.
- **basarse en algo** (~에 근거하다, 기초를 두다)
- **costar algo a alguien** (~에게 힘이 들다, ~만큼의 돈이 들다)
- **por lo que** (그런 이유로)
- **...del que salieron mejor parados** (...에서 훨씬 성공을 거두었다) : del que에서 el은 바로 앞의 el mercado femenino를 가리킴. 'Salir mejor (peor/bien/mal) parado'는 '행운(성공, 불운, 실패)을 겪다'를 뜻한다.
- **aun así** (그럼에도 불구하고, 그래도) : 앞의 상황과 반대 정보를 제공할 때 사용한다.
- **la nómina** (급여명세서 / 임금대장, 급료지불명부)
- **la marca** (브랜드)
- **hacer frente a algo/alguien** (~에 대항하다, 저항하다, 맞서다)
- **a lo largo de** (~동안, ~이 진행되는 동안, ~를 따라)
- **haber de +동사원형** (~해야만 한다) : 의무를 나타내는 무인칭 구문으로, 지시나 명령의 의미가 있다.
- **estar al orden del día** (굉장히 잦다, 빈번하다) : 'estar a la orden del día'가 정확한 표

현이다.

▸ **vivir de algo/alguien** (~로 생활하다, ~의 수입으로 살아가다) : de가 방식을 나타내는 경우도 있으므로 가능한 표현이다.

어떤 티셔츠 회사

솔직히 말해, 티셔츠는 가장 흔한 의복중 하나이다. 그럼에도 불구하고 달마우 형제는 자신의 작품들을 전위주의와 동의어, 예술 작품으로 탈바꿈시켰다. 이 모든 일에는 수많은 스크린 스타들이 공개석상에서 이 티셔츠들을 입고 자주 모습을 드러낸 것과 얼마간 관련이 있다. 이는 대단한 명성을 선사했던 것이다. 그러나 그 성공은 다른 많은 열쇠를 지니고 있다.

이제는 전 세계에 자신들의 컬렉션을 공급하는 그들의 브랜드는 사업을 위한 새로운 아이디어를 찾아 세계를 돌아보는 여행 후 80년대에 태어났다. 바르셀로나로 돌아오자 그들은 당시까지만 해도 시장에서 저평가되었던 옷에 기반을 둔 사업을 시작하기로 결심했다. 남성용 티셔츠였다. 무난하고 단조로운 색깔이 진열대를 점령했던 시절, 그들은 점잖지 못한 색과 충격적인 도안에 내기를 걸었다. 지배적인 톤이 검은 색이고 디자인이 완전무결한 신중함에 뿌리를 두고 있었던 남성복 시장으로서는 그야말로 혁명이었다.

패션계로의 진입은 전혀 극적이지 않았고, 남성용 티셔츠 시장으로서는 새로운 디자인을 수용하기가 어려웠다. 그래서 90년대에 그들은 여성복 시장에 끼어들기로 결정했고, 그곳에서 훨씬 성공을 거두었다. 그럼에도 불구하고, 동종업계는 그들에게 적대적이었다. 하지만 신념의 힘에 대해 확신하고 있었던 그들은 트렁크를 티셔츠로 채워 국제 시장 정복에 뛰어들었다. 처음엔 그들을 거부했으나 기죽지 않았고, 1996년에는 이미 전 세계로 자신들의 티셔츠를 공급하게 된다.

고작 5년 전만해도 회사를 운영하는 이들은 7-8명에 불과했다. 지금은 40명이 직원명부에 올라있고, 이 브랜드 소유 상점들의 30명도 여기에 추가해야만 한다. 또한 몇 년 새 나타난 국내의 강한 성장세에 대응하기 위하여, 오로지 그들만을 위해 작업하는 회사에게 제작을 하청해야만 한다.

그들의 컬렉션 하나하나가 천개 이상의 도안을 가지고 있고, 신선함을 유지한다는 목표를 가지고 시즌 내내 각기 다른 종류로 시장에 나온다. 그로 인해 세계 어디에서든지 동일한 디자인과 색상의 티셔츠를 입은 사람과 맞닥뜨리기 어렵다. 또한 그들의 의상이 기초적인 것은 사실이지만 회사에서 가장 보안이 철저한 비밀이기도 하다. 매 컬렉션이 항상 비밀에 싸여있다. "우린 그렇게 했어야만 합니다. 우리의 디자인과 새로운 색조, 원단 등을 최대한 오랫동안 지키려고 애를 쓰죠. 복제품이 넘쳐있으니까요." "우리는 변화에 매우 만족하고 있습니다. 그러나 우리가 이뤄놓은 것으로 살수 없다는 것도 알고 있죠. 우리는 끊임없이 변화해야만 합니다."라고 그들은 설명한다. 그리고 그것이 바로 그들이 하는 일인 것이다.

[스페인, 『엘 문도』 신문에서 각색한 글]

PREGUNTAS

4. Según el texto, las camisetas que fabrican estos empresarios :
   a) se basan en diseños clásicos.
   b) utilizan muchos colores.
   c) predomina en ellas el color negro.

5. En el texto se afirma que sus diseños tuvieron mejor acogida en :
   a) el extranjero.
   b) la moda femenina.
   c) la moda masculina.

6. Según el texto, sus colecciones :
   a) tienen más de mil modelos.
   b) son distintas en cada parte del mundo.
   c) no se conocen con antelación.

4. 위 글에 의하면, 이 기업인들이 제작하는 티셔츠는: a) 고전적인 디자인에 기초하고 있다. b) 많은 색을 이용한다. c) 검은 색이 주를 이룬다.	답: b

5. 위 글에서 그들의 디자인이 훨씬 환영받은 분야는 다음과 같다: a) 외국 b) 여성복 c) 남성복 ► tener (mejor) acogida : ~한 대접을 받다	답: b
6. 위 글에 의하면, 그들의 컬렉션은: a) 천 개 이상의 모델을 가지고 있다. b) 세계 각 지역마다 다르다. c) 미리 알 수 없다. ► con antelación : 미리, 앞당겨	답: c

Texto 3

APRENDER DE LA ENFERMEDAD

Nuestro organismo está siempre cambiando, adaptándose a las circunstancias, superando las dificultades. Unas veces sus funciones son armónicas y hablamos de salud, otra veces algún síntoma indica que su funcionamiento se ha alterado y aparece lo que llamamos 'enfermedad'.

Definir lo patológico y lo saludable no es tan fácil como pudiera parecer y los límites entre ambas situaciones son a veces imprecisos. Así, hay diferentes actitudes frente a la enfermedad y la gravedad de la misma no siempre se acompaña de sensaciones equivalentes por aquél que la sufre, pequeñas molestias pueden vivirse como algo insoportable, inversamente situaciones graves con relativa calma. La actitud es, pues, fundamental en estos casos. Nadie quiere su presencia, pero con posterioridad puede ser una experiencia útil.

Quien está enfermo se nos presenta débil, con miedo. El dolor, físico o moral, suele ser frecuente y por eso cambia nuestra perspectiva de las cosas y nos sentimos "fuera" del curso habitual de la vida. No notar el funcionamiento del cuerpo es sinónimo de salud, el dolor supone lo contrario y por ello nos quita energías para acometer las tareas habituales y hace sentirnos agotados sobre todo si estamos tristes y no tenemos una actitud abierta y constructiva ante la vida.

Sabemos que nuestro organismo es mucho más que una máquina y tiene la capacidad de repararse a sí mismo y también de adaptarse a las circunstancias más adversas, conservando su integridad. Sin embargo, muchas personas equiparan el cuerpo a su automóvil, limitándose a llevarlo al taller cuando no funciona como debería hacerlo. La enfermedad, según esa visión, es cuestión de mala suerte y poco se puede hacer para evitarla si se está destinado a ella. Para esas personas la enfermedad se limitaría a algo genético e inevitable. Más adecuado sería en caso de enfermedad, interrogarnos acerca del porqué de su presencia y advertiremos que nuestra postura ante la vida es la causa fundamental que la provoca.

De la misma manera, actitudes psicológicas negativas como la avaricia, la ambición, los celos... pueden llegar a perturbar la salud. Será, pues, conveniente cultivar sentimientos positivos que contrarresten esas tendencias. Asumir ciertas responsabilidades y tomar las riendas de nuestra vida es siempre conveniente. Pero tampoco hay que exagerar. Entre la actitud de desentenderse de cualquier implicación personal en el mantenimiento de la salud y la de culpabilizarse de todo lo que pasa hay un amplio margen.

[Texto adaptado de *Integral.* España]

GRAMÁTICA & VOCABULARIO

- **unas veces..., otra veces...** (어떤 때는~, 또 어떤 때는~) : una와 otra의 대비적 의미를 잘 생각해 볼 것.
- **lo patológico y lo saludable** : lo는 성, 수 변화 없이 형용사나 부사를 명사화하여 그 특성을 강조하는 기능이 있다.
- **tan... como...** (~처럼 ~한) : 동등비교
- **no siempre** (언제나 ~하는 것은 아니다)
- **acompañarse de algo/alguien** (~을 동반하다, 수반하다)
- **notar** (~을 눈치 채다, 깨닫다)
- **por ello** (그로 인해) : ello는 앞에서 말한 내용 전부를 가리킨다.
- **sobre todo** (특히)
- **sí mismo** : sí는 3인칭 재귀대명사로서, '자기 자신', '서로', '상호간에'라는 뜻의 재귀적 상황에서만 쓰이고, 기타의 경우에는 항상 '전치사 +주격인칭대명사'로 사용된다. 형용사 mismo(a/os/as)는 수식된 대상을 강조, 부각시킨다.
- **soler +동사원형** (자주 ~하다, ~하고는 하다)
- **limitarse a +동사원형/algo** (~으로 한정되다, 제한되다)
- **como** (~처럼) : 명사나 절과 함께 쓰여 일을 실행하는 방식을 표현하는 관계부사.
- **según algo/alguien** (~에 의하면, 따르면) : 정보의 근원지를 표현.
- **en caso de algo** (~의 경우에)
- **el porqué** (이유, 원인) : 관사가 붙었으니 porqué는 명사.
- **llegar a +동사원형** (~하게 되다, 결국 ~하다)

질병으로부터 배우기

우리의 생체구조는 주변상황에 적응하고 난관을 극복하면서 언제나 변화하고 있다. 어떤 때는 그 기능이 조화를 이루어 건강에 대해 이야기할 수 있고, 기능이 동요하여 우리가 '질병'이라고 부르는 것이 나타났음을 어떤 증상이 알려주는 때도 있다.

병적인 것과 건강한 것을 정의하는 것은 보이는 것처럼 쉽지 않고, 이따금씩 이 두 상황간의 경계는 불명확하기도 하다. 그래서 질병에 대한 다양한 태도들이 존재하는 것이고, 질병의 심각한 정도는 그에 상응하는 환자들의 감정이 항상 수반되는 것은 아니다. 대수롭지 않은 불편함이 참을 수 없는 것으로 여겨질 수 있고, 반대로 심각한 상황도 비교적 침착하게 넘어갈 수 있는 것이다. 따라서 이런 경우에 태도가 중요하다. 아무도 그 존재를 원하진 않지만, 나중엔 쓸모 있는 경험이 될 수도 있다.

병을 앓고 있는 사람은 겁먹고 약하게 보인다. 육체적이거나 정신적인 고통은 빈번하기 마련이고, 그로 인해 사물에 대한 우리의 관점을 변화시키며, 우리는 삶의 일상적인 흐름 '밖'에 있다고 느끼게 된다. 육체의 기능을 인식하지 못하는 것이 건강함의 동의어이다. 고통은 그 반대를 뜻하며, 그로 인해 일상적인 일을 시도하려는 힘을 우리에게서 빼앗아간다. 또한 특히 우울하고 삶에 대해 개방적이고 건설적인 자세를 갖고 있지 않을 때 기력이 고갈된 기분이 들게 한다.

우리는 우리의 생체구조가 기계 이상이라는 것을 알고 있다. 스스로 복구하고, 원래의 모습을 유지하면서 불리한 환경에 적응하는 기능 또한 가지고 있다. 그럼에도 불구하고, 많은 사람들이 몸을 자신의 자동차에 견준다. 마땅한 기능을 하지 못할 때 정비소로 차를 가져가는 것으로 국한하면서 말이다. 그 관점에 따르면, 질병은 불운의 문제이며 그렇게 될 운명이라면 질병을 피하기 위해 할 수 있는 일이 거의 없다. 그런 사람들에게 질병은 유전적이고 불가피한 일에 불과하다. 병에 걸렸을 때 그 존재의 이유에 대해 자문하는 것이 더 바람직하며, 그러면 삶에 대한 우리의 자세가 병을 야기한 주된 요인이라는 것을 깨닫게 될 것이다.

동일하게, 탐욕, 야망, 질투 같은 부정적인 심리적 태도는 건강을 해칠 수도 있다. 따라서 그러한 경향을 방지하는 긍정적인 감정을 배양하는 것이 좋다. 일정한 책임감을 받아들이고 인생의 주도권을 잡는 것이 항상 바람직하다. 그러나 역시 지나치지는 말아야 한다. 건강 유지라는 면에서 그 어떤 개인적인 노력에도 무관심한 태도와 발생하는 온갖 일에 죄책감을 느끼는 태도 사이에는 엄청난 간격이 자리하고 있는 것이다.

[스페인 『인떼그랄』에서 각색한 글]

PREGUNTAS

7. Según el autor, la enfermedad :
   a) hay que aceptarla con tranquilidad.
   b) produce efectos semejantes.
   c) puede tener aspectos positivos.

8. Según el autor, el cansancio que siente una persona enferma puede ser mayor a causa de :
   a) la debilidad.
   b) el miedo.
   c) la tristeza.

9. Según el autor, lo más importante en la aparición de una enfermedad es nuestra :
   a) actitud.
   b) suerte.
   c) genética.

---

7. 위 글에 의하면, 질병은:
   a) 침착하게 받아들여야만 한다.
   b) 유사한 효과를 발생시킨다.
   c) 긍정적인 측면을 가질 수 있다.

답: c

---

8. 저자에 의하면, 병자가 느끼는 피로가 더 커질 수 있는 원인은 다음과 같다:
   a) 허약함
   b) 두려움
   c) 슬픔

► a causa de algo : ~때문에, ~의 탓으로

답: c

---

9. 저자에 의하면, 질병의 등장에서 가장 중요한 것은 다음과 같다:
   a) 우리들의 태도
   b) 우리들의 운
   c) 우리들의 유전

답: a

Texto 4

EL CAMELLO

Tenía cinco años cuando mi abuelo el coronel me llevó a conocer los animales de un circo que estaba de paso en Aracataca. El qué más me llamó la atención fue una especie de caballo maltrecho y desolado con una expresión de madre espantosa. «Es un camello», me dijo el abuelo. Alguien que estaba cerca le salió al paso. «Perdón, coronel», le dijo. «Es un dromedario». Puedo imaginarme ahora cómo debió sentirse el abuelo de que alguien lo hubiera corregido en presencia del nieto, pero lo superó con una pregunta digna :

- ¿Cuál es la diferencia?
- No la sé -le dijo el otro-, pero éste es un dromedario.

Aquella tarde del circo volvió abatido a la casa y me llevó a su sobria oficina con un escritorio de cortina, un ventilador y un librero con un solo libro enorme. Lo consultó con una atención infantil, asimiló las informaciones y comparó los dibujos, y entonces supo él y supe yo para siempre la diferencia entre un dromedario y un camello. Al final me puso el mamotreto en el regazo y me dijo :

- Este libro no sólo lo sabe todo, sino que es el único que nunca se equivoca.

El abuelo no era un hombre culto, ni pretendía serlo, pues a los catorce años se había escapado de la clase para irse a tirar tiros en una de las incontables guerras civiles del Caribe, y nunca volvió a la escuela. Pero toda su vida fue consciente de sus vacíos y tenía una avidez de conocimientos inmediatos que compensaban de sobra sus defectos.

Era el diccionario de la lengua, sabe Dios cuál y de cuándo, muy viejo y ya a punto de descuadernarse. Tenía en el lomo un Atlas colosal, en cuyos hombros se asentaba la bóveda del universo. "Esto quiere decir -dijo mi abuelo- que los diccionarios tienen que sostener el mundo." Yo no sabía leer ni escribir, pero podía imaginarme cuánta razón tenía el coronel si eran casi dos mil páginas grandes, abigarradas y con dibujos preciosos. En la iglesia me había asombrado el tamaño del misal, pero el diccionario era más grande. Fue como asomarme al mundo entero por primera vez.

- ¿Cuántas palabras habrá?- pregunté.
- Todas- dijo el abuelo.

La noche en que conocí el diccionario se me despertó tal curiosidad por las palabras, que aprendí a leer más pronto de lo previsto. Así fue mi primer contacto con el que había de ser el libro fundamental en mi destino de escritor.

[Texto adaptado de G. García Márquez, Colombia. "Prólogo" del *Diccionario clave*]

GRAMÁTICA & VOCABULARIO

- **llevar a +동사원형** (~하도록 이끌다, 유도하다)
- **de paso** (임시로, 잠정적으로)
- **llamar la atención a alguien** (~의 주의를 끌다, 이목을 끌다)
- **una especie de algo** (~의 일종)
- **(alguien) salir al paso (de algo)** (정보를 정정해주다, 고쳐주다)
- **deber +동사원형** (틀림없이 ~하다)
- **no sólo... sino que...** (단지 ~할 뿐만 아니라 ~하다)
- **pues** : 원인 접속사로 어떤 행위의 원인을 설명할 때 쓰이기도 한다.
- **tirar tiros** (총을 쏘다)
- **ser consciente de algo** (~에 대해 인식하다, 자각하다)
- **de sobra** (남아도는, 남는, 충분히)
- **(estar) a punto de +동사원형** (~하기 직전에 있는)
- **cuyo(a/os/as)** : 앞에서 언급했던 사람이나 사물의 특성을 추가 설명할 때 사용하는 관계사. 앞의 선행사가 아닌 뒤의 명사에 성과 수를 일치한다.
- **si eran casi dos mil...** : 여기서의 si는 다음 표현을 강조하기 위해 사용되었다.
- **por primera**(segunda, tercera, última...) **vez** (최초로, 처음으로)
- **se me despertó tal curiosidad..., que aprendí...** : tal... que... '너무나 ~해서 ~하다'의 의미로 사용됨. 즉 que 이후의 구문이 앞 문장의 결과를 나타낸다.
- **haber de +동사원형** (~해야만 한다) : 의무를 뜻하는 무인칭 구문으로 지시나 명령의 의미가 있다.
- **mi primer contacto con el que había de ser el libro...** : con el que의 el은 el libro를 의미. 일반적으로 '전치사 +el/la/los/las que' 구문에서 관사는 바로 앞에 언급한 선행사의 성, 수에 맞춘다. 그 선행사를 다시 언급하지 않기 위해서도 사용된다.

낙타

할아버지인 대령님이 아라까따까를 지나가던 서커스단의 동물들을 만나보라고 데려가셨을 때 나는 다섯 살이었다. 내 주의를 가장 많이 끌었던 것은 무시무시한 엄마 같은 표정의 상처입고 비참한 말의 일종이었다. "그건 낙타란다"라고 할아버지가 말씀하셨다. 근처에 있던 누군가가 그에게 정정해주었다. "실례합니다, 대령님"하고 그에게 말했다. "그것은 단봉낙타입니다". 손자 앞에서 누군가 자신의 말을 정정해주었을 때 할아버지가 어떻게 느끼셨을지 이제야 나는 상상할 수 있다. 그러나 할아버지는 품위 있는 질문으로 그것을 극복하셨다:

"차이가 무엇입니까?"
"모르겠습니다"라고 남자가 말했다. "하지만 이것은 단봉낙타예요."

서커스에 갔던 그날 오후 할아버지는 맥이 빠져 집에 돌아오셨다. 그리고 커튼이 달린 책상과 한 풍기, 거대한 책 한권만 자리한 책장이 있는 소박한 서재로 나를 데려가셨다. 천진난만한 집중력으로 책을 찾고, 정보를 이해하며, 그림을 비교하셨다. 그제야 그도 나도 단봉낙타와 낙타의 차이를 언제까지나 알 수 있게 된 것이다. 마지막에 할아버지는 내 무릎 위에 메모장을 올려놓고 말씀하셨다.

"이 책은 만사를 알고 있을 뿐만 아니라 절대로 틀리지 않는 유일한 존재란다."

할아버지는 박식한 분이 아니었고, 또 그렇게 되려고도 하지 않으셨다. 열네 살 때 카리브해의 수많은 내전 중 한 곳에서 총을 쏘러 가기 위해 교실에서 뛰쳐나왔고, 다시는 학교로 돌아가지 않으셨다. 그러나 일생 동안 본인의 공허함에 대해 인식하셨고, 결점을 보상하고도 남는 즉각적인 배움에 대한 욕구를 품고 계셨다.

그것은 어떤 것인지, 언제 것인지 오직 신만이 알고 계신 매우 낡아서 곧 뜯어질 것 같은 언어사전이었다. 겉표지에는 거대한 아틀라스가 있었는데, 그의 어깨에 지구의 천공이 자리하고 있었다. "이것은 사전이 세상을 떠받혀야 한다는 것을 뜻한단다"라고 할아버지가 말씀하셨다. 나는 글을 읽을 줄도 쓸 줄도 몰랐지만, 대령님이 얼마나 옳으신 지는 추측할 수 있었다. 다채색의 예쁜 그림이 있는 거의 2천장의 커다란 종이들이었던 것이다. 교회에서 미사집의 크기에 놀란 적이 있었지만 그 사전은 훨씬 컸다. 그것은 마치 최초로 온 세상을 엿본 것과 같았다.

"몇 단어나 있을까요?"라고 내가 여쭈었다.
"전부"라고 할아버지가 말씀하셨다.

그 사전을 만난 그날 밤, 단어에 대한 호기심이 눈을 떠서 나는 예정보다 훨씬 일찍 글 읽는 법을 익혔다. 그것이 작가라는 내 운명에서 중요한 책이 되어야만 했던 책과의 첫 만남인 것이다.

[콜롬비아, 가브리엘 가르시아 마르께스, 『끌라베(해답, 비법) 사전』 중 "서문"을 각색한 글]

PREGUNTAS

10. El coronel volvió de su visita al circo con :
    a) enfado.
    b) vergüenza.
    c) abatimiento.

11. El narrador afirma que el coronel siempre quiso :
    a) ser culto.
    b) saber cosas.
    c) volver a la escuela.

12. En relación al diccionario que consultó su abuelo, García Márquez afirma que :
    a) lo que más le gustó fueron los dibujos.
    b) fue su principal descubrimiento.
    c) aprendió a leer con él.

10. 대령이 서커스 방문에서 돌아왔을 때 그의 상태는 다음과 같다: a) 화가 난 b) 부끄러워하는 c) 맥이 빠진	답: c

11. 화자에 따르면 대령이 언제나 원했던 것은: a) 유식해 지는 것 b) 사물을 알게 되는 것 c) 학교로 돌아가는 것	답: b

12. 할아버지가 참고했던 사전과 관련하여 가르시아 마르께스가 밝히고 있는 것은: a) 그가 가장 좋아했던 것은 그림이었다 b) 중요한 깨달음이었다 c) 그것으로 읽는 법을 배웠다	답: b

PRUEBA 2. EXPRESIÓN ESCRITA

Parte número 1 : Carta personal

Instrucciones

Redacte una carta de **150-200 palabras** *(15-20 líneas).*
Escoja sólo una de las dos opciones que se le proponen.
Escriba la carta definitiva en la **Hoja de Respuestas Número 2.**
Comience y termine la carta como si fuera real

150-200 **단어**(15-20줄) 정도의 편지를 쓰시오. 제시된 두 개의 선택사항중 하나만 고르시오. **2번 답지**에 결정된 편지를 쓰시오. 실제인 것처럼 편지를 시작하고 끝마치시오.

Opción 1

Usted es un usuario habitual de la biblioteca que está en su barrio. Últimamente ha notado que el funcionamiento no es tan bueno como antes. Escriba una carta al director de la biblioteca en la que deberá :

- saludar y presentarse ;
- exponer sus quejas sobre el funcionamiento de la biblioteca ;
- proponer posibles soluciones ;
- expresar sus deseos de que todo mejore y solicitar una respuesta.

Opción 2

Un familiar suyo ha cumplido 65 años y va a jubilarse. Es un momento muy importante de su vida y usted decide hacerle una pequeña cena de homenaje invitando a sus compañeros y amigos. Escríbale una carta a un amigo de este familiar en la que deberá :

- saludar y presentarse ;
- explicar el motivo de la invitación ;
- especificar cómo será la celebración ;
- solicitar una respuesta y despedirse.

Opción 1

당신은 동네에 있는 도서관의 일상적인 사용자이다. 최근에 그곳의 업무가 예전처럼 좋지 못하다는 것을 깨달았다. 도서관 관장에게 다음이 포함된 편지를 쓰시오:

– 인사하고 자신을 소개하기
– 도서관 업무에 대한 불만 제기하기
– 가능한 해결책을 제시하기
– 모든 것이 개선되었으면 하는 희망을 표시하고 답신 요구하기

Opción 2

당신의 가족 중 한명이 65세가 되어 퇴직할 예정이다. 그의 일생에서 매우 중요한 순간이므로 당신은 그의 동료와 친구들을 초대해 경의를 표하는 조촐한 저녁식사를 대접하기로 결심했다. 다음 사항이 들어간 편지를 이 가족의 친구 한사람에게 쓰시오:

– 인사하고 자신을 소개하기
– 초대의 이유 설명하기
– 행사가 어떻게 될 예정인지 알려주기
– 답신을 요구하고 작별인사하기

Parte número 2 : Redacción

Instrucciones

Escriba una redacción de **150-200 palabras** *(15-20 líneas).*
Escoja sólo una de las dos opciones que se le proponen.
Escriba la redacción definitiva en la **Hoja de Respuestas Número 2.**

150-200 **단어**(15-20줄) 정도의 글을 쓰시오. 제시된 두 개의 선택사항중 하나만 고르시오. **2번 답지**에 결정된 글을 쓰시오.

Opción 1

Seguro que usted ha hecho alguna vez un viaje que recuerda con especial cariño. Escriba una redacción en la que :

- cuente cómo y por qué fue allí ;
- describa el lugar que visitó ;
- señale por qué lo recuerda especialmente ;
- exprese qué siente ahora al recordarlo.

Opción 2

Cada vez hay más personas que tienen un animal de compañía o una mascota en su casa. "Los animales de compañía reciben cuidados que, en algunos casos, son excesivos". Escriba un texto en el que :

- exprese su opinión a favor o en contra de esta afirmación ;
- dé algún ejemplo que justifique su opinión ;
- hable de su experiencia personal ;
- elabore una breve conclusión.

Opción 1

틀림없이 당신은 특별한 애정을 가지고 추억하는 여행을 한번쯤은 해봤을 것이다. 다음 사항이 포함된 글을 쓰시오:

- 어떻게 그리고 왜 그곳에 갔는지 말하시오.
- 방문한 장소를 설명하시오.
- 왜 그것을 특별하게 기억하는지 밝히시오.
- 지금은 그것을 떠올릴 때 무슨 느낌인지 표현하시오.

Opción 2

집에 반려 동물이나 애완견을 가진 사람들이 점점 더 많아지고 있다. "어떤 경우엔 반려동물이 과도한 보살핌을 받는다." 다음 사항이 포함된 글을 쓰시오:

- 이 주장에 찬성하는지 반대하는지 자신의 의견을 표현하시오.
- 당신의 의견을 뒷받침하는 예를 제시하시오.
- 개인적인 경험에 대해 말하시오.
- 짧은 결론을 도출하시오.

PRUEBA 4. GRAMÁTICA Y VOCABULARIO

Sección 1 : Texto incompleto

Instrucciones

Complete el siguiente texto eligiendo para cada uno de los huecos una de las tres opciones que se le ofrecen.

Puede utilizar esta página como borrador, si lo estima conveniente.

Marque la opción elegida en la **Hoja de Respuestas Número 4.**

다음 지문에서 각각의 빈칸을 주어진 세 개의 선택지 중 하나를 골라 완성하시오. 필요하다면 이 페이지를 연습지로 사용할 수 있습니다. **4번 답지**에 선택된 답을 표시하시오.

OTRO TEATRO QUE DESAPARECE

La primera vez que fui al cine fue en el edificio que ahora quieren derruir. Mis padres nos __1__ cada año, cuando estaban empezando los años setenta, para celebrar las fiestas antes de ir a las ferias.

También fue en este edificio donde __2__ primera vez fui a una obra de teatro. __3__ *Don Juan* de Zorrilla. Y todavía recuerdo las miradas que me lanzaba una despampanante actriz rubia __4__ le tocaba salir al escenario. No podía contener mi risa para sonrojo de __5__ me acompañaban en la primera fila del anfiteatro. Era tan estruendosa que la comentaban hasta los actores.

Me he reído mucho, __6__ también he sentido mucha tristeza algunas veces. Por ejemplo, la última vez que fui estaba solo o casi, porque la pareja que me acompañaba se quedó en la última fila y de ellos nunca más supe. __7__ no tenías que soportar los murmullos ni el ruido __8__ las palomitas, ir al cine últimamente era como verlo en casa pero en pantalla grande. ___9___ te molestaba porque estabas solo con tu película. Y ese fue el problema que ya no era ___10___. Y sin embargo, lo que más me ___11___ es que nadie parece llorar su muerte.

Desde hace tiempo han colocado un cartel ___12___ su puerta que dice "cerrado por vacaciones" pero no van a volver. El teatro se cierra y nadie quiere saber nada. A mí me da pena su desaparición, pero me produce mucha más tristeza y rabia el silencio de la despedida. Se va tan solo como ___13___ en los últimos años. No creo que ___14___ muchos teatros tan antiguos como éste, pero de lo que sí estoy seguro es de que no hay muchos lugares con tantos ___15___ para sobrevivir y, sin embargo, su desaparición apenas conmueve ___16___ un puñado de trabajadores desorientados y a ___17___ que otro romántico. El teatro no tiene salvadores.

Si la familia ___18___ durante las últimas décadas no puede mantenerlo en pie, ___19___ ser las instituciones ___20___ le buscaran una solución para que la ciudad no lo pierda irremediablemente a cambio de otro bloque de pisos en zona céntrica.

[Texto adaptado de *El Mundo*. España]

Opciones

	a)	b)	c)
1.	a) llevaron	b) llevaban	c) llevarían
2.	a) por	b) en	c) de
3.	a) Era	b) Estaba	c) Había
4.	a) como si	b) de ahí que	c) cada vez que
5.	a) quien	b) cuales	c) los que
6.	a) sino	b) si no	c) pero
7.	a) Como	b) Porque	c) Según
8.	a) con	b) sin	c) de
9.	a) Ninguno	b) Alguno	c) Nadie
10.	a) rentable	b) económico	c) barato
11.	a) preocupe	b) preocupa	c) preocuparía
12.	a) contra	b) de	c) en
13.	a) estuvo	b) estaría	c) esté
14.	a) hay	b) haya	c) había
15.	a) motivos	b) sucesos	c) razones
16.	a) a	b) en	c) sobre
17.	a) uno	b) algún	c) ningún
18.	a) ama	b) propietaria	c) dueña
19.	a) deberían	b) deban	c) debieron
20.	a) las que	b) que	c) cuales

CLAVE									
1. ⓑ	2. ⓐ	3. ⓐ	4. ⓒ	5. ⓒ	6. ⓒ	7. ⓐ	8. ⓒ	9. ⓒ	10. ⓐ
11. ⓑ	12. ⓒ	13. ⓐ	14. ⓑ	15. ⓐ	16. ⓐ	17. ⓑ	18. ⓑ	19. ⓐ	20. ⓐ

GRAMÁTICA & VOCABULARIO

1 ...nos **llevaban** cada año... : 과거의 반복적인(cada año) 일을 가리키는 불완료 과거시제

2 ...**por** primera vez fui... : 'por primera (segunda, última...) vez'는 경험의 횟수를 나타낸다.

3 **Era** *Don Juan*... : 불완료 과거시제는 과거의 일을 설명, 묘사할 때 쓰인다.

4 ...una... actriz... **cada vez que** le tocaba salir... : 'cada vez que...(~할 때마다)'는 주어의 반복적인 행동을 가리키는 불완료 과거시제(lanzaba)에 적합하다. / tocar a alguien +동사원형 : ~에게 ~할 차례가 되다

5 ...para sonrojo de **los que** me acompañaban... : los que는 '전치사 +el/la/los/las que' 구문에서 관계사로 쓰이며, 이들은 익히 알고 있는 대상을 가리키거나 선행사를 다시 언급하지 않기 위해 사용된다. 즉 los familiares (chicos, padres...) 등 동행한 사람들을 가리키는 말이다.

5-1 Era **tan** estruendosa **que** la comentaban... : tan(tanto) +형용사/부사/명사 +que... (너무나 ~해서 ~하다)

6 Me he reído mucho, **pero** también he sentido mucha tristeza... : 의미상 앞의 표현과 정반대의 상황이므로 반의의 접속사를 사용한다.

7-8 **Como** no tenías que soportar los murmullos ni el ruido **de** las palomitas... : como 절은 항상 문장 맨 앞에서 다른 행동의 원인을 설명한다. / 문제 8은 palomitas(팝콘)의 의미만 알면 충분히 이해할 수 있는 문제이다.

9 **Nadie** te molestaba porque... : 상황 상 부정어가 들어가야 하며, ninguno는 구체적인 집단의 일원이라는 제한이 있으므로 이 경우 답이 될 수 없다.

10 ...ya no era **rentable** : '이로운, 이득이 되는'을 뜻하는 rentable 만 가능.

11 ...lo que más me **preocupa** es que... : es que 이후 종속절로 보아 주절에는 접속법이나 가정법이 올 수 없다.

12 ...han colocado un cartel **en** su puerta... : '문에' 걸어놓은 것이므로 en.

13 Se va tan solo como **estuvo** en los últimos años : 마지막 몇 년간이라는 과거의 시간을 나타내므로 과거시제 동사를 선택 / como는 '~했던 것처럼'을 의미.

13-1 dar pena a alguien : ~에게 안타까움을 주다, 마음을 아프게 하다

14 No creo que **haya** muchos teatros... : No creo (pienso, opino...) 다음의 종속절에는 항상 접속법 시제가 사용되다

15 ...no hay muchos lugares con tantos **motivos** para... : Motivo-razón은 '이유'라는 비슷한 뜻이지만, motivo는 어떤 행위를 부추기는 뉘앙스를 지니고 있다.

15-1 ...de lo que **sí estoy seguro** es de que no hay... : 'sí +동사' 절은 부정문 뒤에 오는 긍정문을 부각시킨다.

16-17 ...apenas conmueve **a un puñado de** trabajadores desorientados y a **algún que otro** romántico : conmover 동사의 목적어를 가리키는 a가 요구되며, 'algún que otro'는 '소수'를 뜻하는 숙어이다.

16-1 Un puñado는 puño(주먹)에서 유래하여 '한 줌' 혹은 '소수'를 뜻한다.

18 Si la familia **propictaria**... no puede mantenerlo **en pie**... : 예시항복 모누 '주인'을 의미하지만 경제용어에 적합한 것이 propietario 이다.

18-1 'en pie'가 '서있는'을 의미하므로 'mantener algo en pie'는 '~을 계속 유지하다'를 뜻한다.

19-20 ...**deberían** ser las instituciones **las que** le buscaran una solución... : las que 절에 접속법 과거시제가 사용되었으므로 앞에는 가정법 시제의 사용이 올바르다. 또한 las que가 이끄는 절이 deberían ser~ 절의 주어이므로, 주어의 성격 즉 명사절로 만드는 관사가 첨가된 문장이 적절하다 (las que 사용에 대한 설명은 5번 참조). 'deber +동사원형' 구문은 그 의무가 주어에게서 비롯되었음을 부각시킨 '반드시 ~해야만 한다'의 뜻이다.

20-1 ...**a cambio de** otro bloque... : a cambio de (~대신에, 대가로)

사라지는 또 하나의 극장

내가 처음으로 극장에 간 것은 이제는 허물려고 하는 건물이었다. 70년대가 시작되던 때 나의 부모님은 전람회에 가기 전에 축제를 기념하기 위해 매년 우리를 데려가셨다.

또한 처음으로 연극작품을 보러간 곳도 이 건물이었다.

작품은 쏘리야의 『돈 환』이었다. 그리고 금발의 화려한 여배우가 무대에 나올 차례가 될 때마다 나에게 던졌던 시선을 아직까지도 기억한다. 나는 계단식 관람석 첫 줄에서 나를 동반하고 있던 이들이 무안해질 정도로 웃음을 참을 수가 없었다. 너무나 소리가 커서 배우들까지 그 일을 입에 올릴 정도였던 것이다.

나는 많이 웃었지만, 가끔은 깊은 슬픔 역시 느꼈다. 예를 들어, 마지막으로 갔을 때 나는 혼자 아니면 거의 혼자 있었는데, 왜냐하면 나와 함께 있던 커플은 마지막 줄에 앉아서 이후로는 그들의 소식을 알 수 없었기 때문이다. 속삭이는 소리나 팝콘 소리를 참을 필요가 없었으므로, 최근에는 극장에 가는 것이 집에서 큰 화면으로 보는 것과 마찬가지였다. 영화와 함께 혼자 있었으므로 아무도 귀찮게 하지 않았다. 그리고 그것이 이제는 수익성이 없다는 문제가 되었다. 그래도 내가 가장 걱정하는 것은 아무도 극장의 죽음을 슬퍼하지 않는 것 같다는 점이다.

얼마 전부터 '휴가 중 폐관'이라는 안내문을 문에 붙여 놓았지만 다시 돌아오지는 않을 것이다. 극장은 문을 닫고 그 누구도 더는 알고 싶어 하지 않는다. 나는 극장이 사라지는 것이 마음 아프지만, 이 조용한 헤어짐이 더 큰 슬픔과 분노를 자아낸다. 최근 몇 년 동안 그랬던 것처럼 쓸쓸히 사라지는 것이다. 나는 이곳처럼 오래된 극장이 많으리라고는 생각하지 않지만, 내가 확신하는 것은 살아남기 위한 이토록 수많은 이유를 가진 장소가 많지 않다는 사실이다. 그럼에도 불구하고, 극장의 소멸은 우왕좌왕하는 소수의 직원들과 몇 안 되는 낭만주의자나 겨우 동요시킬 뿐이다. 극장은 구원자를 가지고 있지 않다.

만일 최근 몇 십년간 소유주 가족이 그것을 지탱할 수 없었다면, 이 도시가 시내에 또 다른 아파트 군락 대신에 그것을 아주 잃어버리지 않도록 해결책을 찾아주는 이들은 기관이 되어야 할 것이다.

[스페인. 『엘 문도』 신문에서 각색한 글]

Sección 2 : Selección multiple

EJERCICIO 1

Instrucciones

En cada una de las frases siguientes se ha marcado con letra **negrita** *un fragmento. Elija, de entre las tres opciones de respuesta, aquella que tenga un significado equivalente al del fragmento marcado. Por ejemplo* :

- No he hablado todavía con Javier porque el teléfono **está comunicando.**

a) está estropeado
b) no da señal
c) está ocupado

La respuesta correcta es la **c.**

Marque la opción correcta en la **Hoja de Respuestas Número 4.**

다음 문장들 각각에서 한 부분이 진한 글씨체로 표시되어 있다. 해답의 세 선택지 중에서 표시된 부분에 해당하는 의미를 가진 답을 선택하시오. 예를 들어 :

– 전화가 **통화중이라** 난 아직 하비에르와 이야기하지 못했다.

a) 고장이 나서
b) 신호가 가지 않아서
c) 사용 중이라

올바른 답은 c 이다.

4번 답지에 올바른 답을 표시하시오.

21. - Disculpe, ¿me puedo sentar aquí?
- Sí, claro, **está libre.**
a) está sin pagar
b) está sin pintar
c) está sin ocupar

– 실례합니다, 여기 앉아도 될까요? – 예, 물론이죠, **비어있어요.** a) 돈을 내지 않았다 b) 칠하지 않았다 c) 사용하지 않는다 ► estar libre (≠ estar ocupado/a) : (의자, 화장실, 탁자, 택시...) ~이 비어 있다	답 : c

22. - Después de tres meses preparándose, sacó el carné de conducir.
- Es que ella es muy **tenaz.**
a) constante
b) lenta
c) inteligente

– 그녀는 3개월 준비한 다음에 자동차 면허증을 땄어. – 그녀는 굉장히 **인내심이 있거든.** a) 끈기 있는 b) 느린 c) 똑똑한 ► sacar foto (entrada, carné...) : 사진 찍다, 표를 끊다, 면허증을 따다 ► el carné de conducir : 운전면허증 (el carné de identidad : 신분증)	답 : a

23. - ¿Has acabado con el periódico?
- Sí, me lo he leído **de un tirón.**
a) tumbado
b) sin parar
c) por encima

— 신문 다 봤니? — 응, **쉬지 않고 한꺼번에** 다 읽어버렸어. a) 누워서 b) 멈추지 않고 c) 대충 ► acabar con algo/alguien : ~을 처치하다, 끝장내다, 마치다 ► de un tirón : 갑자기, 한 번에 어떤 일을 하는 모습을 묘사할 때 사용한다.	답 : b

24. - Juan me ha dicho que este jersey **me sienta bien.**
    - Sí, y es verdad.
      a) es suave
      b) me favorece
      c) es demasiado largo

— 이 스웨터가 **나한테 잘 어울린다고** 후안이 말했었어. — 그래, 사실이야. a) 부드럽다 b) 나를 돋보이게 한다 c) 너무 길다 ► sentar (bien/mal...) algo a alguien : ~에게 ~한 효과를 나게 하다	답 : b

25. - Estoy muy cansado de ir al gimnasio. Lo voy a dejar.
    - Y ¿no te **arrepentirás**?
      a) engordarás
      b) lo lamentarás
      c) te aburrirás

— 체육관에 가기에 너무나 지쳤어. 포기할거야. — 그러면 **후회하지** 않겠어? a) 살이 찔 것이다 b) 그것을 후회하게 될 것이다 c) 지겨워질 것이다	답 : b

26. - María sólo habla de ella, se cree **el ombligo del mundo.**
- Ya, ya lo sé.
  a) muy importante
  b) pequeña
  c) imprescindible

– 마리아는 오로지 자신에 대해서만 말한다니까. 자기가 **세상의 중심**인 줄 알아. – 그래, 나도 알아. a) 매우 중요한 b) 작은 c) 빠뜨릴 수 없는 ► el ombligo : '배꼽' 즉 'creerse el ombligo del mundo'는 자기 자신이 뭐든지 중심이 되어야 한다고 믿는 사람에게 사용한다.	답: a

27. - Desde que sale con su novio, **está en las nubes.**
- No me extraña.
  a) está distraída
  b) está enamorada
  c) está rara

– 그녀는 남자친구와 사귀기 시작한 이후로 **구름 속을 떠다니고 있어.** – 이상한 일도 아니지. a) 멍한 상태의 b) 사랑에 빠진 c) 이상한 ► salir con alguien : ~와 사귀다 ► estar(vivir) en las nubes : 정신이 몽롱하다, 멍하다, 현실에서 동떨어져있다 ► extrañar a alguien : ~에게 이상해 보이다	답: a

28. - ¿Oye, pues a mí ese libro no me ha parecido **un rollo.**
- ¿En serio? ¿Te ha gustado?
  a) dramático
  b) divertido
  c) aburrido

– 얘, 나로선 그 책이 **지겹지** 않았어. – 정말? 마음에 들었어? a) 극적인 b) 재미있는 c) 지겨운 ► el rollo : 귀찮거나 지겹거나 짜증나게 하거나 싫은 어떤 것 (신조어). ► en serio : 솔직하게, 진정으로, 진심으로	답: c

29. - ¿Qué te ha dicho tu mujer?
   - Que no trabaje **como un burro.**
     a) poco
     b) mucho
     c) solo

– 네 처가 뭐라고 하든? – **나귀처럼** 일만하지 말라고 하던데. a) 적게 b) 많이 c) 혼자	답: b

30. - Lo último de mi hijo me ha dejado sorprendido.
   - Ya se sabe : los niños **no tienen pelos en la lengua.**
     a) dicen lo que piensan
     b) hacen cosas graciosas
     c) son muy inocentes

– 우리 아들의 마지막 말이 나를 깜짝 놀라게 했지 뭐야. – 알잖아, 아이들은 **솔직하다는 거.** a) 생각한 것을 말한다 b) 우스운 짓을 한다 c) 매우 순진하다 ► no tener pelos en la lengua : 있는 그대로 말하다, 생각한 그대로 말하다	답: a

EJERCICIO 2

Instrucciones

Complete las frases siguientes con el término adecuado de los dos o cuatro que se le ofrecen. Marque la opción en la **Hoja de Respuestas Número 4.**

주어진 두 개나 네 개의 단어중 적절한 단어를 골라 다음 문장들을 완성하시오. **4번 답지**에 선택된 답을 표시하시오.

31. - Estás muy serio. ¿Qué te pasa?
    - Nada que el jefe _______ de mal humor y hemos discutido.
      a) está
      b) es

– 너 굉장히 심각하구나. 무슨 일 있어? – 별로, 보스가 언짢은 기분이라 좀 다퉜어. ► estar de mal/bien humor : 기분이 상하다(좋다), 기분이 나쁘다(좋다)	ser-estar 구분 (답 : a)

32. - ¿Qué tal os lleváis con los nuevos vecinos?
    - Bien, la verdad es que normalmente _______ muy amables.
      a) están
      b) son

– 너희들 새 이웃들과 어떻게 지내니? – 잘 지내, 사실 그 사람들 보통은 굉장히 상냥해. ► 평소 성격에 대한 설명이므로 ser동사 선택 ► llevarse bien/mal con alguien : ~와 잘 지내다(잘 못 지내다)	ser-estar 구분 (답 : b)

33. - ¿Y dónde celebráis la fiesta?
    - Otros años siempre _______ en el bar de Juan, imagino que éste también.

a) ha sido
b) ha estado

– 너희들 어디에서 파티를 여니? – 다른 해에는 언제나 후안의 바에서 열었잖아, 올해 역시 마찬가지 일거야. ► 사건이나 행사, 일이 벌어지는 장소를 말할 때는 ser동사 사용. 반면 estar는 사물이나 사람, 동물의 위치를 표현.	ser-estar 구분 (답: a)

34. - Te aseguro que no puedo trabajar con una persona tan inflexible.
- No _______ pesimista, Julia. Ya verás como todo se soluciona.
a) seas
b) estés

– 너한테 분명히 말하지만 난 그렇게 융통성 없는 사람과 일할 수 없어. – 비관주의자가 되지는 마, 훌리아. 모든 게 잘 될 테니까 두고 봐. ► 성격을 표현하므로 ser동사	ser-estar 구분 (답: a)

35. - Entonces, ¿cuánto tiempo lleváis viviendo en México?
- Pues... desde que _______ diez años.
a) tuve
b) tenía

– 그럼, 너희들은 멕시코에서 얼마동안 살고 있는 거야? – 음... 열 살 이후부터. ► 나이는 불완료 과거시제로 표현된다. ► llevar +현재분사 +시간: 어떤 행위가 지속되는 시간을 나타낸다.	부정과거-불완료과거 구분 (답: b)

36. - ¿Por qué llegaste tan tarde?
- Llegué tarde porque _______ en casa de Fernanda mucho tiempo.
a) estaba
b) estuve

— 왜 그렇게 늦게 도착했어? — 페르난다의 집에 오래 머무르는 바람에 늦었어. ► mucho tiempo라는 시간 한정이 되어있으므로 부정과거 시제를 쓴다.	부정과거- 불완료과거 구분 (답: b)

37. - ¿Podías tenérmelo _______ mañana?
    - Haré todo lo posible pero no te lo aseguro.
      a) para
      b) por

— 내일까지 그것을 갖게 해줄 수 있니? — 최선을 다할게, 하지만 네게 그것을 보장해줄 수는 없다. ► para +시간: 미래의 일이 발생해야 하는 시한을 나타낸다. 반면 'por +시간'은 과거나 미래의 일이 발생할 대략의 시간을 가리킨다.	para-por 구분 (답: a)

38. - ¿Quiere que le traiga el jersey del escaparate _______ probárselo?
    - Sí, gracias. Así me puedo hacer una idea mejor.
      a) por
      b) para

— 입어보시도록 진열장에서 스웨터를 가져다드릴까요? — 예, 감사합니다. 그러면 좀 더 구체적인 생각을 할 수 있겠죠. ► para +목적: 어떤 행위로 얻고 싶은 결과(목표)를 가리킨다. 반면 'por +목적'은 어떤 행위를 야기하는 동기를 표현한다.	para-por 구분 (답: b)

39. - ¿Cuánto tardaremos?
    - Calculo que _______ dos horas. A lo mejor un poco más.
      a) algunas
      b) unas

— 우리 얼마나 걸릴까? — 내 계산으론 약 두 시간 정도야. 아마 좀 더 걸릴 수도 있겠지. ► unos/as : Algunos/as와 같은 뜻이지만, 이는 한정된 집단의 일부를 가리킨다. ► a lo mejor : '아마'. 가정의 경우에 항상 직설법으로 사용된다.	부정사 (Indefinidos) 구분 (답: b)

40. - ¿Qué podemos hacer este fin de semana?
- ¿Este fin de semana?... En principio no tengo _______ plan.
a) algún
b) ningún

– 우리 이번 주말에는 뭘 할 수 있을까? – 이번 주말?... 당장은 아무 계획이 없어. ► ningún은 부정문에 등장하며, 동사 뒤나 no를 생략한 동사 앞에 쓰인다. ► en principio : 대충, 당장은, 표면적으로는	부정사 (Indefinidos) 구분 (답 : b)

41. - Siempre te ha gustado ver los anuncios de la tele.
- Sí, no me importa si ______ la verdad o no. Como yo compro lo que quiero...
a) digan
b) dicen
c) dirían
d) dijeran

– 넌 언제나 TV광고 보는 것을 좋아했잖아. – 그래, 진실을 말하는 건지 아닌지는 중요하지 않아. 난 내가 원하는 것만 사니까... ► 간접의문문 기능을 이끄는 접속사로서의 si (~인지 아닌지) : 직설법 ► la tele = la televisión : 줄여 쓰는 경우가 빈번하다.	시제 구분 (답 : b)

42. - Por cierto, ¿cómo se va a Oaxaca _______ Puebla?
- Aquí tengo un mapa. Toma.
a) de
b) hacia
c) para
d) desde

– 그건 그렇고, 뿌에블라에서 와하까까지 어떻게 가지요? – 여기 지도가 있어, 받아.	전치사 구분 (답 : d)

► de... a(hasta)... : ~에서 ~까지 ► por cierto : '그런데, 그건 그렇고'. 과거에 잠깐 다루었던 테마를 좀 더 깊이 이야기하고자 할 때 쓴다.	

43. - ¿Qué piensas de Javier?
- No sé. Tú lo conoces de toda la vida, _______ yo sólo lo he visto un par de veces.
    a) mientras que
    b) así que
    c) sino que
    d) a cambio

– 하비에르에 대해 어떻게 생각해? – 잘 모르겠어. 네가 그를 평생 동안 알고 지낸 반면, 나는 단 두어 번 봤을 뿐이야. ► mientras que (~한 반면) : 반의적 접속구문에 사용되며, 두 구문의 정보가 대비적임을 강조한다. así que는 결과를, sino que는 앞의 표현을 정정하거나 부정하며, a cambio는 '~대신에'를 뜻한다.	접속사 구분 (답 : a)

44. - ¿Podemos quedar hoy?
- Vale. Si puedes, pásate después del trabajo _______ mi casa.
    a) a
    b) en
    c) por
    d) de

– 우리 오늘 만날 수 있을까? – 좋아. 할 수만 있다면 네가 일 마친 후에 우리 집에 들려. ► pasar por +장소 : ~을 지나가다, 통과하다, 들르다 ► quedar : 만나다	전치사 구분 (답 : c)

45. - ¿Desde cuándo _______ trabajando en esta empresa?
- No estoy seguro pero creo que unos seis años.

a) has estado
b) estuviste
c) estás
d) estado

<table>
<tr><td>– 언제부터 이 회사에서 일하고 있는 거야?
– 확실하지는 않지만 한 6년 정도일 거야.

► 현재도 계속 일하고 있는 상황이다. 따라서 현재시제를 선택한다.</td><td>시제구분
(답: c)</td></tr>
</table>

46. - Mamá, no encuentro mis pantalones.
- Es posible que _______ haya puesto tu hermano. Pregúntale.
a) los
b) se les
c) les
d) se los

<table>
<tr><td>– 엄마, 내 바지를 못 찾겠어요.
– 네 형이 입었을 수 있겠다. 그에게 물어보렴.

► 'ponerse los pantalones'. 동사변화하면 재귀대명사가 직접목적대명사 앞에 간다.
► es posible que... : 종속절에 가능성을 나타내는 접속법동사가 필요하다.</td><td>직간접
목적대명사
구분
(답: d)</td></tr>
</table>

47. - ¿Tengo que llevar mi coche a la reunión?
- Sí, claro. ¡Ah!, y no te olvides _______ echarle gasolina.
a) de
b) a
c) con
d) en

<table>
<tr><td>– 내 차를 회의에 가져가야만 할까?
– 그럼, 물론이지. 아! 그리고 휘발유 넣는 것 잊지 말아.

► olvidarse de algo : ~에 대하여 잊어버리다</td><td>전치사
구분
(답: a)</td></tr>
</table>

48. - Lorena, ¿has bebido pisco alguna vez?
- Sí. Una vez, cuando _______ de vacaciones en Perú.
a) he estado
b) estuve
c) estaría
d) estuviera

– 로레나, 삐스꼬 마셔본 적 있니? – 응. 한번, 페루에서 휴가를 보냈을 때. ► 부정과거는 과거 언젠가 발생하여 끝난 일을 표현하고, 일반적인 과거의 일을 가리키기도 한다. 현재완료는 현재까지 계속되는 일을 가리키므로 답이 아니고, 단순한 과거 사실을 말하는 상황이므로 조건, 충고를 표현하는 가정법과 접속법 시제도 맞지 않다. ► el pisco : 포도로 만든 페루의 전통주	시제구분 (답 : b)

49. - ¿Qué melocotón quieres?
- Es igual. Acércame _______ quieras.
a) el que
b) el cual
c) que
d) cual

– 무슨 복숭아를 원해요? – 아무거나요. 당신이 좋은 것을 줘 봐요. ► 형용사절을 명사화하는 관사가 첨가된 형태가 옳다(~한 것). 한편, el cual은 el que와 달리 선행사가 없는 경우 사용하지 못한다. ► ser igual : 상관없다, 무관심하다, 이도 저도 매한가지다	관계사 구분 (답 : a)

50. - ¿Sabes por qué ha venido Ramón con ese humor?
- ¡Déjalo!, seguro que se ha enfadado _______ sus compañeros.
a) contra
b) de
c) a
d) con

– 라몬이 왜 그런 기분으로 왔는지 알고 있어? – 내버려 둬! 분명히 동료들하고 언짢은 일이 있었을 거야. ► enfadarse con alguien : ~에게 화를 내다, ~와 다투다	관용구 (답: d)

51. - Alicia, ¿has hecho los deberes?
   - No, mamá. Los _______ después de cenar.
   a) haré
   b) haría
   c) hiciera
   d) haga

– 알리시아, 숙제 했니? – 아니요 엄마. 저녁 먹은 후에 할 거예요. ► 앞으로 할 일에 대한 표현이므로 미래시제 ► hacer los deberes : 숙제하다	직설법- 접속법 구분 (답: a)

52. - Mañana saldremos temprano. Sería mejor que _______ un poco.
   - Sí, ahora mismo me voy a la cama.
   a) dormirás
   b) durmieras
   c) dormirías
   d) duermes

– 우린 내일 일찍 출발할 거야. 좀 자두는 것이 좋을 텐데. – 알았어, 지금 당장 침대로 갈 거야. ► ser mejor que... : 판단이나 중요성, 가치를 나타내는 표현으로서 접속사구문을 이룬다. 이 문제의 경우, 가정법 동사의 종속절이므로 접속법 과거시제를 택한다.	직설법- 접속법 구분 (답: b)

53. - ¿Quién será _______ estas horas?
   - Seguro que es José. Nunca lleva reloj.
   a) a
   b) en
   c) sobre
   d) por

- 이 시간에 누굴까? - 호세가 틀림없어. 시계를 차고 다니는 적이 없거든. ► a estas horas : '이 시간에'. 너무 늦었거나 빠르다는 것을 강조한다.	전치사 구분 (답 : a)

54. - Voy a casa de Matilde.
    - Está muy cerca, _______ no tardarás mucho.
      a) ya que
      b) de modo que
      c) pues
      d) como

- 나 마띨데의 집에 간다. - 굉장히 가까워, 그러니까 오래 걸리지 않을 거야. ► 결과를 나타내는 접속사구가 필요한 경우이다. Ya que, pues, como는 이유와 원인을 나타내는 반면, de modo que는 앞 표현의 결과로 이어진다.	접속사 구문 (답 : b)

55. - ¿Por qué no llamas a Antonio y a Puri? Seguramente _______ apetece venir al cine con nosotros.
    - Sí, yo también lo había pensado. Dame el número.
      a) los
      b) se
      c) les
      d) se los

- 안또니오와 푸리에게 전화해보지 그래? 분명히 우리랑 극장에 가고 싶어 할 거야. - 그래, 나도 그럴 생각을 했었어. 전화번호를 알려줘. ► apetecer algo a alguien : '~이 하고 싶다'는 의미로 gustar동사처럼 사용된다. 즉 a Antonio y a Puri를 가리키는 간접목적대명사를 요구하는 문제이다.	직간접 목적대명사 구분 (답 : c)

56. - ¿Qué opinas de las relaciones amorosas que surgen a través de Internet?
    - Si te digo la verdad, no creo que _______ funcionar.

a) puedan
b) pueden
c) podrían
d) pudiesen

– 인터넷을 통해 생기는 애정관계에 대해 어떻게 생각하니? – 솔직히 말하면, 제대로 될 수 없다고 생각해. ► No creer que... : 항상 종속절에 접속법 동사를 요구한다.	직설법-접속법 구분 (답: a)

57. - Me voy a la cama pero _______ venga Pedro, avísame.
   - No te preocupes, lo haré.
   a) sólo si
   b) salvo si
   c) como si
   d) en el caso de que

– 나 침대로 간다, 하지만 뻬드로가 오거들랑 알려줘. – 걱정하지 마, 그렇게 할게. ► 발생할 수 있는 일의 조건을 붙이고 있다. en el caso de que...('~한 경우에는')는 반드시 접속법 동사를 사용한다. 원래 si 다음에는 접속법현재동사가 오지 않는다. 가능성이 희박한 일을 가정하는 como si는 항상 접속법과거동사를 사용한다.	직설법-접속법 구분 (답: d)

58. - Oye Sara, _______ terminar de trabajar, vamos al cine. ¿Te apetece?
   - Vale. Y después te invito a cenar.
   a) de
   b) al
   c) durante
   d) hasta

– 얘 사라, 일이 끝나면 극장에 가자. 좋지? – 그래. 그리고 나선 내가 널 저녁식사에 초대할게. ► al +동사원형 (~할 때) : 두 행위의 동시성을 나타낸다. Cuando~ 구문으로 대체 가능	전치사 구분 (답: b)

► terminar de +동사원형 : ~을 끝내다, 마치다 ► apetecer algo a alguien : '~이 하고 싶다'는 의미로 gustar동사처럼 사용된다. ► Oye / Oiga : 말을 시작하기 위해 상대방의 주의를 끌거나 부를 때 사용한다.	

59. - ¿Viste anoche la televisión?
- Sí, y dijeron que este fin de semana _______ mal tiempo.
   a) haría
   b) hiciera
   c) haga
   d) haya hecho

– 어젯밤에 TV 봤어? – 응, 이번 주말에 날씨가 좋지 않을 거라고 하던걸. ► 주절의 동사가 부정과거시제이고, 과거의 시점에서 미래의 일을 말하는 경우이므로 가정법동사를 쓴다.	직간접 화법 (답 : a)

60. - Oye, ¿y tengo que comer en ese restaurante?
- Hombre, no hace falta que _______ ahí, pero yo te lo recomiendo. Es muy bueno.
   a) comes
   b) comerías
   c) comas
   d) comieras

– 이봐, 내가 그 식당에서 식사해야만 하는 거야? – 물론 거기서 밥을 먹을 필요는 없어, 하지만 너에게 추천하는 바야. 굉장히 좋거든. ► hacer falta a alguien : '~에게 필요하다, 부족하다'. necesitar와 마찬가지로 종속절의 경우 반드시 접속법 동사를 사용한다. ► hombre : 이상함, 놀라움, 경탄, 불쾌 등을 표현하는 감탄사	직설법-접속법 구분 (답 : c)

19 de noviembre de 2005

PRUEBA 1. COMPRENSIÓN DE LECTURA

Instrucciones

A continuación encontrará usted cuatro textos y una serie de preguntas relativas a cada uno de ellos.

Hay dos modalidades de preguntas :

Primer tipo :

a) Verdadero

b) Falso

Segundo tipo. Selección de una respuesta entre tres opciones :

a) ...

b) ...

c) ...

Marque la opción correcta en la **Hoja de Respuestas Número 1.**

이어서 당신은 4개의 지문과 각 지문과 관련된 일련의 질문들을 만날 것이다.
두 개의 질문 양식이 있다:

첫 번째 타입:

a) 참

b) 거짓

두 번째 타입. 3개의 선택지 중에서 택일:

a) ...

b) ...

c) ...

1번 답지에 선택된 답을 표시하시오.

Texto 1

EL MIEDO A LA PRIMAVERA

La cantidad de lluvias caídas durante el invierno tiene una relación directa con el nivel de polinización. Si el invierno ha sido muy lluvioso, hay un empeoramiento de los síntomas alérgicos y un aumento de nuevos pacientes. Además, si la polinización se adelanta y coincide con el frío y las infecciones virales, se producirá un aumento de los síntomas respiratorios que sufren los alérgicos, por lo que el panorama de esas afecciones se puede complicar. Otro factor que agrava estos procesos es la contaminación, que hace más sensible la zona respiratoria y potencia la acción alérgica de los pólenes.

Estornudos, lagrimeo y picor de garganta son los principales síntomas de un mal que aumenta cada año. El 60% de los pacientes presenta los primeros síntomas antes de los treinta años y la enfermedad predomina en los varones.

Es muy importante que los alérgicos al polen eviten la excesiva exposición a esta sustancia para poder reducir sus síntomas. Para ello conviene tomar precauciones, utilizar pequeños trucos con los que se consigue que la vida de los alérgicos sea más agradable durante la primavera.

Es muy conveniente conocer el hábitat y la época de polinización de las plantas a las que se es alérgico y durante esta temporada intentar no dejar las ventanas abiertas, no cortar el césped y no cuidar el jardín. Evitar salir al aire libre los días de viento, llevar gafas de sol y visitar zonas costeras en lugar de sitios con abundante vegetación son otras recomendaciones.

Las precauciones dentro del hogar son también fundamentales, pues en él pasamos gran parte del día ; es aconsejable lavar con frecuencia la ropa de cama, retirar las alfombras y moquetas, utilizar cortinas ligeras y lavarlas con frecuencia, hacer la limpieza con un paño húmedo, secar la ropa y el calzado antes de guardarlo, evitar la humedad en la habitación y, sobre todo, no olvidarnos nunca de tener medicación sintomática a mano.

[Adaptado de *El Periódico de Extremadura.* España]

GRAMÁTICA & VOCABULARIO

- **la polinización** (화분받이, 꽃가루받이)
- **por lo que** (그로 인해, 그런 이유로) : Lo는 앞에서 설명한 바를 모두 가리킨다.
- ...**que** hace más sensible... : que는 접속사의 기능을 수행하며 언급한 바의 이유를 설명하기도 한다.
- **el truco** (요령, 기교)
- **con los que / a las que** : 2005-05-14 Texto 2 설명 참고. 기본적으로 선행사를 다시 언급하지 않기 위해 사용되지만, 언급되지 않았어도 문맥상 짐작할 수 있는 경우도 있다 (=...pequeños trucos con los [trucos] que... / ...las plantas a las [plantas] que se es alérgico...).
- **al aire libre** (야외에)
- **en lugar de algo** (~대신에)
- **tener algo a mano** (~을 근처에 두다, 손닿는 곳에 두다)

봄을 향한 두려움

겨울동안 내린 비의 양은 꽃가루받이의 수준과 직접적인 연관이 있다. 만일 겨울이 매우 강수량이 풍부했다면, 알러지 증상의 악화와 새로운 환자의 증가가 생긴다. 게다가 화분증식이 앞당겨지고 추위와 바이러스 감염이 동시에 발생하면, 알러지 환자가 겪는 호흡기 질환의 증가가 나타난다. 그로 인해 그 감염의 양상이 까다로워질 수 있다. 이러한 과정을 악화시키는 다른 요인이 바로 환경오염으로, 호흡기 부위를 더욱 민감하게 만들고 꽃가루의 알러지 작용을 강화시킨다.

재채기, 눈물, 목 안의 간지러움이 매년 증가하는 질병의 주요 증상이다. 환자의 60%가 30세 이전에 첫 증상을 나타내고, 이 병은 남성에게 우세하다.

꽃가루에 알러지가 있는 사람들은 증세를 감소시킬 수 있도록 이 성분에 과도한 노출을 피하는 것이 매우 중요하다. 그러기 위해서는 사전에 조심하고, 봄에 알러지 환자의 삶이 좀 더 쾌적할 수 있도록 만드는 작은 요령들을 활용하는 것이 좋다.

자신이 알러지 증상을 보이는 식물들의 꽃가루받이 환경과 그 시기를 알고, 이 시기 동안 창문을 열어놓지 않도록 노력하며, 잔디를 깎거나 정원을 돌보지 않도록 하는 것이 매우 바람직하다. 바람이 부는 날에 야외에 나가는 것을 피하고, 선글라스를 착용하며, 우거진 초목이 있는 장소 대신 해안지역을 방문하는 것도 또 다른 충고 사항들이다.

가정 내에서의 예방도 역시 중요한데, 왜냐하면 그 안에서 우리는 하루의 대부분을 보내기 때문이다. 침대시트를 자주 세탁하고, 카펫과 깔개를 치우며, 가벼운 커튼을 사용하면서 그것을 자주 세탁하고, 젖은 헝겊으로 청소하고, 보관하기 전에 옷과 신발을 건조시키며, 방에서는 습기를 피하고, 특히 증상에 맞는 약을 손닿는 곳에 두는 것을 잊지 않기를 권장하는 바이다.

[스페인, 『엑스뜨레마두라 신문』에서 각색한 글]

PREGUNTAS

1. Según el texto, los inviernos lluviosos reducen los síntomas alérgicos.
   a) Verdadero
   b) Falso

2. En el texto se afirma que las alergías primaverales afectan más a hombres que a mujeres.
   a) Verdadero
   b) Falso

3. Según el texto, las personas alérgicas deben quedarse en casa si hace viento.
   a) Verdadero
   b) Falso

1. 위 글에 의하면, 강수량이 풍부한 겨울은 알러지 증세가 줄어든다.	답: b
2. 위 글에서는 봄철 알러지가 여성보다 남성에게 더 영향을 준다고 한다.	답: a
3. 위 글에 의하면, 알러지 증세가 있는 사람들은 바람이 불면 집에 남아있어야 한다. ► deber +동사원형 : 반드시 ~해야만 한다	답: a

Texto 2

GAUDÍ TRIUNFA EN LA RED

Jordi Jordan, profesor de Tecnología de un Instituto de Enseñanza Secundaria de Lleida, ha visto cómo su página web sobre *Gaudí y la tecnología* ha sido premiada en 2005 como el mejor recurso de enseñanza en red por el portal de la Comisión europea *eLearning Europa. info.*

Jordan, de 42 años, ingeniero de formación, eligió a Gaudí porque para él el arquitecto catalán es el más sobresaliente de la historia : "Gaudí es el gran maestro, el observador, el sintetizador, el artesano, el científico y, sobre todo, el tecnólogo por excelencia". Jordan explica la relación del genial arquitecto con la enseñanza actual : "Muchas de sus soluciones vinieron de la observación, del conocimiento de los materiales y de su manipulación, que son una parte fundamental de los objetivos de la asignatura *Tecnología industrial* en el Bachillerato".

La página premiada es una aproximación, desde el punto de vista de la tecnología, a la vida y a la obra de Gaudí. "Se ha hablado de Gaudí desde todas las ramas del saber, desde la arquitectura, hasta el arte o la sociología, pero en muy pocas ocasiones desde la tecnología", insiste Jordan tratando de reivindicar la tecnología como una de las fuentes del saber.

Al principio la página nos introduce, de forma muy amena, en la época en que vivió el artista, para explicarnos posteriormente, con mucha claridad, el proceso de diseño y construcción de algunas de sus obras más importantes. Jordan utiliza, con rigor y creatividad, una gran cantidad de recursos multimedia. "Nunca me conformo sólo con el rigor de las explicaciones ; creo, como Gaudí, que es necesario hacer bellas las cosas, por muy simples o técnicas que sean".

Con anterioridad a este reconocimiento internacional, ya habían sido premiadas en dos ocasiones por la Generalitat sus unidades didácticas en Internet ; incluso llegó a ser finalista, en 2003, de los premios europeos *Schoolnet eLearning*. Gracias a sus trabajos en Internet, ha conseguido para su instituto el Sello Europeo para proyectos innovadores de enseñanza y aprendizaje de lenguas extranjeras, un reconocimiento que se otorga sólo a seis centros españoles cada año.

Pese a su pasión por Internet, Jordan está convencido de que la Red nunca podrá sustituir al maestro, sino que se convertirá en su inseparable aliado, en su mejor apoyo.

[Adaptado de *Ciberpaís*. España]

GRAMÁTICA & VOCABULARIO

- **la enseñanza secundaria** (중등교육, 중고등학교)
- **la página web** (홈페이지, 웹페이지)
- **ha sido premiada**: 수동태 'ser +과거분사'. 단 현재완료시제로 되어 있다.
- **la red** (넷, net, internet)
- **el portal** (포털사이트)
- **ingeniero de formación**: 전공으로 공학을 공부한 사람
- **por excelencia** (빼어난, 남다른, 최고의)
- **...que** son una parte fundamental...: 관계사 que는 앞에서 언급한 것에 정보를 첨가하는 절을 이끈다.
- **el Bachillerato** (고등학교 과정) / ► **el punto de vista** (관점, 시각)
- **tratar de +동사원형** (~하도록 노력하다, 시도하다)
- ...**como** una de las fuentes...: 여기서 como (~로서)는 자격을 가리킨다.
- **al principio** (초기에, 처음에)
- **de forma +형용사** (~한 형태로, 방식으로)
- **conformarse con algo** (~을 참고 따르다, ~으로 만족하다)
- ...**por muy simples o técnicas que sean**: 'por muy +형용사/부사 +que +접속법동사 (아무리 ~하더라도)'의 구조는 일반적으로 부정문에 사용된다.
- **con anterioridad a algo** (~에 앞서, ~보다 먼저)
- **la Generalitat** (스페인 카탈루냐 주의 주정부)
- **llegar a +동사원형** (결국 ~하게 되다)
- **gracias a algo/alguien** (~덕분에) / ► **pese a algo** (~에도 불구하고)
- **no... sino...**(~이 아니라 ~이다): 반의의 접속사 sino는 앞 부정문의 정보를 정정한다.

가우디가 인터넷 상에서 성공을 거두다

예이다의 고등학교 과학기술 선생인 죠르디 죠르단은 『가우디와 테크놀로지』에 대한 자신의 웹페이지가 2005년에 유럽 위원회 포털사이트 eLearning Europa. info에 의해 어떻게 인터넷상의 최우수 교육 자료로 상을 받게 되었는지 깨달았다.

공학을 전공한 42세의 죠르단은 그에게 있어 이 카탈루냐 출신 건축가가 역사상 가장 뛰어난 인물이기 때문에 가우디를 선택했었다. "가우디는 위대한 스승이자 관조자이며, 통합자, 장인, 과학자이며, 특히 최고의 기술학자입니다". 죠르단은 이 천재적인 건축가와 오늘날의 교육과의 관계를 설명한다. "그의 해결책의 다수가 관찰과 재료에 대한 이해, 그것의 처리에서 비롯되었고, 이것이 고등학교 '산업 기술' 과목 학습목표에서 근본적인 부분인 것이죠".

상을 받은 웹페이지는 테크놀로지라는 관점에서 가우디의 삶과 작품에 대한 접근이다. "지식의 온갖 분야, 건축에서 예술, 혹은 사회학에 이르기까지 가우디에 대해 거론되었습니다. 그러나 테크놀로지에서는 매우 소수의 경우밖에 없었죠"라고 죠르단은 지식의 원천 중 하나로서의 테크놀로지를 주장하려고 애쓰며 역설한다.

처음에 이 웹페이지는 매우 유쾌한 방법으로 이 예술가가 살았던 시대로 우리를 이끄는데, 나중에 아주 명확하게 그의 가장 중요한 작품들 중 일부의 설계와 건축 과정을 우리에게 설명하기 위해서이다. 죠르단은 엄격하면서도 창조적으로 방대한 양의 멀티미디어 자료들을 활용한다. "나는 결코 설명의 정확함만으로 만족하지는 않습니다. 제 아무리 단순하다거나 기교적이라고 하더라도 가우디처럼 사물을 아름답게 만들 필요가 있다고 생각합니다".

이 국제적인 인정 이전에 인터넷 상의 그의 과목 단원들이 이미 두 차례나 주 정부에 의해 상을 받은 적이 있었다. 2003년엔 Schoolnet eLearning 유럽 대회에서 결승진출자가 되기도 했다. 인터넷에서의 작업 덕분에 그는 외국어 교육과 학습의 혁신적 프로젝트를 위한 유럽인증을 자신의 학교를 위해 획득한 적도 있었다. 매년 단 여섯 개의 스페인 교육단체에 부여되는 인정서인 것이다.

인터넷을 향한 그의 열정에도 불구하고, 죠르단은 인터넷이 결코 스승을 대신할 수 없으며, 떼려야 뗄 수 없는 동지이자 최고의 조력자로 변모할 것이라고 믿고 있다.

[스페인. 『사이버 빠이스』에서 각색한 글]

PREGUNTAS

4. Según el texto, Jordi Jordan :
   a) estudió arquitectura.
   b) opina que Gaudí era un tecnólogo.
   c) es profesor de informática.

5. En el texto se nos informa de que la página web de Jordi Jordan :
   a) muestra cómo Gaudí manipulaba los materiales.
   b) contiene el programa de la asignatura *Tecnología industrial.*
   c) relaciona a Gaudí con la tecnología.

6. En el texto se afirma que el instituto donde trabaja Jordan ha conseguido :
   a) dos premios en Internet.
   b) un reconocimiento europeo.
   c) tener uno de los mejores métodos de enseñanza.

4. 위 글에 의하면, 죠르디 죠르단은: a) 건축학을 공부했다. b) 가우디가 기술학자라고 생각한다. c) 정보처리학의 선생이다.	답: b
5. 위 글에서 우리에게 알려주는 바는 죠르디 죠르단의 웹페이지가: a) 가우디가 어떻게 재료들을 다루었는지 보여 준다는 것이다. b) '산업 기술' 과목의 프로그램을 담고 있다는 것이다. c) 가우디를 테크놀로지와 연관시킨다는 것이다.	답: c
6. 위 글에서 죠르단이 일하는 고등학교가 획득한 것은: a) 인터넷에서의 두 개의 상 b) 유럽의 인정 c) 최고의 교수법중 하나를 소유한 것	답: b

Texto 3

LA NUEVA PIRATERÍA

Si hoy te hablan de piratería, ya no piensas en una bandera negra con una calavera blanca, sino en un delito contra la propiedad física o intelectual. El delito de la piratería, con el extraordinario avance de las tecnologías en las áreas de informática y telecomunicaciones, ha crecido a una velocidad vertiginosa. Actualmente todas las obras intelectuales pueden ser objeto de imitación, falsificación o plagio por parte de terceros con gran facilidad, lo que causa un grave perjuicio a los autores y a sus derechos. Artistas, comerciantes, editores, músicos, inventores, cualquier creador puede verse afectado por la llamada *piratería*, tanto moral como económicamente. Pero también se verán afectados el productor, el consumidor y el Estado, lo cual produce evidentes daños a la sociedad de tipo económico, social y fiscal.

El comerciante honesto y titular de los derechos intelectuales se ve afectado al encontrarse en el mercado a un pirata que coloca los mismos productos de forma engañosa a un coste menor. En este caso, las personas que distribuyen o comercializan este tipo de productos, como en el caso de las películas o los programas informáticos, actúan sin una licencia por parte del productor o de la persona autorizada para ello, incurriendo así en una actividad ilegal.

También el consumidor se ve perjudicado, pues las copias, de peor calidad que los originales y mal configuradas, carecen de garantía y llegan incluso a producir daños ; muchos vídeos piratas, casetes de música y programas informáticos terminan creando problemas a los equipos en los que se usan [VHS, reproductores, computadoras, etc.]. También la economía del país sufre daños, ya que con toda esta actividad de piratería se crea una disminución de fuentes de empleo, de las ventas de productos legítimos y de la inversión extranjera en el sector específico donde exista piratería.

Por todo esto deberíamos llevar a cabo una movilización colectiva para frenar el pirateo de los bienes culturales a través de Internet, para que se aumenten los medios policiales que repriman la venta callejera de estos productos y para concienciar a los ciudadanos para que no compren productos pirateados en soporte digital.

[Adaptado de la revista *Producto*. Venezuela]

GRAMÁTICA & VOCABULARIO

- **la piratería** (해적행위, 노략질 / 불법복제행위)
- **no... sino...**(~이 아니라 ~이다) : Texto 2 설명 참고.
- **la informática** : 정보통신
- **la telecomunicación** : 전자통신, 원격통신
- **por parte de algo/alguien** (~의 입장에서, ~쪽에서)
- ...**lo que** causa... (...그것이 ~을 야기한다) : 'lo que'는 접속사의 기능을 수행하면서, 앞 문장 전체를 가리킨다.
- **cualquier** (그 어떤, 누구라도) : 형태가 변하지 않는 부정不定형용사로서, 집단의 불특정 구성원을 가리킨다.
- **llamado/a** (일명, 소위)
- **tan/tanto(a)... como...** (~도 ~역시) : 동등한 정도를 표현하는 부사로 사용되어 moralmente y también económicamente를 뜻한다.
- **lo cual** : 복합 관계대명사로 방금 앞에서 언급한 것 전체를 가리킨다.
- **al +동사원형** : 2005-05-14 Texto 2 설명 참고.
- **el/la pirata** (해적 / 불법복제물을 유통하거나 판매하는 자)
- **carecer de algo** (~이 부족한, 빠진, 결여된)
- **llegar a +동사원형** (~하게 되다, 결국 ~하다)
- **Terminar +현재분사** (~하면서 종결되다, 마치다, 끝나다)
- ...a los equipos **en los que** se usan... : 2005-05-14 Texto 2 설명 참고.
- **ya que** (~때문에) : 앞선 표현의 원인이나 이유를 설명하는 접속사의 역할을 한다.
- **por todo esto** (이 모든 것 때문에, 이런 모든 이유에서)
- **deber +동사원형** : 2005-05-14 Texto 1 설명 참고.
- **llevar a cabo algo** (~을 완수하다, 수행하다, 끝내다) : cabo는 '머리'를 뜻하므로, 가장 꼭대기까지 가지고 갔다는 것은 완수했다는 것을 가리킨다.
- **concienciar a alguien** (~을 이해하도록 만들다, 자각하도록 만들다)

새로운 해적행위

만일 오늘날 당신에게 해적행위에 대해 말한다면, 당신은 더 이상 흰 색 해골이 그려진 검은 색 깃발이 아닌 물리적이거나 지적 재산에 대한 범죄를 떠올린다. 해적행위(표절)라는 범죄는 정보과학과 정보통신 분야에서 기술의 놀라운 발전과 더불어 아찔한 속도로 증가해왔다. 현재 모든 지적 저작물들은 제3자에 의해 매우 손쉽게 모방이나 위조, 복제의 대상이 될 수 있고, 이것은 작가나 그들의 권리에 심각한 손실을 야기한다. 예술가, 상인, 출판자, 음악가, 발명가, 그 어떤 창안자라도 일명 '표절'에 의해 정신적, 경제적으로 피해를 볼 수 있다. 그러나 제작자, 소비자 그리고 국가 또한 피해를 입을 수 있는데, 이것은 경제적, 사회적, 재무적 유형의 단체에 확연한 손해를 발생시킨다.

지적재산권의 명의인이자 정직한 상인은 더 낮은 가격에 겉모습만 그럴듯한 동일 제품을 늘어놓고 있는 표절자를 시장에서 맞닥뜨리는 즉시 영향을 받는다. 이 경우, 이런 유형의 제품을 배포하거나 상품화하는 사람들은 영화나 컴퓨터 프로그램의 경우와 마찬가지로 제작자나 이에 해당하는 권한이 있는 사람 측의 허가 없이 행동하는 것으로, 그렇게 하여 불법행위를 저지르는 것이다.

또한 소비자 역시 피해를 입는다. 원본보다 품질이 낮고 조잡한 복제품은 보증이 없고 오히려 피해를 불러일으키기까지 하는 것이다; 수많은 복제 비디오, 음악 카세트, 컴퓨터 프로그램들은 사용되는 기계(비디오, 카세트, 컴퓨터 등)에 결국 문제를 초래하고야 만다. 또한 국가 경제 역시 손실을 겪는데, 이런 모든 해적 행위로 고용의 원천과 합법적인 제품 판매의 감소, 불법 복제 행위가 존재하는 특정 분야에서의 외국인 투자 감소가 발생하기 때문이다.

이런 모든 이유로 우리는 인터넷을 통한 문화적 재산의 해적 행위를 중단시키고, 이런 제품들의 길거리 판매를 단속할 감찰 수단을 늘리며, 디지털 매체로 복제된 제품을 구입하지 않도록 시민들을 각성시키기 위해 집단적 움직임을 실행해야만 할 것이다.

[베네수엘라. 『상품』에서 각색한 글]

PREGUNTAS

7. Según el texto, el delito de la piratería ha aumentado por :
   a) el progreso de la informática e Internet.
   b) la venta de computadoras.
   c) el aumento del precio de los derechos intelectuales.

8. En el texto se afirma que las copias piratas :
   a) suelen estar estropeadas.
   b) se venden más que las originales.
   c) pueden estropear el equipo reproductor.

9. El autor del texto opina que la piratería, en general :
   a) hace que la inversión extranjera sea menor.
   b) es una actividad colectiva.
   c) está disminuyendo gracias a la acción policial.

7. 위 글에 의하면, 불법복제라는 범죄가 증가한 이유는 다음과 같다: a) 정보과학과 인터넷의 발전 b) 컴퓨터의 판매 c) 지적 재산권 가격의 상승	답: a

8. 위 글에서 말하기를 불법복제품은: a) 고장나있기 십상이다 b) 원본보다 많이 팔린다 c) 재생기계를 망가뜨릴 수 있다 ► soler +동사원형: 종종 ~하다, 자주 ~하고는 하다	답: c

9. 위 글의 저자의 견해에 따르면 일반적으로 불법복제 행위는: a) 외국인 투자가 감소하게 만든다 b) 집단적 행위이다 c) 감찰 덕분에 줄어들고 있다 ► en general : 보통, 일반적으로 (generalmente) ► gracias a algo/alguien : ~덕분에	답: a

Texto 4

LA CARTA

San Salvador, 21 de septiembre de 1979

Queridísimo Juan Manuel :

Recibí tu carta desde Mallorca, y siento que tienes razón. Mis últimas cartas no fueron muy lindas ni muy cariñosas, y eso debe de haberte herido. Te pido perdón. Estoy segura de que esta carta, en la que tengo mucho que decirte, te hará menos daño, por ser más real y más mía.

Primero, el viaje de septiembre se canceló. Al fin, mandaron a otro de la oficina, un vendedor que acaba de casarse, y la empresa aprovechó para que viajara con su esposa y pasara su luna de miel allá, mientras asistía al curso. Tengo que admitir que me pareció una decisión muy humana y correcta, aunque yo tenía muchas ganas de ir. Tal vez más adelante.

Ahora te hablaré de mí, de mi estado de ánimo, con la mayor honradez y todo el cariño que te debo.

He pasado este tiempo bastante sola. Recuperando mis lugares, mis costumbres, mi vida. Tenía muchas ganas de estar completamente sola y de pensar con tranquilidad. Y he conseguido mucho. Para empezar estoy tranquila y contenta. He arreglado bastante mi casa, que tenía bastantes cosas en estado de reparación y limpieza. Ahora, ya parece mía otra vez. No he visto a gente para nada. Y he salido poco, porque el tiempo ha estado muy lluvioso. Y los niños no pueden salir con esta lluvia. En fin, muy casera, me he comprado unos buenos discos, y he recuperado en la casa la serenidad de los espacios en paz. Hasta la veo mayor. En la oficina he pedido que me aumenten el sueldo, y con eso las horas de trabajo.

En cuanto a Enrique, ha escrito varias veces. Parece que le hacemos bastante falta, y que nos quiere mucho. Va a regresar, quizás a fines de septiembre, y vamos a intentar recuperar nuestra relación. Yo también creo sinceramente que eso es lo que debemos hacer, ya que Enrique adora a sus niños y, si puede funcionar la cosa, pues mucho mejor.

Confío en que estarás de acuerdo con esto, aunque sé que te vas a sentir triste. De cualquier manera, y pase lo que pase, tendrás en mí la más admiradora y la más fiel amiga, con un enorme amor para ti. Escríbeme, te lo ruego, y cuéntame tu reacción y tus sentimientos. Abrazos.

Fernanda

[Adaptado de Alfredo Bryce Echenique, *La amigdalitis de Tarzán*, Perú]

GRAMÁTICA & VOCABULARIO

- **tener razón** (~이 옳다, ~의 말이 맞다)
- **deber de +동사원형** (아마 ~일 것이다) : 가능성을 가리키는 표현이다.
- ...**en la que** tengo mucho que decirte... : 2005-05-14 Texto 2 설명 참고.
- **hacer daño a alguien** (~에게 상처를 입히다, ~을 아프게 하다)
- **al fin** (마침내, 결국)
- **acabar de +동사원형** (막 ~하다, 막 ~을 마치다)
- **la luna de miel** (허니문, 신혼여행)
- **tener ganas de +동사원형** (~하고 싶은 마음이 들다, ~하고 싶다)
- **deber algo a alguien** (~에게 ~을 빚지다)
- **para empezar** (먼저) : 말의 서두를 꺼낼 때 쓰는 표현이다.
- **para nada** (전혀, 결코)
- **casero/a** (가정의, 가정적인, 집의)
- **hasta** (~까지) : 최종 목적지나 시점을 나타내는 기능 외에도, 가장 극단적인 상황을 예로 들 때 사용한다.
- **en cuanto a algo/alguien** (~과 관련하여, ~에 관하여) : sobre와 같은 뜻으로, 이미 아는 것과 관련된 정보를 제공한다 (=en lo que respecta a algo/alguien, en lo que se refiere a algo/alguien).
- **hacer falta a alguien** (~에게 필요하다, 부족하다) : necesitar와 마찬가지로 종속절의 경우 반드시 접속법 동사를 사용한다.
- **a fines de +시간단위** (~말기에, ~말에)
- **deber +동사원형** : 2005-05-14 Texto 1 설명 참고.
- **ya que** (~때문에) : 앞선 표현의 원인이나 이유를 설명하는 접속사의 역할을 한다.
- **estar de acuerdo con(en) algo/alguien** (~와 의견이 일치하다, ~에 동의하다)
- **de cualquier manera** (어쨌든 간에, 어찌되었든)
- **pase lo que pase** (무슨 일이 일어나든 간에) : 접속법 동사를 연이은 구조로 (*hagas lo que hagas, vayas donde vayas, digas lo que digas...*), 무엇을 어찌하든 간에 앞이나 뒤에서 말하는 바가 변하지 않을 상황에 사용한다.

편지

1979년 9월 21일, 산 살바도르

친애하는 후안 마누엘에게

마요르까에서 온 당신의 편지를 받았는데, 당신 말이 옳다고 생각해. 내 마지막 편지들은 아주 예쁘지도 아주 다정하지도 않았잖아. 그래서 그것이 당신에게 상처를 주었을 거야. 용서해주기 바래. 당신에게 해줄 말이 많은 이 편지는 훨씬 현실적이면서 내 이야기이기 때문에 틀림없이 당신에게 덜 상처를 주게 될 거야.

먼저, 9월의 여행은 취소되었어. 결국 사무실의 다른 사람을 보냈거든. 이제 막 결혼한 영업직원이야. 회사는 그가 부인과 함께 떠나서 그곳에서 신혼여행을 할 수 있도록 활용한 거지. 교육에 참석하는 동안 말이야. 난 무척 인간적이고 올바른 결정으로 보였다고 인정할 수밖에 없어. 비록 나도 무척 가고 싶었지만 말이지. 아마 이 다음에는 갈 수 있지 않을까.

이젠 나에 대해서, 내 기분에 대해서 이야기해볼게. 최대한의 솔직함과 당신에게 빚진 모든 애정을 담고서.

난 요즘 꽤 혼자 지냈어. 내 장소들과 습관들, 내 삶을 되찾으면서. 완벽하게 혼자 있기를, 침착하게 생각하기를 굉장히 원했었어. 그리고 난 많은 것을 얻었지. 가장 먼저, 난 평온하고 만족스러워. 내 집도 꽤 정리했는데, 수리와 청소를 요하는 상태의 물건들이 많이 있었거든. 이젠 다시 내 집 같아. 사람들은 전혀 만나지 않았어. 외출을 거의 하지 않았지. 비가 매우 많이 내렸기 때문이야. 그리고 아이들도 이 비로 인해 나갈 수 없었어. 결국, 매우 가정적이었던 거지. 좋은 음반 몇 장을 샀고, 집에 평화로운 공간의 차분함을 되찾은 셈이야. 집이 더 크게 보일 정도라니까. 사무실에선 보수와 함께 작업시간도 늘려 달라고 부탁해봤어.

엔리께는 여러 차례 편지를 썼어. 우리를 꽤 그리워하고 많이 사랑하는 것 같아. 그는 돌아올 예정이야, 아마도 9월 말쯤. 그러면 우리의 관계를 되돌리려는 노력을 해볼 거야. 솔직히 나 역시도 그것이 우리가 해야 할 일이라고 생각해, 엔리께가 자신의 아이들을 소중히 여기니까. 만일 일이 잘 풀린다면 훨씬 좋은 거고.

난 당신이 이 일에 동의해줄 것이라고 믿어. 비록 당신이 슬퍼할 거라는 것은 알고 있지만. 어찌되던 간에, 그리고 무슨 일이 생기든 간에, 당신은 당신을 향한 거대한 사랑을 지닌 가장 충실하고도 숭배하는 친구를 나에게서 찾을 수 있을 거야. 편지 써줘, 부탁할게. 그리고 당신의 생각과 느낌을 나에게 이야기해줘. 포옹을 보내며

페르난다

[페루. 알프레도 브라이스 에체니께 『타잔의 편도선염』에서 각색한 글]

PREGUNTAS

10. Según el texto, Fernanda le pide perdón a Juan Manuel porque :
    a) había estado poco cariñosa.
    b) no le había escrito antes.
    c) no había hecho un viaje.

11. Según el texto, después de arreglar la casa, Fernanda se siente :
    a) muy sola.
    b) tranquila.
    c) bastante incómoda.

12. En la carta Fernanda cuenta que Enrique :
    a) le ha pedido ver a sus hijos.
    b) los echa de menos.
    c) quiere que ella vaya a verlo.

10. 위 글에 의하면, 페르난다가 후안 마누엘에게 용서를 구하는 이유는 다음과 같다: a) 다정하지 않았었기 때문에 b) 전에 편지를 쓰지 않았기 때문에 c) 여행을 가지 못했기 때문에	답: a

11. 위 글에 의하면, 집을 수리한 후 페르난다가 느낀 감정은: a) 매우 외롭다. b) 평온하다. c) 꽤 불편하다.	답: b
12. 편지에서 페르난다가 말하기를 엔리께는: a) 아이들을 보게 해달라고 부탁했다. b) 그들을 그리워한다. c) 그녀가 자신을 보러오기를 원한다. ► echar de menos a algo/alguien : ~을 그리워하다	답: b

PRUEBA 2. EXPRESIÓN ESCRITA

Parte número 1 : Carta personal

Instrucciones

Redacte una carta de **150-200 palabras** *(15-20 líneas).*
Escoja sólo una de las dos opciones que se le proponen.
Escriba la carta definitiva en la **Hoja de Respuestas Número 2.**
Comience y termine la carta como si fuera real.

> 150-200 **단어**(15-20줄) 정도의 편지를 쓰시오.
> 제시된 두 개의 선택사항중 하나만 고르시오.
> **2번 답지**에 결정된 편지를 쓰시오.
> 실제인 것처럼 편지를 시작하고 끝마치시오.

Opción 1

Usted ha estado haciendo un curso de lengua española en su país. Su profesor, al que usted aprecia mucho, ha tenido que regresar a México para trabajar en un proyecto educativo.

Escríbale una carta a su profesor. En ella deberá :

- saludarlo y lamentarse de su partida ;
- contarle cómo son sus nuevas clases y su nuevo profesor o profesora ;
- expresar su agradecimiento por todo lo que aprendió con él ;
- desearle suerte en su nuevo trabajo.

Opción 2

Usted ha decidido hacer algunas reformas en su casa. Un conocido suyo tiene una pequeña empresa de construcción. Escríbale una carta, en la que deberá :

- presentarse ;
- explicarle el motivo de su carta ;
- detallar las reformas que quiere hacer ;
- pedirle un presupuesto.

Opción 1

당신은 당신 나라에서 스페인어 코스를 했다. 당신이 무척 존경했던 교수가 교육관련 프로젝트에 참여하기 위해 멕시코로 되돌아가야만 했다.

그 교수에게 편지를 쓰시오. 편지에는 다음을 포함하시오:

– 인사하고 그의 환국에 대해 아쉬워하기
– 새 강의와 새 교수가 어떤지 이야기하기
– 그와 함께 배웠던 모든 것에 대해 고마움을 표현하기
– 새로운 업무에서 행운을 빌어주기

Opción 2

당신은 집의 일부 수리를 결심했다. 지인 중 하나가 작은 건축 회사를 가지고 있다. 다음 사항이 들어간 편지를 그에게 쓰시오:

– 자신을 소개하기
– 편지의 동기를 설명하기
– 원하는 수리를 상세히 서술하기
– 예산을 부탁하기

Parte número 2 : Redacción

Instrucciones

Escriba una redacción de **150-200 palabras** *(15-20 líneas).*
Escoja sólo una de las dos opciones que se le proponen.
Escriba la redacción definitiva en la **Hoja de Respuestas Número 2.**

> 150-200 **단어**(15-20줄) 정도의 글을 쓰시오.
> 제시된 두 개의 선택사항중 하나만 고르시오. **2번 답지**에 결정된 글을 쓰시오.

Opción 1

Todos recordamos una noche especial de nuestra vida. Escriba una redacción en la que cuente :

- dónde y cuándo fue ;
- con quién estaba ;
- por qué fue especial.

Opción 2

"El libro digital va a sustituir al libro en papel. En el futuro leeremos sin papeles". Elabore un escrito en el que :

- dé argumentos a favor o en contra ;
- exprese su opinión ;
- proporcione ejemplos que la justifiquen ;
- elabore una breve conclusión.

Opción 1

모두들 일생에서 특별했던 밤을 기억하고 있다. 다음 사항이 들어간 글을 쓰시오:

- 어디, 언제 였는가
- 누구와 함께 있었는가
- 왜 특별한가

Opción 2

"디지털 북은 종이 책을 대체할 것이다. 미래에 우리는 종이 없이 독서를 하게 될 것이다". 다음 사항이 들어간 글을 쓰시오:

- 찬반 주장을 하시오.
- 자신의 의견을 피력하시오.
- 그것을 뒷받침하는 예를 드시오.
- 짧은 결론을 도출하시오.

PRUEBA 4. GRAMÁTICA Y VOCABULARIO

Sección 1: Texto incompleto

Instrucciones

Complete el siguiente texto eligiendo para cada uno de los huecos una de las tres opciones que se le ofrecen.

Puede utilizar esta página como borrador, si lo estima conveniente.

Marque la opción elegida en la **Hoja de Respuestas Número 4.**

다음 지문에서 각각의 빈칸을 주어진 세 개의 선택지 중 하나를 골라 완성하시오. 필요하다면 이 페이지를 연습지로 사용할 수 있습니다. **4번 답지**에 선택된 답을 표시하시오.

EL ARTE DE REGALAR

Regalar cosas a alguien forma parte de nuestra vida cotidiana : regalamos en los cumpleaños, en los santos, en Reyes, en Papá Noel, el Día de los Enamorados, el Día del Padre o de la Madre, en los aniversarios de boda ; regalamos constantemente a lo __1__ de nuestra vida y, sin embargo, muy pocas veces nos preguntamos qué tal regalamos y si __2__ algún método para aprender a regalar mejor.

Saber hacer regalos es un arte para el que __3__ requieren al menos tres condiciones: generosidad, sensibilidad y, sobre todo, sentido común. __4__ las personas muy materialistas, __5__ juzgan el regalo por su precio, la mayoría no ve en el regalo que hacemos su valor de mercado, __6__ una muestra de nuestra personalidad y de nuestro cariño.

Aunque regalar siempre tendrá __7__ de subjetivo e influirán circunstancias tan diversas __8__ la relación entre "regalador" y "regalado", los gustos particulares, el momento, la situación, el presupuesto, etc., deberíamos __9__ en cuenta algunas normas para no equivocarnos : __10__ más importante es descubrir, siempre de un modo indirecto, los gustos de la persona a __11__ se le quiere regalar algo ; es de muy mal gusto regalar objetos que nos hayan regalado previamente a nosotros ; en caso de que el regalo __12__ un libro, deberíamos haberlo leído __13__ o, por lo menos, saber de qué trata ; en cuanto a joyas, dinero y objetos íntimos sólo se __14__ regalar a personas que forman parte de nuestro entorno familiar o sentimental ; en cualquier caso, se __15__ lo que se regale, siempre debemos cuidar al máximo el envoltorio, __16__ el objeto más delicado del mundo pierde todo su atractivo si se presenta envuelto en un papel poco adecuado.

Si regalar, como ha quedado __17__, es un arte, más arte se necesita para poner cara de que te ha encantado delante de ese horroroso regalo que __18__ de recibir. Porque recibir con elegancia un regalo __19__ es fácil ; en caso de que en un primer momento nos decepcione hay que intentar disimular __20__ todos los medios. Debemos recordar que el valor de un regalo no consiste en su valor material, ni en su belleza, ni en la utilidad del mismo, sino en el esfuerzo, el tiempo y la ilusión que dedicó a elegirlo la persona que nos lo regaló.

[Adaptado de *Ahora.* España]

Opciones

1.	a) grando	b) largo	c) recto
2.	a) es	b) está	c) hay
3.	a) lo	b) le	c) se
4.	a) Excepto	b) Aunque	c) Menos que
5.	a) las que	b) que	c) quienes
6.	a) sino	b) pero	c) pues
7.	a) nada	b) alguno	c) algo
8.	a) de	b) como	c) que
9.	a) tener	b) pensar	c) hacer
10.	a) esa	b) cl	c) lo
11.	a) quien	b) que	c) cuya
12.	a) hubiera	b) estuviera	c) fuera
13.	a) pasado	b) antes	c) previo
14.	a) tendrían	b) deberían	c) habrían
15.	a) regale	b) regala	c) regalara
16.	a) como	b) para que	c) pues
17.	a) claro	b) cierto	c) seguro
18.	a) te pones	b) empiezas	c) acabas
19.	a) nada	b) ni	c) tampoco
20.	a) a	b) en	c) por

CLAVE									
1. ⓑ	2. ⓒ	3. ⓒ	4. ⓐ	5. ⓑ	6. ⓐ	7. ⓒ	8. ⓑ	9. ⓐ	10. ⓒ
11. ⓐ	12. ⓒ	13. ⓑ	14. ⓑ	15. ⓐ	16. ⓒ	17. ⓐ	18. ⓒ	19. ⓒ	20. ⓒ

GRAMÁTICA & VOCABULARIO

1 a lo **largo** de algo : ~동안, ~이 진행되는 동안, ~를 따라

1-1 formar parte de algo : ~을 구성하다 / los santos (기념하는 성인, 성녀의 날) ; Reyes (1월 6일 동방박사의 날로서 어린이나 가족에게 지난해의 행실에 따라 선물하는 날) ; Papá Noel (산타클로스의 스페인어 이름)

2 ...**hay** algún método... : 불특정한 algún método가 주어이므로 해당 동사는 hay이다. 문장의 이해를 위해 nos preguntamos에 연결되는 관계사(qué)와 접속사(si)를 먼저 파악하도록 한다.

3 ...**se** requieren [...] tres condiciones... : requerirse(요구되다)는 수동형 재귀동사이므로 3인칭복수주어(tres condiciones)에 적당한 수동형 재귀대명사 se가 옳다.

3-1 al menos : 최소한 / ...para el que se requieren...에서 el que는 el (arte) que를 의미(2005-05-14 Texto 2 설명 참고) / el sentido común : 상식

4 **Excepto** las personas muy materialistas, que.. : **que**가 이끄는 절이 materialista에 대한 설명이라는 것을 감안한다면, Aunque (비록 ~할지라도), Menos que (~보다 적게)는 문장의 의미상 올바르지 않다. 또한 전치사인 Excepto는 앞의 접속사들과 달리 las personas에 해당하는 동사가 없는 이 경우에 적절하다.

5 ...las personas [...] **que** juzgan el regalo... : **que** 절은 '~으로 선물을 판단하는 물질적인 사람들', las personas를 수식하고 있을 뿐이다. 즉, 앞서 언급한 바를 정의하거나 설명하고 있다. las que는 주격으로 쓰이지 않는 이상 전치사를 수반하는 것이 보통이고, quien은 이와 같은 관계사절의 제한적 용법에는 쓰이지 않는다.

6 ...**no** [...], **sino** una muestra de... : 'no... sino...(~이 아니라 ~이다)'의 구조로, 동등한 구조에서 반의의 접속사 sino는 앞 부정문의 정보를 정정한다.

7 ...tendrá **algo** de subjetivo... : 부정문도 아니고(nada) 제한된 영역내의 어떤 것(alguno)을 의미하지도 않으므로 algo가 맞다.

8 ...circunstancias **tan** diversas **como** la relación... : 'tan... como...' 구문이다.

9 **tener en cuenta algo** : ~을 고려하다, 생각하다, 계산에 넣다

10 ...**lo** más importante es... : lo는 형용사나 부사를 명사화하며 특성을 부각한다.

11 ...de la persona a **quien** se le quiere... : 사람 선행사에만 쓰는 관계사 quien은 a la persona que (= a la que)를 의미. 한편, cuyo는 소유형용사의 기능을 한다.

12 ...en caso de que el regalo **fuera** un libro, deberíamos... : 'en caso de que algo'는 실현 가능성이 희박한 가정에 사용되므로 ser이 접속법 과거동사가 올바르다.

13 ...deberíamos haberlo leído **antes**... : 부사 antes는 '전에, 미리, 앞서'를 뜻한다. Previo는 부사 previamente가 되어야 한다. Pasado는 '지난, 과거의'를 의미.

13-1 por lo menos : 최소한 / tratar de(sobre, acerca de) algo : ~에 대해 다루다

14 ...se **deberían** regalar... : 이론적인 가능성을 나타내는 가정법 시제는 지금처럼 충고에도 사용된다. 'deber +동사원형 (반드시 ~해야 한다)'는 의무가 주어에게서 비롯되었음을 부각시키는데, 'tener que +동사원형', 'hay que +동사원형', 'haber de +동사원형'과 혼동되므로 그 구조에 특히 유의한다. / en cuanto a algo/alguien : ~와 관련하여 / íntimo(a) : 친근한, 친한, 가까운, 사적인, 개인적인

15 ...se **regale** lo que se regale... : '접속법 동사 +lo que +접속법 동사' 구문으로 같은 동사의 반복이다. lo que는 목적어를 뜻하므로 '무엇을 ~하던 간에'의 뜻.

15-1 en cualquier caso : 어떠한 경우에도, 어찌되었든 간에

16 ...**pues** el objeto más delicado [...] pierde... : **pues**는 원인 접속사로 어떤 행위의 원인을 설명할 때 쓰이기도 한다. / al máximo : 최대한

17 Si regalar, como ha quedado **claro**, es un arte... : '명확해졌듯이, 분명해졌듯이'를 뜻하려면 '확실한'을 뜻하는 seguro, cierto가 아닌 claro가 선택되어야 한다.

17-1 poner cara de algo : ~한 얼굴을 하다, ~한 표정을 짓다

18 **acabar** de +동사원형 : 막 ~하다, 금방 ~을 마치다

19 ...recibir con elegancia un regalo **tampoco** es fácil : '~역시 ~하지 않다'는 뜻의 tampoco만이 부정문을 시작하면서 앞에서 이야기한 것에 정보를 첨가한다.

20 ...**por** todos los medios : 'por +수단(medio)'은 수단이나 방법을 나타낸다.

20-1 consistir en algo : ~에 기초하다, ~으로 구성되다 / dedicar(se) a +동사원형/algo : ~에 헌신하다, 전념하다, 바치다

선물이라는 예술

누군가에게 무언가를 선물하는 것은 일상적인 우리 삶의 일부이다. 우린 생일, 축일, 동방박사의 날, 크리스마스, 발렌타인데이, 어머니의 날이나 아버지의 날, 결혼기념일에 선물을 한다. 일생동안 끊임없이 선물을 하는데, 그럼에도 불구하고, 선물을 어떻게 하고 있는지 그리고 선물을 더 잘하는 법을 배우는 어떤 방법이 있는 것인지는 아주 드물게만 자문해 볼 뿐이다.

선물할 줄 안다는 것은 일종의 예술로서, 관대함, 감수성, 그리고 특히 상식이라는 최소한 세 가지 조건이 요구된다. 선물을 가격으로 평가하는 매우 물질주의적인 사람들을 제외한 대다수는 우리가 건네는 선물에서 시장에서의 가치를 보는 것이 아니라 우리의 개성이나 애정의 표현을 보는 것이다.

비록 선물을 한다는 것은 언제나 주관적인 무언가를 담고 있고 '선물하는 자'와 '선물받는 자'간의 관계, 특정한 취향, 때, 상황, 예산 등의 다양한 상황이 영향을 미칠 테지만, 우리는 실수하지 않기 위한 몇몇 규칙들을 염두에 두어야만 한다. 가장 중요한 것은 항상 간접적인 방식으로 무언가를 선물하고자 하는 사람의 취향을 알아내는 것이다. 우리가 예전에 선물 받은 물건을 선물하는 것은 굉장히 나쁜 취향이다. 선물이 책이라면 사전에 읽어보아야 하며, 아니면 최소한 무엇을 다루고 있는지 알고 있어야 한다. 보석이나 돈, 매우 사적인 물건인 경우는 오직 가족이나 애정관계를 이루고 있는 사람들에게만 선물해야 한다. 그 어떤 경우라도 무엇을 선물하든 간에 언제나 포장에 최대한 신경써야하는데, 세상에서 가장 섬세한 물건이라도 적절치 못한 종이에 포장되어 있다면 그 매력을 모두 상실하기 때문이다.

이미 밝힌 바와 같이, 선물을 하는 것이 예술이라면 당신이 막 받아든 그 끔찍한 선물 앞에서 정말 마음에 들었다는 표정을 짓기 위해 더 큰 예술이 요구된다. 왜냐하면 우아하게 선물을 받는 것도 쉽지 않기 때문이다. 처음에 우리를 실망시키는 경우에는 무슨 수를 써서라도 그렇지 않은 척 노력해야 한다. 선물의 가치는 물질적 가치나 아름다움, 유용성에 있는 것이 아니라 우리에게 선물한 사람이 그것을 고르기 위해 바친 노력과 시간, 기대감에 있다는 것을 기억해야만 한다.

[스페인. 『지금』에서 각색한 글]

Sección 2 : Selección multiple

EJERCICIO 1

Instrucciones

En cada una de las frases siguientes se ha marcado con letra **negrita** *un fragmento. Elija, de entre las tres opciones de respuesta, aquella que tenga un significado equivalente al del fragmento marcado. Por ejemplo* :

- No he hablado todavía con Javier porque el teléfono **está comunicando.**

a) está estropeado
b) no da señal
c) está ocupado

La respuesta correcta es la **c.**

Marque la opción correcta en la **Hoja de Respuestas Número 4.**

다음 문장들 각각에서 한 부분이 진한 글씨체로 표시되어 있다. 해답의 세 선택지 중에서 표시된 부분에 해당하는 의미를 가진 답을 선택하시오. 예를 들어 :

— 전화가 **통화중이라** 난 아직 하비에르와 이야기하지 못했다.

a) 고장이 나서
b) 신호가 가지 않아서
c) 사용 중이라

올바른 답은 c이다.

4번 답지에 올바른 답을 표시하시오.

21. - Hemos llegado **con mucho tiempo**, ¿no?
- Sí. Mejor así, ¿no te parece?
  a) muy pronto
  b) a la hora justa
  c) con un poco de retraso

– 우리 굉장히 **여유 있게** 도착한 것 아니야? – 응, 그게 더 나아, 안 그래? a) 매우 일찍 b) 정확한 시간에 c) 약간 늦게	답: a

22. - Ten mucho cuidado, no podemos **meter la pata.**
- No te preocupes.
  a) equivocarnos
  b) llegar tarde
  c) caernos

– 조심해, 우리 **실수할** 수는 없어. – 걱정 마. a) 실수하다 b) 지각하다 c) 넘어지다 ▸ meter la pata : 말이나 행동에 실수를 하다. pata(짐승의 다리)나 인간의 발이 진흙탕에 빠지는 것을 비유한 말이다.	답: a

23. - ¿Le has contado a Ramón lo de trabajo?
- Sí, ayer me **dio la enhorabuena**.
  a) riñó
  b) pidió más tiempo
  c) felicitó

– 라몬에게 직장에서의 일 얘기했어? – 그래, 어제 나에게 **축하해줬어.** a) 꾸짖나 b) 시간을 좀 더 요구하다 c) 축하하다 ► dar la enhorabuena a alguien : ~에게 축하인사를 하다 ► lo de algo : 미리 언급했거나 알고 있는 주제를 가리킨다.	답: c

24. - ¿Has hecho ya los ejercicios de matemáticas?
    - Todavía no, pero los hago **en un abrir y cerrar de ojos.**
    a) atentamente
    b) rápidamente
    c) sin mirar

– 수학 연습문제 했니? – 아직 아니야, 하지만 **눈 깜짝할 새에** 할 거야. a) 주의 깊게 b) 빨리 c) 보지 않고	답: b

25. - ¿Hace mucho que no ves a Omayra?
    - Bueno... Nos vemos **de cuando en cuando** en la facultad.
    a) a diario
    b) a veces
    c) con frecuencia

– 오마이라를 보지 못한지 오래 되었어? – 뭐... 학교에서 **때때로** 봐. a) 매일 b) 가끔 c) 빈번하게 ► de cuando en cuando : a veces와 동일한 의미이다. ► la facultad : 대학교의 단과대학. '학교 간다'고 할 때 universidad이라고 하지 않는다.	답: b

26. - ¿Qué le pasó a Alfredo ayer?
- Pues... que se **puso bravo** cuando escuchó la noticia.
  a) enojó
  b) entristeció
  c) alegró mucho

– 어제 알프레도에게 무슨 일 있었어? – 음... 그 소식을 들었을 때 **화를 냈어.** a) 화냈다 b) 슬퍼했다 c) 굉장히 즐거워했다 ► ponerse bravo/a (= enojarse, enfadarse)	답: a

27. - ¡Eres la chica más guapa e inteligente del mundo!
- **¡Anda ya!**
  a) No me hables
  b) No me lo creo
  c) No te entiendo

– 너는 세상에서 제일 예쁘고 똑똑한 여자야! – **됐네요!** a) 말하지 마 b) 믿을 수 없어 c) 너를 이해할 수 없어 ► ¡Anda ya! : 구어체에서 경멸, 조롱, 거부, 불신 등을 표현하는 감탄사	답: b

28. - ¿Puedes **bajar la voz**? Por favor.
- Lo siento ; no me he dado cuenta.
  a) hablar más bajo
  b) hablar más despacio
  c) estar en silencio

– 부탁인데, **목소리 좀 낮춰** 줄래? – 미안해, 그런 줄 몰랐어. a) 더 작은 목소리로 말하다 b) 더 천천히 말하다 c) 조용히 하다 ► darse cuenta de algo : ~에 대해 알아차리다, 눈치 채다	답: a

29. - ¿Te has enterado de lo que ha pasado hoy en el Ayuntamiento?
    - No, pero cuéntame, que **soy toda oídos.**
      a) estoy impaciente
      b) te escucho atentamente
      c) tengo ganas de hablar

– 오늘 시청에서 있었던 일 알고 있어? – 아니, 말해줘, **귀 쫑긋 세우고** 들을게. a) 조바심 내다 b) 주의 깊게 듣다 c) 말하고 싶다 ► ser todo/a oídos : '주의 깊게 듣다, 경청하다'의 의미. 온통 귀라니, 얼마나 집중했으면 온 몸이 귀(청각)라고 하겠는가. ► enterarse de algo : ~에 대해 알아차리다, 깨닫다 ► tener ganas de algo : ~에 대해 욕구를 느끼다, ~하고 싶다	답: b

30. - ¿Cómo está Gonzalo? ¿Lo ves mucho?
    - Últimamente **muy de tarde en tarde.**
      a) algunas tardes
      b) con frecuencia
      c) muy pocas veces

– 곤살로는 어때? 자주 보니? – 최근엔 **가끔** 봐. a) 어떤 날 오후에는 b) 자주 c) 아주 가끔 ► de tarde en tarde : 띄엄띄엄, 아주 드물게	답: c

EJERCICIO 2

Instrucciones

Complete las frases siguientes con el término adecuado de los dos o cuatro que se le ofrecen. Marque la opción en la **Hoja de Respuestas Número 4.**

주어진 두 개나 네 개의 단어중 적절한 단어를 골라 다음 문장들을 완성하시오.
4번 답지에 선택된 답을 표시하시오.

31. - Perdone, ¿la conferencia sobre *Nuevas Tecnologías?*
    - _______ en el salón número cinco.
    a) es
    b) está

– 실례합니다, '신기술'에 대한 학회는요? – 5호실입니다. ▸ 사건이나 행사, 일이 벌어지는 장소를 말할 때는 ser동사 사용. 반면 estar는 사물이나 사람, 동물의 위치를 표현.	ser-estar 구분 (답: a)

32. - ¿Desde cuándo tienes esos pantalones?
    - Desde hace muchos años, aunque _______ nuevos.
    a) están
    b) son

– 언제부터 그 바지를 입었던 거야? – 오래전부터, 새것이긴 하지만. ▸ 새것은 아니지만 새것과 같은 상태, 즉 본질적 특성이 아닌 상태를 나타내므로 estar	ser-estar 구분 (답: a)

33. - ¿Pero qué os pasa hoy?
    - Que _______ cansadísimos.

a) somos
b) estamos

– 그런데 너희들 오늘 무슨 일 있니? – 굉장히 피곤해요. ► 주어의 일시적인 건강, 정신, 기분 상태는 estar동사로 표현	ser-estar 구분 (답: b)

34. - ¿Qué sabes de Gabriela y Jorge?
- Ayer me contaron que _______ juntos otra vez.
a) están
b) son

– 가브리엘라와 호르헤에 대해 뭐 아는 것 있니? – 다시 함께 있다고 어제 말해주더라. ► estar juntos : 함께 있다, 사귀다	ser-estar 구분 (답: a)

35. - ¿Por qué no me llamaste ayer?
- Porque _______ hablando por teléfono más de dos horas y cuando colgué ya era muy tarde.
a) estuve
b) estaba

– 어제 왜 나에게 전화하지 않았어? – 왜냐하면 두 시간 넘게 통화해서 전화를 끊었을 땐 이미 시간이 너무 늦었어. ► 'más de dos horas'라는 시간이 분명히 나타났으므로 부정과거시제가 옳다.	부정과거- 불완료과거 구분 (답: a)

36. - Cuando eras pequeña _______ una infección en la garganta durante mucho tiempo.
- A lo mejor por eso que me quedo sin voz cuando hablo mucho.
a) tuviste
b) tenías

– 네가 어렸을 때, 한참동안 목에 감염증세가 있었단다. – 아마 그것 때문에 말을 많이 할 때면 목이 잠기나 봐요. ► 과거 있었던 일을 단순히 서술하고 있으며, 'durante mucho tiempo'라는 시한이 명시되었으므로 부정과거시제가 옳다. ► a lo mejor : 아마	부정과거- 불완료과거 구분 (답 : a)

37. - ¿Cuánto te ha costado esa alfombra?
 - Costaba 200 pesos, pero como estaba rebajada la compré _______ la mitad.
 a) para
 b) por

– 그 양탄자 얼마 들었어? – 200페소였는데, 세일 상품이었기 때문에 절반 가격으로 샀어. ► por +가격 : 최종 지불한 가격	para-por 구분 (답 : b)

38. - ¡Hoy no estoy _______ bromas, así que todo el mundo a trabajar!
 - Bueno, tranquilo, no te pongas así.
 a) para
 b) por

– 오늘은 기분이 좋지 않아. 그러니까 모두 일해! – 알았어, 진정해, 그러지 말고. ► no estar para bromas(fiestas, sorpresas...) : ~을 할 만한 상태가 아니다, 기분이 좋지 않다 ► así que : 즉시 뒤따르는 행동을 표현 / a +동사원형(명사) : 명령, 지시 ► ponerse +형용사(정신적, 육체적인 상태) : '~하게 되다'. 즉각적, 순간적 변화.	para-por 구분 관용구 (답 : a)

39. - ¡_______ día te vas a caer con esos tacones tan altos!
 - No creo, hace muchos años que los uso, así que tengo mucha práctica.
 a) Cualquiera
 b) Cualquier

— 그렇게 높은 하이힐을 신고 언젠가는 넘어지고 말거야! — 그럴 리 없어, 오래 전부터 신고 다녔는걸. 그러니까 연습이 많이 된 거지. ► cualquier día : 미래의 어느 한 순간, 장차 (형용사 cualquier는 성수변화 안함) ► (los) tacones : 하이힐 (el tacón : 굽)	부정사 (indefinidos) 구분 (답 : b)

40. - No, lo siento, no nos queda _______ mapa de esa provincia.
    - Vale, gracias.
      a) algún
      b) ningún

— 아니요, 죄송합니다. 그 지역의 지도는 하나도 남아있지 않습니다. — 알겠어요, 고맙습니다. ► ningún : 부정문에서 사용되었으므로 ► vale : OK (스페인에서만 사용)	부정사 (indefinidos) 구분 (답 : b)

41. - _______ no te tomes ahora mismo el desayuno, me voy a enfadar.
    - Ahora me lo tomo, papá.
      a) Puesto que
      b) Ya que
      c) Como
      d) Porque

— 지금 당장 아침을 먹지 않으면 화낼 거다. — 지금 먹어요, 아빠. ► Como +조건 : 위협이나 경고의 의미로 조건을 표현. 항상 접속법 동사와 사용된다. Puesto que, Ya que, Porque는 이유와 원인을 나타낸다.	접속사 구분 (답 : c)

42. - Voy a salir un momento a comprar el periódico, ¿quieres que compre algo?
    - Si puedes, trae unos tomates _______ Carmela haga una ensalada.
      a) a que
      b) para que
      c) porque
      d) para

– 신문 사러 잠깐 외출할거야. 뭐 사다줄까? – 까르멜라가 샐러드를 만들도록 가능하면 토마토 몇 개 사와. ► 절과 절을 연결하면서 다음이 목적절이므로 para que가 올바르다.	전치사 구분 (답: b)

43. - ¡No os vayáis sin mí, por favor!

- Por supuesto que no, te esperaremos aquí _______ vuelvas, pero no tardes mucho.

a) desde que
b) si
c) después de
d) hasta que

– 나 빼놓고 가지 마, 제발! – 물론 가지 않아. 네가 돌아올 때까지 기다릴게. 하지만 많이 늦지는 마. ► 절과 절을 연결하면서 앞의 내용과 이어지기 위해서는 hasta que가 옳다. ► por supuesto que sí/no : 물론이지 / 물론 아니지	전치사 구분 (답: d)

44. - Ayer conocí a un chico _______ ha vivido tres años en Alcañices, igual que tú.

- ¿Cómo se llamaba?

a) quien
b) que
c) el cual
d) el que

– 어제 알까니쎄스에서 3년 동안 살았던 한 남자를 만났어, 너처럼 말이지. – 이름이 뭔데? ► Quien은 관계사절의 주어로서 제한적 용법에 쓰이지 못하고, el cual은 미리 확실히 언급된 선행사가 있어야 하며, el que는 주격이 아닌 이상 전치사를 수반하는 것이 보통이다. ► igual que algo/alguien : (성격이나 외모, 특성 등이) ~와 마찬가지로	관계사 구분 (답: b)

45. - _______ quieres ir a esa calle, toma el camión número ocho.
   - Vale, muchas gracias.
   a) Si
   b) Siempre que
   c) Cuando
   d) En caso de que

– 그 길로 가려면 8번 버스를 타도록 해요. – 알았습니다, 고마워요. ▸ '~하려면, ~하고 싶으면'을 의미하는 가정문이기 때문에 si. Siempre que, en caso de que는 항상 접속사와 사용된다. Cuando가 미래의 일을 나타낼 때도 접속법 시제를 쓴다.▸ el camión : 트럭(스페인), 버스(중남미)	접속사 구분 (답: a)

46. - ¿Has visto qué buenas vistas se ven _______ mi ventana?
   - Es verdad, ¡qué bonito!
   a) de
   b) desde
   c) a
   d) con

– 내 창문에서 얼마나 멋진 경치가 보이는지 봤어? – 정말이구나, 정말 예쁘다! ▸ '~로부터'의 의미를 생각해본다.	전치사 구분 (답: b)

47. - ¿Conoces a Marcela?
   - No, pero he oído hablar mucho _______ ella.
   a) de
   b) desde
   c) por
   d) para

– 마르셀라를 알아? – 아니, 하지만 그녀에 대해 이야기 하는 것을 많이 들었어. ► hablar de algo/alguien : ~에 대해 이야기하다	전치사 구분 (답: a)

48. - Ayer pasé _______ tu casa y había muchos policías en la puerta.
    - Sí, parece que alguien entró a robar en casa de la vecina del quinto.
    a) para
    b) en
    c) de
    d) por

– 내가 어제 네 집을 지나가는데 문 앞에 많은 경찰들이 있더라. – 그래, 5층사람 집에 누군가 도둑질을 하러 들어온 것 같아. ► por +장소: ~을 통과하다, 지나가다	전치사 구분 (답: d)

49. - Hace dos días soñé _______ Horacio.
    - ¿Y qué soñaste?
    a) para
    b) con
    c) de
    d) en

– 이틀 전에 오라씨오 꿈을 꿨어. – 무슨 꿈인데? ► soñar con algo/alguien : ~을 꿈꾸다, ~에 대해 꿈꾸다	관용구 (답: b)

50. - Ayer estuve leyendo _______ muy tarde porque no podía dormirme.
    - ¡Por eso tienes hoy esa cara de cansado!
    a) a
    b) hacia
    c) hasta
    d) por

— 어제 잠이 안와서 늦게까지 책을 읽었어. — 그래서 오늘 네가 그렇게 피곤한 얼굴이구나. ► 전치사의 의미에 유의할 것.	전치사 구분 (답: c)

51. - ¿Dónde están las llaves del coche?
    - _______ en el cajón de la mesilla de la entrada.
    a) Estarían
    b) Habrían estado
    c) Estarán
    d) Habrán estado

— 자동차 키 어디 있어요? — 현관 탁자 서랍에 있을 거야. ► 현재 시점에서의 가정이나 가능성을 표현하므로 미래시제의 estarán이 답이며, 가정법시제의 estarían은 과거 시점에서의 가정이나 현실과는 다른 이론적인 가능성 표현.	직설법 시제 구분 (답: c)

52. - ¿No crees que ya _______ hora de irte a la cama?
    - Espera cinco minutos, que va a terminar la película.
    a) fue
    b) es
    c) ha sido
    d) era

— 이제 침대에 갈 시간이라고 생각하지 않니? — 5분만 기다려 줘요, 영화가 끝날 거예요. ► 일반적으로 주절에서 의견표현 동사들인 pensar, creer, suponer 등이 부정의 형태로 쓰일 경우 종속절에 접속법시제를 사용하지만, 이 경우에는 확실한 의견을 표현하는 'creo que ya es hora de irte a la cama'를 뜻하므로 직설법동사가 옳다.	직설법-접속법 시제 구분 (답: b)

53. - Para ganar tiempo, es mejor que yo haga las camas mientras tú _______ el salón.
    - Como quieras.

a) limpies
b) hayas limpiado
c) limpias
d) limpiarías

– 시간을 아끼기 위해 네가 거실을 청소하는 동안 내가 침대를 정리하는 것이 낫겠어. – 원하는 대로. ► 동시에 일어나는 일을 표현하는 접속사 mientras가 현재나 과거의 일과 연결될 경우 항상 직설법시제가 요구된다. ► 가치판단에 사용되는 'ser mejor que...'는 종속절에 항상 접속법시제를 요구한다.	직설법-접속법 시제 구분 (답: c)

54. - Si no me _______, nunca habría terminado la tesis.
- Lo he hecho con mucho cariño.
a) ayudaras
b) ayudarías
c) habrías ayudado
d) hubieras ayudado

– 만일 네가 날 도와주지 않았더라면, 절대로 논문을 마치지 못했을 거야. – 난 그 일을 기꺼이 했을 뿐이야. ► 현재 사실의 반대를 가정하는 si 가정문으로, 'si +접속법대과거, 가정법완료'의 구조이다.	직설법-접속법 시제 구분 (답: d)

55. - ¿A qué hora tenemos que estar en tu casa?
- A las tres, y no _______ tarde, por favor.
a) lleguéis
b) llegad
c) hayáis llegado
d) habéis llegado

– 우리가 몇 시에 네 집에 가야해? – 3시. 제발 늦지 마. ► 부정명령형임에 유의한다 (no +접속법현재).	명령법 (답: a)

56. - Yo que tú, no me _______ esa falda ; te queda demasiado estrecha.
    - Y entonces, ¿qué me pongo?
    a) pondré
    b) habré puesto
    c) ponga
    d) pondría

– 내가 너라면, 그 치마를 입지 않을 거야. 너에게 너무 작아. – 그럼, 뭘 입지? ▸ 비현실적인 가정이며 충고하는 상황으로, 'yo que tú (= si yo fuera tú), 가정법 현재동사'의 구조이다.	시제 구분 (답 : d)

57. - Cuando estuviste en Nueva York, ¿compraste muchas cosas?
    - No, porque apenas _______ dinero.
    a) tenía
    b) había tenido
    c) haya tenido
    d) tuviera

– 네가 뉴욕에 있을 때 물건을 많이 샀었니? – 아니, 거의 돈이 없었거든. ▸ 과거 사실에 대한 상황 설명이므로 직설법 불완료과거시제.	직설법-접속법 시제 구분 (답 : a)

58. - Me gustaría que _______ a mi cumpleaños.
    - A mí también, pero tengo muchísimo trabajo.
    a) vienes
    b) vinieras
    c) vendrás
    d) habrías venido

– 네가 내 생일에 와줬으면 좋겠다. – 나도 그랬으면 좋겠어. 하지만 일이 너무 많아. ▸ 주절에 가정법 현재동사가 사용될 경우, 종속절에는 접속법 과거시제가 요구된다.	시제 구분 (답 : b)

59. - ¿Por qué no invitaste a tu hermana mayor a la boda de tu hijo?
   - Sí _______ invité, pero no pudo venir.
   a) la
   b) le
   c) lo
   d) se

– 왜 네 아들 결혼식에 큰 언니를 초대하지 않았니? – 물론 초대했지. 하지만 올 수가 없었어. ► tu hermana mayor를 지칭하는 직접목적대명사를 선택한다.	직간접목적대명사 구분 (답 : a)

60. - ¿Le has devuelto el dinero a Armando?
   - Sí, _______ devolví ayer.
   a) se le
   b) se
   c) se lo
   d) le

– 아르만도에게 돈을 갚았어? – 응, 어제 갚았어. ► '그에게 그것을' 갚다. 즉 'le lo → se lo'가 정답이다.	직간접목적대명사 구분 (답 : c)

13 de mayo de 2006

PRUEBA 1. COMPRENSIÓN DE LECTURA

Instrucciones

A continuación encontrará usted cuatro textos y una serie de preguntas relativas a cada uno de ellos.

Hay dos modalidades de preguntas:

Primer tipo:

a) Verdadero

b) Falso

Segundo tipo. Selección de una respuesta entre tres opciones:

a) ...

b) ...

c) ...

Marque la opción correcta en la **Hoja de Respuestas Número 1.**

이어서 당신은 4개의 지문과 각 지문과 관련된 일련의 질문들을 만날 것이다.
두 개의 질문 양식이 있다:

첫 번째 타입:

a) 참
b) 거짓

두 번째 타입. 3개의 선택지 중에서 택일:

a) ...
b) ...
c) ...

1번 **답지**에 선택된 답을 표시하시오.

Texto 1

EL ÉXITO DE LOS "MINIPRÉSTAMOS"

¿Se puede crear una empresa de la nada y no ahogarse en un mar de facturas y letras? ¿Puede un no-propietario pedir un préstamo al banco para montar un negocio? Hace cinco años, Carmen e Iryna lo tenían todo estudiado. Contable e ingeniera, ambas trabajadoras, casadas y con algunos ahorros, se proponían abrir una guardería en un polígono industrial de San Fernando de Henares(Madrid) y necesitaban dinero. "Llegó a ser desesperante ; a veces hasta salíamos llorando. Fuimos a todos los bancos posibles, les contamos nuestras vidas con todo detalle, nos exigían todo tipo de papeles... Y finalmente decían que era muy arriesgado y que no se atrevían", dice Carmen. "Si no tienes ninguna propiedad, nadie te garantiza el dinero", añade Iryna.

Desde una periférica oficina de un banco les hablaron de la posibilidad de solicitar un microcrédito y les dieron la dirección del Banco Nacional de la Mujer, en el centro de Madrid. Dos meses después, gracias a la ayuda de esta organización, obtuvieron un crédito de 15.000 euros, al 5% de interés y, lo más importante, con su idea empresarial como única garantía de pago. Al banco sólo fueron a firmar. "Sólo nos pidieron el número del carné de identidad", recuerdan. Hoy la guardería El Parque es una realidad, con ochenta y cuatro niños y trece empleados.

Fue uno de los primeros microcréditos que se concedieron en España. Este tipo de crédito no es otra cosa que un préstamo de cantidad limitada ; en España la media se sitúa entre 12.000 y 15.000 euros. Es un crédito que se otorga a personas a las que una entidad bancaria jamás daría ese dinero sin una garantía.

Actualmente miles de personas se están beneficiando de este tipo de créditos. En los últimos cinco años el dinero prestado se ha multiplicado por 30, pasando de 1,1 millones de euros desembolsados en 2001 a 32,7 millones en 2005. Muchos economistas, algunos organismos internacionales, como el Banco Mundial o el Fondo Europeo de Inversiones y, en general, la mayoría de las Cajas de Ahorro, caracterizadas por su preocupación social, creen que esta fórmula puede convertirse en una de las principales herramientas contra la desigualdad, en la semilla que terminará algún día con la pobreza en el mundo.

[Adaptado de *Magazine de El Mundo*. España]

GRAMÁTICA & VOCABULARIO

- **el/la propietario/a** : '소유주, 주인'을 뜻하지만 여기에선 담보물을 가지고 있는 사람.
- **la guardería** (유치원) : 중남미에선 el kinder, el jardín de infancia 등 다양하게 불린다.
- **llegar a +동사원형** (~하게 되다, 결국 ~하다)
- **hasta salíamos llorando** : hasta는 최종 목적지나 시점을 나타내는 기능 외에도 가장 극단적인 상황을 예로 들 때 사용한다.
- **Si no tienes ninguna propiedad, nadie te garantiza el dinero** : 여기서 2인칭 주어 Tú는 딱히 '당신'을 의미하는 것이 아니라, 우리 중 누구라도 공통적으로 해당하는 상황에 사용되는 어법이다.
- **gracias a algo/alguien** (~덕분에)
- **el carné de identidad** (신분증)
- **no es otro +형용사 +que...** (~에 다름 아니다, 바로 ~이다)
- **a las que** : 2005-05-14 Texto 2 설명 참고
- **jamás** (결코 ~한 적 없다, ~하지 않다) : nunca처럼 동사 앞에서는 no를 생략한다.
- **beneficiarse de algo/alguien** (~에서 이익을 얻다)
- **...se ha multiplicado por 30** (30배가 증가했다) : por는 곱셈의 의미가 있다.
- **desembolsar** (지불하다, 갚다)
- **convertirse en algo** (~으로 변화하다, 바뀌다)
- **terminar con algo** (~을 끝장내다, ~와 헤어지다) : 관계를 끊는다는 뜻.

"미니 대출"의 성공

아무 것도 없는 상태에서 회사를 만들고 계산서와 어음의 바다에 빠지지 않을 수 있을까? 부동산 소유자가 아닌 사람이 사업을 하기 위해 은행에 대출을 신청할 수 있을까? 5년 전에 까르멘과 이리나는 모든 것을 조사해놓은 상태였다. 둘 다 성실한 회계사와 엔지니어이자 기혼녀이며 약간의 저축이 있던 그녀들은 산 페르난도 데 에나레스(마드리드)의 산업지구에 유치원을 열기로 계획했고 돈이 필요했다. "결국 절망적이 되었죠. 가끔 우린 울면서 나오기도 했죠. 가능한 모든 은행을 들러봤어요. 우리의 생활을 최대한 자세히 이야기했고요. 그들은 우리에게 온갖 종류의 서류를 요구했습니다... 그리고는 결국 위험부담이 매우 커서 엄두가 나지 않는다고 말하곤 했죠"라고 까르멘은 말한다. "만일 당신이 부동산이 없다면, 아무도 돈을 보증해주지 않아요"라고 이리나가 덧붙인다.

도시 외곽에 있는 한 은행의 지점에서 미니 내출을 신청할 수 있는 가능성에 대해 이야기해주었고, 마드리드 도심에 있는 국립 여성 은행의 주소를 그녀들에게 알려주었다. 2개월 후, 이 단체의 도움 덕분에 그녀들은 연 5%의 이율로 1만5천 유로를 대출받을 수 있었는데, 가장 중요한 것은 유일한 지불 보증으로 그녀들의 사업 아이디어만 가지고 대출받았다는 것이다. 은행에는 단지 서명하기 위해서 갔을 뿐이다. "우리에겐 오직 신분증 번호만 물어봤어요"라고 그녀들은 기억한다. 현재 '공원' 유치원은 84명의 아이들과 13명의 직원이 있는 현실인 것이다.

이것이 스페인에서 허용된 첫 미니대출 중 하나였다. 이런 유형의 대출은 제한된 액수의 대출에 지나지 않는다. 스페인에서는 평균이 12,000~15,000 유로 사이이다. 은행이라면 그런 돈을 담보 없이 결코 주지 않을 사람들에게 허용하는 대출인 셈이다.

현재 수천 명의 사람들이 이런 종류 대출의 도움을 받고 있다. 2001년 110만 유로에서 2005년 3,270만 유로가 불입되면서, 최근 5년간 대출된 돈이 30배가 증가하였다. 많은 경제학자들, 세계은행이나 유럽투자기금과 같은 일부 국제단체들, 그리고 일반적으로 사회적인 관심을 특징으로 하는 대다수의 저축은행들은 이 공식이 불평등에 맞선 주된 도구 중 하나이자 언젠가는 세계에서 가난을 근절시킬 씨앗으로 변모할 수 있다고 믿고 있다.

[스페인. 『엘 문도 매거진』에서 각색한 글]

PREGUNTAS

1. Según el texto, a Carmen e Iryna les denegaban el préstamo porque no eran propietarias.
   a) Verdadero
   b) Falso

2. Según el texto, Carmen e Iryna consiguieron un "microcrédito" en un banco de la periferia de Madrid.
   a) Verdadero
   b) Falso

3. En el texto se afirma que Carmen e Iryna obtuvieron el primer microcrédito que se dio en España.
   a) Verdadero
   b) Falso

1. 위 글에 의하면, 까르멘과 이리나가 부동산 소유자가 아니므로 대출을 거부당했다.	답: a
2. 위 글에 의하면, 까르멘과 이리나는 마드리드 외곽의 한 은행에서 '미니 대출'을 얻었다.	답: b
3. 위 글에서 까르멘과 이리나는 스페인에서 최초의 미니 대출을 받았다.	답: b

Texto 2

COMERCIALIZACIÓN DEL ALGA PALMARIA

Un equipo de biólogos de la Universidad de Oviedo, apoyados por el cocinero Rafael Rodríguez, ha trabajado durante los últimos tres años en la localidad de Cudillero para demostrar la viabilidad, tanto comercial como gastronómica, de la especie de alga conocida como "palmaria palmata".

Se trata de un proyecto de ámbito europeo que pretende evaluar las posibilidades del cultivo y comercialización de esta alga en Europa. Los resultados han respondido a todas las expectativas, como lo demuestran las 72 recetas variadas que ha elaborado el restaurador granadino. Según señala Rafael Rodríguez, que lleva doce años trabajando con algas, "en el uso de estas plantas está el futuro de la alimentación. Es un plato que se puede tomar desde crudo a cocinado, como primer o segundo plato, en tortilla es una delicia, sin descartar la posibilidad de hacerlo en zumo, entre otras variantes". No obstante, la mayor variedad se produce en su utilización como postres, entre los que presenta desde una tarta gelatinada con cerezas hasta el helado de algas. Su sabor recuerda a la mar, a marisco, con un regusto a pescado, "pero, curiosamente, nadie se atreve a hacer un pescado dulce y el alga lo admite perfectamente", explica el restaurador.

Según el biólogo José Manuel Rico, profesor asociado de Ecología de la Universidad de Oviedo y director del grupo científico, el alga palmaria, aparte de ser la única especie de alga consumida tradicionalmente en Europa, es rica en proteínas y en vitaminas A y C, además de pobre en grasas. El proyecto, que lleva tres años en marcha, está en su última fase, en la que se están probando nuevos métodos de cultivo.

El otro centro piloto de la investigación, además de la Universidad asturiana, se encuentra en Belfast (Irlanda del Norte), donde "ya se ha transferido la tecnología a empresas, mientras que en Noruega se están instalando plantas de cultivo", indica Rico.

En cuanto a las expectativas de comercialización, el biólogo no ve muy claras sus posibilidades en España, aunque sí puede tener buenas perspectivas desde un punto de vista gastronómico, como oferta original de un municipio como Cudillero donde, desde que iniciaron el estudio, han mostrado su interés tanto el Ayuntamiento como los restaurantes de la zona. Según los responsables del proyecto, ahora sólo es necesario ayudarlo con apoyo institucional y realizar una campaña de degustación para familiarizar al público con este producto al que se recomienda echar poca sal para mantener su sabor peculiar.

[Adaptado de *afuegolento.com*, España]

GRAMÁTICA & VOCABULARIO

- **tan/tanto(a)... como...** (~처럼 ~한) : 동등한 정도를 표현하는 부사로 사용된다.
- **tratar(se) de(sobre, acerca de) algo/alguien** (~에 대해 다루다, 취급하다)
- **responder** : '대답하다'의 뜻 외에 '만족시키다, 충족시키다, 화답하다'의 의미도 있다.
- **atreverse a +동사원형** (감히 ~하다)
- **según algo/alguien** (~에 의하면, 따르면)
- **llevar +시간 + 현재분사** : 행위가 지속된 시간을 나타낸다
- **no obstante** (= sin embargo)
- **...entre los que...** : ...entre (los postres) que... 2005-05-14 Texto 2 설명참고.
- **recordar a algo/alguien** (~와 닮다, 유사하다, 관계가 있다)
- **...a pescado** (생선 맛의) : 맛을 표현할 때 전치사 a를 사용한다.
- **aparte de algo/alguien** (~을 제외하고, ~와 별도로, ~외에)
- **además de algo/alguien** (~외에도)
- **en marcha** (진행 중인)
- **(el) piloto** (시범, 모델) : 자동차나 비행기를 이끄는 사람이 piloto. 선두 역할을 하는 경우에 piloto 라는 단어를 명사에 붙여 사용.
- **mientras que** : 반의적 접속구문에 사용되며, 두 가지의 정보가 상이하다는 것을 강조.
- **en cuanto a algo/alguien** (~와 관련하여, ~에 관하여)
- **sí +동사** : 부정문 뒤에 오는 긍정문을 부각시킨다.

붉은 색 해조류의 상업화

요리사 라파엘 로드리게스의 지원을 받은 오비에도 대학교 생물학자 팀이 최근 3년간 꾸디예로 지역에서 일명 "홍조말"로 알려진 해조류 일종의 상업화와 요리 가능성에 대해 연구하였다.

이것은 이 해조류의 경작과 상업화 가능성을 가늠해보려는 전 유럽적인 프로젝트와 연관되어있다. 그 결과는 그라나다 출신 요리사가 고안해 낸 72개의 다양한 조리법이 증명해주듯이 모든 기대를 충족시켰다. 해조류로 12년간 일해 온 라파엘 로드리게스의 말에 따르면, "이 식물의 활용에 식량의 미래가 있습니다. 첫 번째나 두 번째 요리로, 날 것에서부터 익힌 것에 이르기까지 먹을 수 있는 음식입니다. 다른 여러 요리법 중에서도 또르띠야(스페인식 오믈렛)에 넣으면 진미이지요. 주스로 만드는 가능성을 배제하지 않고도 말입니다." 그럼에도 불구하고, 가장 다양한 방법은 후식으로 활용하는 것에 있다. 그 중에는 체리를 넣은 젤라틴 케이크에서부터 해조류 아이스크림까지 있다. 그 맛은 생선의 뒷맛을 담고 바다와 해산물을 떠올리게 한다. "그런데 흥미롭게도 아무도 달짝지근한 생선요리를 할 엄두를 내지 않습니다. 그러면서 해조류는 완벽하게 받아들이지요"라고 요리사는 설명한다.

오비에도 대학의 생태학 부교수이자 과학연구팀 단장인 생물학자 호세 마누엘 리꼬에 의하면, 홍조말은 유럽에서 전통적으로 소비되어온 유일한 해조류라는 것 말고도, 지방이 적을 뿐만 아니라 단백질과 비타민 A, C가 풍부하다. 3년간 진행되어온 이 프로젝트는 새로운 경작방법을 시험하고 있는 마지막 단계에 접어들었다.

아스뚜리아스의 이 대학 말고도 다른 시범 연구센터가 벨파스트(북아일랜드)에 위치하고 있다. 그곳에서는 "이미 기술을 회사에 양도했습니다. 그동안 노르웨이에서는 경작할 작물을 심고 있고요"라고 리꼬는 말한다.

상업화에 대한 기대와 관련하여, 이 생물학자는 스페인에서의 가능성을 매우 밝게 보고 있지는 않다. 비록 연구를 개시했을 때부터 시청이나 지역 식당들이 관심을 보인 꾸디예로 같은 마을의 독창적인 제안처럼 요리의 관점에서는 전망이 좋을 수도 있지만 말이다. 이 프로젝트의 책임자들에 따르면, 이제는 제도적인 지원으로 그것을 돕고, 그 특별한 맛을 유지하기 위해 소금을 적게 치라고 충고하는 이 제품에 대중이 익숙해지도록 시식 캠페인을 벌이는 일만이 필요하다.

[스페인. afuegolento.com에서 각색한 글]

PREGUNTAS

4. Según el cocinero Rafael Rodríguez, las algas :
   a) no admiten muchas formas de preparación.
   b) no son del gusto español.
   c) son el porvenir de la alimentación.

5. Según el biólogo José Manuel Rico, el alga palmaria :
   a) no es muy conocida en Europa.
   b) carece de vitaminas.
   c) se utiliza en Europa desde hace mucho tiempo.

6. Según el texto, el proyecto :
   a) está a punto de concluir.
   b) se terminará en Irlanda.
   c) está financiado por el Ayuntamiento de Cudillero.

4. 요리사 라파엘 로드리게스에 의하면 해조류는: a) 많은 조리법을 허용하지 않는다. b) 스페인의 취향이 아니다. c) 식량의 미래이다.	답: c
5. 생물학자 호세 마누엘 리꼬에 의하면, 붉은 색 해조류는: a) 유럽에서 많이 알려져 있지 않았다. b) 비타민이 부족하다. c) 유럽에서 오래전부터 사용되었다. ► carecer de algo : ~이 부족하다, 빠져있다	답: c
6. 위 글에 의하면, 이 프로젝트는: a) 종료되기 직전이다. b) 아일랜드에서 마칠 것이다. c) 꾸디예로 시청에 의해 재정적인 지원을 받고 있다. ► estar a punto de +동사원형 : 막 ~하려는 참이다, ~하기 직전이다	답: a

Texto 3

INGRESAR ANTES EN LA AUTOESCUELA

Los tiempos han cambiado tanto que ahora los niños nacen con los ojos abiertos, caminan antes y hablan y preguntan cosas increíbles demasiado pronto. Y es que las ciencias avanzan tan rápidamente que los bebés inician el proceso de aprendizaje desde que están en el vientre de la madre ; ahí ya "escuchan" música y tienen sensaciones que hace poco no nos podíamos imaginar. Todo esto es maravilloso, pero también tiene algunos inconvenientes, ya que la temprana madurez de nuestros hijos implica que los niños ingresen en el proceso educativo lo más pronto posible.

Yo estoy completamente a favor de que el Ministerio de Educación disminuya la edad mínima de ingreso en el nivel de preescolar. La medida se tomó después de analizar varias reclamaciones presentadas por padres de familia, a quienes se les rechazó la matrícula porque a sus hijos les faltaban unas pocas semanas para cumplir con el requisito de admisión.

Está demostrado que, entre los tres y cinco años de edad, el niño quiere descubrir lo que le rodea y esa curiosidad debe ser aprovechada para transformarla en conocimientos. De esta manera, podrá después, de los seis años en adelante, cuando ya haya pasado la etapa de juegos y diversión, estar maduro y listo para ingresar en el primer grado, donde deberá dedicar más tiempo y esfuerzo a sus obligaciones como estudiante. Los expertos en educación infantil opinan que los tres años es el momento ideal para inscribir a los niños en las primeras etapas educativas y que se debe hacer el esfuerzo para aceptarlos en el kinder en cuanto cumplan tres años. Con esta medida estoy seguro de que el sistema educativo nacional mejorará notoriamente y, con él, el futuro del país estará asegurado.

Los padres de familia deben dejar de creer que enviando a los niños a la escuela perderán a su "bebé". Con esas actitudes de sobreprotección no logran nada bueno ; no deben olvidar que los niños en la escuela aprenden a compartir y a hacer una serie de cosas que no pueden hacer en casa. Al contrario, los padres deben hacer ver al niño que lo que hace tiene valor y para ello, es recomendable elogiar su trabajo, la creatividad y la habilidad que demostró y premiarle, no con cosas que van en detrimento de su formación, como por ejemplo más horas para ver televisión o juegos de video, sino con juegos interactivos como abecedarios, rompecabezas y otros que estimulen el aprendizaje.

[Adaptado de *Diario Extra de San José.* Costa Rica]

GRAMÁTICA & VOCABULARIO

- ► 동사 **+tanto que...** (너무나 ~해서 ~하다)
- ► **es que** : 변명으로 원인, 이유를 설명할 때 쓴다.
- ► **hace poco** (불과 얼마 전에) : 'hace +시간'이 '~전에'를 의미함에 유의.
- ► **ya que** (~때문에) : 앞선 표현의 원인이나 이유를 설명하는 접속사의 역할을 한다.
- ► **lo más +형용사/부사 +posible** (가능한 가장 ~하게)
- ► **estar a favor de algo/alguien** (~에 동의하다, 찬성하다, 유리하다)
- ► **preescolar** (미취학의, 취학 전의)
- ► **...por padres de familia, a quienes se les rechazó...** : a quienes (= a los que)는 '그들에게' 즉 los padres de familia라는 선행사를 가리킨다.
- ► **lo que** (~한 것) : lo는 형용사나 형용사절을 명사화하는 기능이 있다.
- ► **deber +동사원형** (반드시 ~해야 한다) : 2005-05-14 Texto 1 설명 참고.
- ► **de esta(형용사) manera** (~한 방식으로)
- ► **en adelante** (앞으로는, 지금부터는)
- ► **el kinder** (유치원) : 중남미 일부지역에서 쓰는 용어 (스페인에선 la guardería)
- ► **en cuanto** (~하자마자) : 미래의 일을 가리킬 때는 접속법동사를 요구한다.
- ► **dejar de +동사원형** (~을 그만 두다, 멈추다)
- ► **al contrario** (정반대로, 반면)
- ► **para ello** : 중성대명사 ello는 앞의 상황 전체를 가리킨다.
- ► **ir en detrimento** (손해를 끼치다, 피해를 입히다)
- ► **no... sino...**(~이 아니라 ~이다) : 반의의 접속사 sino는 앞 부정문의 정보를 정정한다.

운전 교습학원에 일찍 들어가기

세월이 많이 바뀌어서 이제는 아이들이 눈을 뜬 채 태어나고, 일찍 걸음을 떼고, 말하고 너무도 일찍 믿을 수 없는 것들을 질문한다. 과학이 너무 빠르게 진보하는 나머지 아기들이 엄마 뱃속에 있을 때부터 학습과정을 시작하기 때문이다. 그곳에서 이미 음악을 "듣고는" 얼마 전까지만 해도 우리로서는 상상조차 할 수 없었던 감정들을 지닌다. 이 모든 것이 훌륭하다. 그러나 몇몇 불편함 역시 가지고 있는데, 왜냐하면 우리 아이들의 조숙함은 어린이들이 최대한 일찍 교육과정에 들어간다는 것을 뜻하기 때문이다.

나는 교육부가 유아교육 과정의 최저 입학 연령을 낮추는 것에 전적으로 찬성한다. 이 결정은 자녀들이 입학허가 요건을 충족하기에는 몇 주가 부족하다는 이유로 입학을 거부당한 부모들이 제출한 여러 항의서를 분석한 후에 내려졌나.

3세에서 5세사이의 유아는 자신을 둘러싸고 있는 것을 알아내고자 하며, 그 호기심은 지식으로 변화시키기 위해 활용되어야 한다는 사실은 이미 밝혀져 있다. 이런 방식으로, 이다음에, 놀이와 오락의 시기를 지난 6세 이후에, 학생으로서의 의무에 더 많은 시간과 노력을 기울여야 하는 1학년에 입학할 만큼 성장해서 준비를 마칠 수 있는 것이다. 유아교육 전문가들은 3세가 첫 교육단계에 아이들을 등록시키기 위한 이상적인 시기이며 3세가 되자마자 그들을 유치원에 받아들이도록 노력해야 한다고 주장한다. 나는 이런 방식으로 국가 교육 체계가 현저히 개선될 것이며, 그와 함께 국가의 미래도 보장될 것으로 확신한다.

학부모들은 아이들을 학교에 보내는 것으로 자신들의 "아기"를 잃어버린다고 생각하는 것을 그만두어야만 한다. 그런 과잉보호적인 태도로는 그 어떤 좋은 결과도 얻을 수 없다. 아이들은 학교에서 함께 나누는 법과 집에서는 할 수 없는 일련의 일들을 하는 법을 배운다는 사실을 잊지 말아야 한다. 반대로, 부모들은 아이로 하여금 자신이 하는 일이 가치 있음을 깨닫게 해야 한다. 이를 위하여, 그의 일, 그가 보여준 창조력과 능숙함을 칭찬하고, 예를 들어 TV나 비디오게임을 더 오랜 시간 보여주는 것과 같이 아이의 형성에 피해를 주는 일이 아닌, 말 잇기와 퍼즐 같은 양방향 게임과 학습을 고무하는 다른 것들로 상을 주는 것이 바람직하다.

[코스타리카. 『산 호세 엑스트라 신문』에서 각색한 글]

PREGUNTAS

7. Según el texto, el Ministerio de Educación :
   a) ha reducido la edad de ingreso en la escuela.
   b) ha reformado el horario en la educación infantil.
   c) ha rechazado las peticiones de los padres.

8. Según el texto, los niños ingresan en el primer grado con :
   a) tres años.
   b) cinco años.
   c) seis años.

9. El autor del texto opina que los padres deberían :
   a) proteger más a sus hijos.
   b) recompensar la creatividad de sus hijos.
   c) no permitir que sus hijos vieran la televisión.

7. 위 글에 의하면, 교육부는: a) 학교 입학 연령을 낮췄다. b) 유아교육 시간을 개정했다. c) 부모들의 요청을 거부했다.	답: a
8. 위 글에 의하면, 아이들은 1학년에 들어갈 때: a) 3세이다. b) 5세이다. c) 6세이다.	답: c
9. 위 글의 저자에 의하면 부모들이: a) 자녀들을 더 보호해야만 한다. b) 자녀들의 창조력을 칭찬해주어야 한다. c) 자녀들이 TV보는 것을 허락하지 말아야 한다.	답: b

Texto 4

LORENZA

Cuando conocí a Lorenza vivía aún su padre, el señor Compton, pero no recuerdo su aspecto. Lorenza acababa de llegar de un colegio de Estados Unidos donde había pasado algunos años. Se había convertido, desde su regreso al pueblo, en el alma de cualquier reunión. No era una muchacha hermosa, carecía de la belleza de las mujeres de su casa : no tenía, por ejemplo, ese aire perverso de Edna, de quien después del divorcio todo el mundo decía horrores, ni la elegancia de Perla ; tampoco poseía, a sus diecisiete años, el atractivo natural de la juventud que caracterizaba a sus otras hermanas y cuñadas. Lorenza era alta y fuerte, su ancha cara estaba cubierta de pecas y sus labios, a pesar de ser grandes y abultados, eran poco sensuales. Era, en cambio, simpática y dicharachera, la consentida de su padre, de sus hermanos y hasta tal vez de doña Rosario, si es que ésta podía tener alguna preferencia. Me gustaba verla pasar a caballo como una ráfaga en dirección al portón que comunicaba con el resto del pueblo. Había en ella algo loco demasiado incontrolable, demasiado opuesto a la pasividad de su madre.

Años más tarde fui a visitarla a la ciudad de México, donde vivía con unos familiares. Había muerto su padre y Lorenza no acababa de reponerse : era una Lorenza distinta, delgada, vestida de luto, intranquila, que fumaba sin parar un cigarrillo tras otro.

-Me parece que volveré al pueblo - me anunció - ; no porque mi madre me necesite, usted la conoce, su fortaleza es la de un roble. Pero estoy convencida de que en México no tengo nada que hacer. No sé cuánto tiempo me quedaré allá ; creo que les hago falta a mis hermanos.

A los pocos días volvió al pueblo. A sus hermanos aquella decisión les pareció absurda ; decían que había envejecido por fumar demasiado, que no le sentaba haber adelgazado tan de golpe.

Meses después, en diciembre, yo también regresé al pueblo. Sus tíos me contaron que para los Compton la muerte del padre había sido brutal por lo inesperado, sobre todo para Lorenza, tan dependiente de él. Además, en cuanto a dinero no habían quedado nada bien, tanto que su hermana Jenny y ella trabajaban. Lo mejor para Lorenza, pensaban, sería casarse con alguno de los técnicos solteros que llegaban al pueblo, de otro modo nunca iba a sentar la cabeza.

[Adaptado de *Cuentos completos*, Sergio Pitol. México]

GRAMÁTICA & VOCABULARIO

- **acabar de +동사원형** (막 ~하다, 막 ~을 끝내다, 마치다)
- **convertirse en algo/alguien** (~으로 바뀌다, 변화하다)
- **carecer de algo** (~이 빠지다, 부족하다)
- **...no tenía [...] ese aire perverso de Edna, de quien [...] todo el mundo decía...** : 관계사 de quien (= de la que '그녀에 대하여')은 선행사인 Edna를 가리키며, 전치사 de는 'decir algo de alguien (~에 대해 말하다)'의 기능으로 관계사와 함께 쓰였다. 자세한 설명은 2005-05-13 Texto 2 설명 참고.
- **a sus diecisiete años** : 'los/소유사 +숫자 +시간단위 (~할 때, ~살에)' 구조로 'cuando tenía ~ años'와 같다.
- **a pesar de algo** (~에도 불구하고)
- **en cambio** (반면)
- **hasta** (~까지) : 최종 목적지나 시점을 나타내는 기능 외에도, 가장 극단적인 상황을 예로 들 때 사용한다.
- **si es que** (만일 ~한다면) : 어떤 대상에 대한 거부나 부정적 평가를 변명할 때 사용.
- **a caballo** (말을 타고)
- **en dirección a algo/alguien** (~을 향하여, ~방향으로)
- **opuesto(a) a algo/alguien** (~에 반대인, ~에 대조적인)
- **una Lorenza** : 기본적으로 고유명사는 부정관사와 쓸 수 없으나, 고유명사의 새로운 면이나 한 측면을 부각시키는 의도로 사용될 수 있다.
- **vestido(a) de luto (fiesta, rojo...)** : 옷차림새를 표현하는 방식.
- **hacer falta a alguien** (~에게 부족하다, 필요하다 = necesitar)
- **a los pocos días** (며칠 후에) : 'a los(las) +시간'의 구조로 과거 두 사건의 시간차이를 나타낸다.
- **sentar (bien/mal...) a alguien** (~에게 어울리다 / 어울리지 않다)
- **de golpe** (갑자기, 급작스럽게)
- **por lo inesperado** : por는 이유를 나타내고, lo는 함께 쓴 형용사를 명사화한다.
- **dependiente (independiente) de algo/alguien** : ~에 종속된, ~에 의해 좌우되는 (~에서 자유로운, 독립적인)
- **en cuanto a algo/alguien** (~와 관련하여, ~에 관하여)
- **동사 + tanto que** (너무나 ~해서 ~하다)

► **de otro modo** (다른 방법으로는): 'de +modo +형용사 (~한 방법으로)'
► **sentar (la) cabeza** (정신을 차리다, 이성을 되찾다): 머리는 항상 거기 있으므로, 머리가 제 자리에 앉은 것이 아니라 정신이 제 자리를 찾은 셈.

로렌싸

내가 로렌싸를 처음 만났을 때, 그녀는 여전히 아버지인 콤톤씨와 살고 있었지만, 그의 모습은 기억나지 않는다. 로렌싸는 몇 년 동안 지내었던 미국의 어느 학교에서 막 돌아와 있었다. 고향으로 돌아왔을 때부터 그녀는 온갖 모임의 핵심이 되어버렸다. 그녀는 아름다운 소녀는 아니었다. 집안 여자들의 미모는 없었던 것이다. 예를 들어, 에드나의 그 괴팍한 성미, 그녀의 이혼 후에 모든 사람들이 끔찍한 말만 떠들었던 그 성미도 없었고, 페를라의 우아함도 없었다. 열일곱이라는 나이에도 불구하고 그녀의 다른 자매들과 올케들의 특징인 자연스런 젊음의 매력 역시 가지고 있지 않았다. 로렌싸는 키가 크고 다부졌으며, 그 넓적한 얼굴은 주근깨로 뒤덮여 있었다. 그리고 그녀의 입술은 크고 두꺼웠음에도 불구하고 섹시하지 않았다. 하지만 그녀는 상냥하고 재치있었으며, 부친과 형제들, 아마도 로사리오 부인에 이르기까지 가장 소중하게 여겼다. 만일 부인이 어떤 선호도를 가질 수 있었다면 말이다. 나는 그녀가 마을의 나머지 지역과 연결되는 입구 쪽으로 말을 타고 쏜 살같이 지나가는 모습을 보는 것이 좋았다. 그녀 안에는 모친의 수동성에 정반대로 지나치게 통제 불가능한 어떤 광기가 존재했다.

몇 년 후 나는 멕시코시티로 그녀를 방문했었는데, 그곳에서 그녀는 친척 몇 명과 살고 있었다. 부친이 돌아가시고 로렌싸는 영 기력을 차리지 못했던 것이다. 여위고, 상복을 입었으며, 쉬지 않고 줄담배를 피워대는 침착하지 못한 다른 로렌싸였다.

"고향에 돌아갈 것 같아요"라고 그녀가 말했다. "어머니가 나를 필요로 하시기 때문은 아니예요. 어머니를 아시잖아요. 그녀의 강건함은 떡갈나무 같아요. 하지만 멕시코에서 제가 할 일은 아무것도 없어요. 그곳에 얼마나 있을지는 모르겠군요. 형제들에게는 제가 필요한 것 같아요."

며칠 후 그녀는 고향으로 돌아갔다. 그녀의 형제들은 그 결정이 터무니없게 보였다. 담배를 너무 많이 피우는 바람에 늙어버렸다고, 그렇게 갑자기 살빠진 것이 어울리지 않는다고 말하고는 했다.

몇 개월이 흐르고 12월에 나도 고향으로 돌아갔다. 콤톤 일가에게 부친의 죽음은 예기치 못한 것이었으므로 그토록 아버지에게 의지했던 로렌싸에게 있어 특히 혹독했다고 그녀의 삼촌들이 내게 말했다. 게다가, 금전적인 것과 관련해서도 전혀 좋지 못해서 가게인 제니의 그녀가 일을 나갔다. 그들의 생각으로는, 로렌싸에게 있어 가장 좋은 것은 마을에 들어온 총각 기술자들 중 누군가와 결혼하는 것이었는데, 다른 방식으로는 결코 제 정신을 차리지 못할 터였다.

[멕시코, 세르히오 삐톨 『이야기 전집』에서 각색한 글]

PREGUNTAS

10. Según el narrador, cuando Lorenza tenía diecisiete años :
    a) vivía en Estados Unidos.
    b) era divertida.
    c) adoraba a su padre.

11. Según el texto, después de morir su padre, Lorenza :
    a) estaba enferma.
    b) había adelgazado.
    c) extrañaba a sus hermanos.

12. Según el texto, cuando el narrador volvió al pueblo habló con :
    a) los hermanos de Lorenza.
    b) los tíos de Lorenza.
    c) Lorenza.

10. 화자에 의하면, 로렌싸가 열일곱 살 때 : a) 미국에 살았다. b) 재미있었다. c) 아버지를 숭배했다.	답 : b

11. 위 글에 의하면, 아버지가 돌아가신 후 로렌싸는: a) 병에 걸렸다. b) 여위었다. c) 형제들을 그리워했다.	답: b
12. 위 글에 의하면, 화자가 고향에 돌아갔을 때 이야기한 사람은: a) 로렌싸의 형제들 b) 로렌싸의 삼촌들 c) 로렌싸	답: b

PRUEBA 2. EXPRESIÓN ESCRITA

Parte número 1 : Carta personal

Instrucciones

Redacte una carta de **150-200 palabras** *(15-20 líneas).*
Escoja sólo una de las dos opciones que se le proponen.
Escriba la carta definitiva en la **Hoja de Respuestas Número 2.**
Comience y termine la carta como si fuera real.

> 150-200 **단어**(15-20줄) 정도의 편지를 쓰시오.
> 제시된 두 개의 선택사항중 하나만 고르시오.
> 2번 **답지**에 결정된 편지를 쓰시오.
> 실제인 것처럼 편지를 시작하고 끝마치시오.

Opción 1

Dentro de cuatro semanas se jubila un compañero de trabajo y usted ha decidido organizarle una fiesta de despedida reuniendo a los compañeros de trabajo. Escríbales una carta en la que deberá :

- saludar y explicar el motivo de su carta ;
- comunicar la fecha, el lugar y los planes para la celebración ;
- expresar sus deseos de que asistan ;
- pedir confirmación de asistencia y despedirse.

Opción 2

Usted ha recibido una invitación de un antiguo profesor para asistir a la conferencia que dará en su ciudad la próxima semana. Desgraciadamente, usted no podrá asistir.

Escríbale una carta al profesor. En ella deberá :

- saludarlo y agradecerle la invitación ;
- disculparse por no poder asistir ;
- justificar su ausencia explicando los motivos ;
- desearle una feliz estancia y éxito en la conferencia.

Opción 1

직장 동료 한 사람이 4주 안에 퇴직한다. 그래서 당신은 직장 동료들을 모아 작별파티를 그에게 마련해주기로 결심했다. 그들에게 다음 사항이 들어있는 편지를 쓰시오:

– 인사하고 편지의 동기를 설명하기
– 행사를 위한 날짜, 장소, 계획을 알려주기
– 참석할 것을 기대하는 표현하기
– 참석 여부 확인을 부탁하고 작별인사하기

Opción 2

당신은 다음 주에 당신의 도시에서 열리게 될 학회에 참석해달라는 은사의 초대장을 받았다. 아쉽게도 당신은 참석할 수 없다.

은사께 편지를 쓰시오. 편지에는 다음을 포함하시오:

– 인사하고 초대에 대한 감사 표현하기
– 참석 못하게 된 것에 대해 사과하기
– 이유를 들며 불참을 설명하기
– 행복한 체류와 학회에서의 성공을 기원하기

Parte número 2 : Redacción

Instrucciones

Escriba una redacción de **150-200 palabras** *(15-20 líneas).*
Escoja sólo una de las dos opciones que se le proponen.
Escriba la redacción definitiva en la **Hoja de Respuestas Número 2.**

150-200 **단어**(15-20줄) 정도의 글을 쓰시오. 제시된 두 개의 선택사항중 하나만 고르시오. **2번 답지**에 결정된 글을 쓰시오.

Opción 1

Seguramente usted alguna vez ha tenido que hablar en público o frente a un grupo numeroso de personas. Escriba un texto en el que cuente :

- cuándo y dónde fue ;
- quién estaba presente ;
- de qué habló ;
- cómo se sintió después de esta experiencia.

Opción 2

Con frecuencia escuchamos a nuestros amigos y conocidos decir la siguiente frase : "El dinero no da la felicidad".

Elabore un escrito en el que deberá :

- dar argumentos a favor o en contra de esta afirmación ;
- expresar su opinión ;
- proporcionar ejemplos que la justifiquen ;
- elaborar una breve conclusión.

Opción 1

분명히 당신은 공석에서 혹은 많은 사람들 앞에서 이야기해야만 했던 적이 한번쯤은 있을 것이다. 다음 사항이 포함된 글을 쓰시오:

– 언제 그리고 어디에서였는가
– 누가 참석했는가
– 무엇에 대해 말했는가
– 이 경험 후에 어떻게 느꼈는가

Opción 2

우리는 친구들과 지인들이 "돈이 행복을 주지는 않는다"라고 말하는 것을 종종 듣는다. 다음 사항이 들어간 글을 쓰시오:

– 이 주장에 찬성하는지 반대하는지 설명하시오.
– 자신의 의견을 피력하시오.
– 그것을 뒷받침할 만한 예를 드시오.
– 짧은 결론을 도출하시오.

PRUEBA 4. GRAMÁTICA Y VOCABULARIO

Sección 1 : Texto incompleto

Instrucciones

Complete el siguiente texto eligiendo para cada uno de los huecos una de las tres opciones que se le ofrecen.

Puede utilizar esta página como borrador, si lo estima conveniente.

Marque la opción elegida en la **Hoja de Respuestas Número 4.**

다음 지문에서 각각의 빈칸을 주어진 세 개의 선택지 중 하나를 골라 완성하시오.
필요하다면 이 페이지를 연습지로 사용할 수 있습니다. **4번 답지**에 선택된 답을 표시하시오.

COMPRAR UNA ISLA

Imagínese un pedazo de tierra rodeado de mar donde pueda tumbarse y escuchar el sonido de las olas sin que __1__ le moleste. Un paraíso sólo para usted, un lugar para escapar de los problemas de la sociedad moderna. ¿__2__ puede valer ese sueño?

Poseer una isla propia puede parecer algo inalcanzable, __3__ no es así. Evidentemente es necesario tener __4__ poder adquisitivo, pero no tanto como la gente piensa. Farhad Vladi, __5__ de los mayores vendedores de islas privadas del mundo, afirma que "un apartamento pequeño en Londres __6__ más costoso que una isla de Escocia". Parece una exageración, pero es verdad. __7__ echamos una ojeada a la oferta de islas existente, encontramos, por ejemplo, que en Irlanda se vende un islote de 4.047 metros cuadrados de extensión con castillo incluido __8__ 450.000 euros ; y en el Pacífico, o en el Caribe, __9__ islas verdaderamente paradisíacas que pueden costar __10__ mismo que un piso en el centro de Madrid. Además, la __11__ es muy variada : podemos comprar desde una isla pequeña, sin nada más que árboles, __12__ una isla enorme con una vivienda de ensueño, piscina, e incluso campo de golf.

El valor de una isla __13__ de varios factores : localización, tamaño, clima, topografía ; también de si la isla __14__ alguna vivienda o hay infraestructuras __15__ electricidad o agua potable, comunicaciones con el continente o con otras islas, etc. Las islas son la propiedad inmobiliaria más limitada del planeta y cada __16__ hay menos disponibles. Muchos países han prohibido que se __17__ sus islas por seguridad o por interés nacional. Los expertos inmobiliarios consideran que comprar islas es una buena inversión porque __18__ ser un bien escaso se revalorizan rápidamente.

Solemos situar la isla de nuestros sueños (un paraíso tropical con palmeras y playas de fina arena blanca) preferentemente en el Caribe, pero la oferta es __19__ amplia que, aunque Sudamérica siga __20__ uno de los continentes que más posibilidades ofrece, podemos comprar nuestra isla soñada en cualquier parte del mundo, incluso en nuestra vieja y querida Europa.

[Adaptado de *Tiempo*. España]

Opciones

	a)	b)	c)
1.	a) nadie	b) ningún	c) cualquier
2.	a) Cuándo	b) Cuánto	c) Cómo
3.	a) pero	b) sino	c) todavía
4.	a) algo	b) alguno	c) cierto
5.	a) algún	b) solo	c) uno
6.	a) es	b) tiene	c) está
7.	a) Si	b) Aunque	c) Como si
8.	a) hacia	b) para	c) por
9.	a) están	b) son	c) hay
10.	a) la	b) el	c) lo
11.	a) oferta	b) rebaja	c) oportunidad
12.	a) hacia	b) hasta	c) para
13.	a) tiene	b) sirve	c) depende
14.	a) tiene	b) tendría	c) tenga
15.	a) como	b) que	c) tal
16.	a) tiempo	b) vez	c) ocasión
17.	a) vendan	b) venden	c) venderán
18.	a) nada más	b) al	c) cuando
19.	a) tanto	b) como	c) tan
20.	a) siendo	b) ser	c) sido

CLAVE

1. ⓐ	2. ⓑ	3. ⓐ	4. ⓒ	5. ⓒ	6. ⓐ	7. ⓐ	8. ⓒ	9. ⓒ	10. ⓒ
11. ⓐ	12. ⓑ	13. ⓒ	14. ⓐ	15. ⓐ	16. ⓑ	17. ⓐ	18. ⓑ	19. ⓒ	20. ⓐ

GRAMÁTICA & VOCABULARIO

1 ...sin que **nadie** le moleste : 문장의 앞 뒤 내용을 잘 생각해보라.

1-1 rodeado(a) de algo/alguien : ~에 의해 둘러싸인

2 ¿**Cuánto** puede valer ese sueño? : 가격을 묻는 질문이다.

3 ...**pero** no es así : 앞 문장 전체를 부정하는 접속사를 찾는다.

4 ...es necesario tener **cierto** poder adquisitivo : cierto는 명사 앞에서 uno, alguno의 뜻을 갖지만, 이 경우 대명사인 algo나 alguno는 답이 될 수 없다.

5 Farhad Vladi, **uno** de los mayores vendedores de... : '여러 명중의 한사람'이란 뜻에서 uno를 사용한다.

6 ...un apartamento [...] **es** más costoso que... : 형용사를 보어로 사용하고 있으므로 tener동사가 올 수 없고, 객관적인 서술이므로 estar도 불가.

7 **Si** echamos una ojeada a la oferta... : 가정문이므로 si가 옳다. Aunque는 내용상 분명하긴 하지만 양보문을 이끄는 접속사이고, Como si는 현실과 반대되는 가정을 할 때 사용된다.

7-1 echar una ojeada(un vistazo) : 한번 훑어보다, 눈길을 주다, 살펴보다 / metro cuadrado : 평방미터, ㎡

8 ...**por** 450.000 euros : 최종 가격을 표현할 때 por가 요구된다.

9 ...**hay** islas... : 관사가 없는 복수명사가 주어이므로 hay동사

10 ...hay islas [...] que pueden costar **lo** mismo que un piso... : 'lo mismo que (~와 같은, ~와 마찬가지인)는 'igual que'와 같은 기능을 한다.

11 la **oferta** : 제안, 제공, 공급, 입찰, 오퍼

11-1 ...sin nada más que árboles... : 'no(nada) más que algo (~말고는 아무 것도 없다)를 의미.

12 ...**desde** una isla pequeña [...] **hasta** una isla... : 'desde... hasta...' 구문

13 **depender** de algo/alguien : ~에 달려있다, ~에 의해 좌우되다

14 ...de si la isla **tiene** alguna vivienda... : 'depender de si la isla tiene...'에서 si는 '~인지 아닌지'의 의미로 사용되었다. 이 경우, 직설법이 요구된다.

15 ...si [...] hay infraestructuras **como** electricidad o agua potable... : si가 간접의문문을 이끌며 예를 열거하는 상황이다. 따라서 '~같은 하부구조(기반시설)'의 뜻에는 como

가 옳다.

16 cada **vez** : 앞뒤의 맥락으로 보아 '점점 더'에 맞는 표현이 요구된다.

17 ...han prohibido que se **vendan** sus islas... : 주절에 prohibir 동사가 쓰였으므로 종속절에 접속법 시제가 요구된다.

18 ...porque **al** ser un bien escaso... : 동사원형과 함께 쓰이며 문맥상 원인을 표현할 수 있는 것은 al 밖에 없다

19 ...la oferta es **tan** amplia que [...] podemos comprar... : 문장을 잘 따져보면 'tan... que...' 구문을 이루고 있음에 유의한다. 형용사(amplia) 앞에서는 tanto의 어미가 탈락된다.

19-1 soler +동사원형 : 종종 ~하다

20 ...aunque Sudamérica siga **siendo** uno de los continentes... : 'seguir +현재분사'는 '계속 ~하다'의 뜻. 진행의 의미를 지닌 현재분사와 seguir는 좋은 짝이다.

섬 구입하기

아무도 당신을 귀찮게 하는 일 없이 누울 수 있고 파도 소리를 들을 수도 있는 바다로 둘러싸인 한 조각의 땅을 상상해보십시오. 오직 당신만을 위한 천국, 현대 사회의 문제들로부터 도망칠 수 있는 장소. 그 꿈은 값이 얼마나 할까요?

자신만의 섬을 소유한다는 것은 불가능한 것으로 보일 수도 있지만 그렇지는 않다. 물론 일정 구매력을 필요로 하지만, 사람들이 생각하는 정도는 아니다. 전 세계 개인소유용 섬의 최대 판매자 중 한 사람인 파랏 블라디는 "런던의 작은 아파트 하나가 스코틀랜드의 섬보다 훨씬 비싸다"라고 말한다. 허풍 같지만 사실이다. 섬의 실 시세를 살펴보자면, 예를 들어 성을 포함한 4,047㎡ 면적의 작은 섬이 아일랜드에서 45만 유로에 매매되는 것을 발견할 수 있다. 또한 태평양이나 카리브해에는 마드리드 도심에 있는 아파트와 같은 가격일 수 있는 진정으로 낙원과 같은 섬들이 있다. 게다가, 공급물이 매우 다양하다. 우리는 나무 말고는 아무 것도 없는 작은 섬에서부터 꿈에서나 나올 것 같은 집과 수영장, 골프장까지 포함된 거대한 섬에 이르기까지 구입할 수 있다.

섬의 가격은 위치, 크기, 기후, 지형 등의 여러 요소에 의해 좌우된다. 또한 그 섬이 다른 가옥을 가지고 있는지, 전기, 음용수, 육지나 다른 섬들과의 교통 등의 기반시설이 있는가에 의해서도 영향을 받는다. 섬들은 지구의 가장 한정된 부동 자산이고, 입수할 수 있는 것이 점점 더 적어지고 있다.

많은 나라들이 보안이나 국가적 이익을 이유로 섬들의 판매를 금지시켰다. 부동산 전문가들은 희귀한 재산이 되는 순간 곧 재평가되기 때문에 섬을 구입하는 것은 훌륭한 투자라고 생각한다.

우리는 꿈꾸던 섬(야자수와 흰색 고운 모래사장의 열대 낙원)을 주로 카리브에 놓고는 한다. 그러나 공급물량은 너무나 광범위해서, 남아메리카가 여전히 가장 큰 가능성을 제공하는 대륙중 하나이긴 하지만 우리는 꿈꿔오던 우리의 섬을 세계 어디에서나 구입할 수 있다. 우리의 오래되고 친애하는 유럽에서라도 말이다.

[스페인. 『띠엠뽀』에서 각색한 글]

Sección 2 : Selección multiple

EJERCICIO 1

Instrucciones

En cada una de las frases siguientes se ha marcado con letra **negrita** *un fragmento. Elija, de entre las tres opciones de respuesta, aquella que tenga un significado equivalente al del fragmento marcado. Por ejemplo* :

No he hablado todavía con Javier porque el teléfono **está comunicando.**

a) está estropeado
b) no da señal
c) está ocupado

La respuesta correcta es la **c.**

Marque la opción correcta en la **Hoja de Respuestas Número 4.**

다음 문장들 각각에서 한 부분이 진한 글씨체로 표시되어 있다. 해답의 세 선택지 중에서 표시된 부분에 해당하는 의미를 가진 답을 선택하시오. 예를 들어 :

– 전화가 **통화중이라** 난 아직 하비에르와 이야기하지 못했다.

a) 고장이 나서
b) 신호가 가지 않아서
c) 사용 중이라

올바른 답은 c 이다.

4번 답지에 올바른 답을 표시하시오.

21. - ¿Te explicó Silvio el proyecto que tiene para la empresa?
- **Me lo contó a medias.** Vamos a hablar mañana.
a) No me explicó nada
b) Me dio alguna información
c) Se equivocó

– 실비오가 회사를 위한 프로젝트를 너에게 설명해줬어? – **얼마쯤은** 말해줬어. 우린 내일 이야기할 거야. a) 아무것도 나에게 설명해주지 않았어. b) 약간의 정보를 주었어. c) 그가 틀렸어. ► a medias : 일부, 약간, 얼마간	답 : b

22. - ¿De qué se quejaban tus alumnos?
- Como hablaban todos **a la vez**, no me enteré de nada.
a) todo el tiempo
b) al mismo tiempo
c) deprisa

– 너의 학생들은 무엇에 대해 불만이었니? – 모두들 **한꺼번에** 이야기해서 아무것도 알아듣지 못했어. a) 내내 b) 동시에 c) 빨리 ► a la vez : 동시에, 한꺼번에 ► enterarse de algo : ~에 대해 깨닫다, 알아차리다 ► quejarse de algo/alguien : ~에 대해 불평하다	답 : b

23. - ¿Cuándo puedo ir a buscar el vestido?
- Esta tarde estaré en casa **a partir de** las cinco. ¿Te va bien?
a) hasta
b) antes de
c) desde

− 옷을 언제 찾으러 갈 수 있나요? − 오늘 오후 다섯 시**부터** 집에 있을 거예요. (그 시간이)괜찮아요? ► a partir de + 시간: ~부터 ► ir bien/mal a algo/alguien : ~에게 문제가 없다, 잘 되어가다 (좋지 않다, 나쁘다)	답: c

24. - ¿Qué tal la clase hoy?
    - Les he explicado el tema **muy por encima.**
      a) con mucho nivel
      b) con dificultad
      c) sin profundizar

− 오늘 수업 어땠어요? − 그 주제를 **대충만** 설명해줬어요. a) 수준 높게 b) 어렵게 c) 심화하지 않고 ► por encima : 표면적으로, 수박겉핥기 식으로	답: c

25. - ¿Cuánto tiempo tardas de tu casa al trabajo?
    - Si vas **manejando**, treinta minutos más o menos.
      a) conduciendo
      b) caminando
      c) corriendo

− 네 집에서 직장까지 얼마나 걸리니? − 만일 **운전해서** 간다면, 대충 30분 정도. a) 운전해서 b) 걸어서 c) 뛰어서 ► manejar (= conducir) : 운전하다 / más o menos : 대략, 대충	답: a

26. - ¿Adónde vas?
   - A comprar el periódico. Vuelvo **enseguida.**
     a) tarde
     b) temprano
     c) inmediatamente

– 어디 가니? – 신문 사러요. **금방** 돌아올 거예요. a) 늦게 b) 일찍 c) 즉시 ► enseguida : 곧, 금방	답: c

27. - ¿Qué te parece Nicolás?
   - Me encanta porque es un chico muy **atento.**
     a) amable
     b) listo
     c) cariñoso

– 니꼴라스가 어때 보여? – 굉장히 **상냥한** 청년이라 맘에 들어 a) 상냥한 b) 똑똑한 c) 다정한 ► ser atento(a) : 예의바른, 상냥한	답: a

28. - Sofía, ¿le **han entregado** el informe de contabilidad?
   - Sí, le he dejado una copia encima de la mesa.
     a) han dado
     b) han hecho
     c) han concedido

– 소피아, 회계 보고서를 그에게 **제출했나요**? – 예, 제가 책상위에 복사본 한부를 올려두었어요. a) 주다 b) 완성하다 c) 허락하다 ► entregar algo a alguien : ~에게 ~을 전달하다, 건네주다	답: a

29. - ¿Qué tal jugó Ruiz en el partido de ayer?
    - Le dio **una patada** a un jugador y lo expulsaron.
      a) un golpe con la mano
      b) un golpe con el balón
      c) un golpe con el pie

– 루이스는 어제 경기에서 어땠어? – 선수 한명을 **차서** 퇴장당했어. a) 손으로 때리다 b) 공으로 때리다 c) 발로 때리다 ► la patada : 발로 차기 (la pata : 짐승이나 가구의 발)	답: c

30. - ¿A qué hora llegasteis del viaje?
    - **Al amanecer**... más o menos.
      a) Ya era de noche
      b) A mediodía
      c) Cuando salía el sol

– 여행에서 몇 시에 돌아왔니? – 대략 **새벽녘에**... a) 이미 밤이 되어서 b) 정오에 c) 해가 뜰 때 ► al +동사원형 (~할 때) : 행위가 이루어지는 시간을 나타낸다 (= cuando)	답: c

EJERCICIO 2

Instrucciones

Complete las frases siguientes con el término adecuado de los dos o cuatro que se le ofrecen. Marque la opción en la **Hoja de Respuestas Número 4.**

주어진 두 개나 네 개의 단어중 적절한 단어를 골라 다음 문장들을 완성하시오. **4번 답지**에 선택된 답을 표시하시오.

31. - ¿Sabes cuándo y dónde _______ el concierto de Luis Miguel?
    - Sí, el viernes a las diez en el estadio de fútbol.

    a) está

    b) es

– 루이스 미겔의 콘서트가 언제 어디에서 열리는지 알아? – 응, 축구장에서 금요일 10시. ► 사건이나 행사, 일이 벌어지는 장소를 말할 때는 ser동사 사용. 반면 estar는 사물이나 사람, 동물의 위치를 표현.	ser-estar 구분 (답 : b)

32. - ¿_______ cierto que has escrito un nuevo libro?
    - Sí, saldrá a la venta la semana que viene.

    a) Es

    b) Está

– 네가 새 책을 썼다는 것이 사실이야? – 그래, 다음 주에 판매될 거야. ► ser cierto(a) : ~이 맞다, 옳다	ser-estar 구분 (답 : a)

33. - ¿Vienes con nosotros al campo?
    - No puedo, tengo que terminar el trabajo _______ mañana.

a) para
b) por

— 우리랑 같이 야외에 갈래? — 그럴 수 없어. 내일까지 일을 마쳐야만 하거든. ► para +시간: 미래의 일이 발생해야 하는 시한을 나타낸다. 반면 'por +시간'은 과거나 미래의 일이 발생할 대략의 시간을 가리킨다.	para-por 구분 (답: a)

34. - ¿Desde cuándo _______ Héctor y Norma?
- Desde que hicieron una maestría en la Universidad de Buenos Aires.
a) se conocían
b) se conocieron

— 언제부터 엑토르와 노르마가 알고 지냈지? — 부에노스아이레스 대학에서 교직을 이수할 때부터. ► 힌트는 desde에 있다. 즉 과거 한 순간에 시작되어 계속되는 일이었으므로 불완료과거 시제를 쓴다.	부정과거- 불완료과거 구분 (답: a)

35. - ¿Qué te preparo para cenar?
- Lo que quieras ; _______ cosa que tengas.
a) cualquiera
b) cualquier

— 저녁으로 뭐 해줄까? — 너 하고 싶은 것을 해. 가지고 있는 거 아무거나. ► 형용사 cualquier는 성수변화하지 않음.	부정사 (indefinidos) 구분 (답: b)

36. - ¿Qué tal ayer la exposición de Botero?
- Muy bien, me _______ muy interesante.
a) pareció
b) parecía

- 어제 보떼로의 전시회는 어땠어요? - 아주 좋았어요. 굉장히 흥미롭던데요. ▸ 과거의 일로 그치고, ayer라는 시한이 명시되어 있으므로 부정과거가 옳다.	부정과거- 불완료과거 구분 (답: a)

37. - No tengo _______ interés por cstc tcma.
    - Pues a mí me parece apasionante.
      a) ningún
      b) ninguno

- 난 이 주제에 대해 전혀 관심 없어요. - 나는 흥미롭게 보이는데요. ▸ ninguno는 명사 앞에서 -o가 탈락된다.	부정사 (indefinidos) 구분 (답: a)

38. - ¿Cómo fue ayer la reunión?
    - A todos nos pareció bien la propuesta, menos a Octavio, que _______ en contra.
      a) era
      b) estaba

- 어제 회의는 어땠습니까? - 우리 모두에겐 그 제안이 괜찮게 보였습니다. 반대했던 옥타비오만 빼고요. ▸ Octavio의 당시 상태, 상황을 가리키므로 불완료과거 시제를 선택한다. ▸ estar en contra (de algo/alguien) : (~에 대하여) 반대하다 ▸ menos : 전치사로서 '~을 제외하고'의 뜻으로 사용된다.	ser-estar 구분 (답: b)

39. - Últimamente Olivia _______ bastante deprimida.
    - Sí, yo también lo he notado.
      a) es
      b) está

- 최근에 올리비아가 꽤 의기소침해요. - 예, 나도 그것을 느꼈어요. ▸ 주어의 일시적인 건강, 정신, 기분 상태는 estar동사로 표현	ser-estar 구분 (답: b)

40. - Tengo una entrada para el teatro, pero no puedo ir. Vete tu _______ mí.
- Vale, muchas gracias.
  a) por
  b) para

– 나 연극표가 하나 있는데 갈 수가 없어. 나대신 네가 가라. – 알았어, 정말 고마워. ► por +사람 (~를 대신하여) : por가 가진 여러 기능에 유의한다.	para-por 구분 (답 : a)

41. - ¿Me llamarás pronto?
- Sí, no te preocupes, _______ llegue a casa.
  a) después de
  b) en cuanto
  c) al
  d) desde

– 곧 나에게 전화할거지? – 그래, 걱정 마, 집에 도착하자마자 할게. ► en cuanto +접속법 동사 (~하자마자) : 미래의 일을 표현할 때 쓴다. 이를 제외한 모든 보기들은 동사원형과 연결되어야 한다.	접속사 구분 (답 : b)

42. - Gonzalo, ahí hay una señora _______ quiere hablar contigo.
- Dile que en cinco minutos la atiendo.
  a) quien
  b) la cual
  c) que
  d) la que

– 곤살로, 저기 너랑 이야기하고 싶어 하는 아주머니가 계셔. – 5분 내로 봐드리겠다고 전해줘. ► Quien은 관계사절의 주어로서 지금과 같은 제한적 용법에는 쓰이지 못하고, la cual은 미리 명시된 선행사가 있어야 하며, la que는 주격이 아닌 이상 전치사를 수반한다.	관계사 구분 (답 : c)

43. - ¿Por qué te ha llamado Hernán?

- Me llamó _______ fuera a recoger al niño al colegio.

a) porque

b) para que

c) para

d) debido a que

— 왜 에르난이 네게 전화했니? — 학교로 아이를 데리러 가라고 전화한 거야. ► 전화한 목적을 가리키는 절과의 연결을 위해서는 para que가 요구되며, porque, debido a que는 모두 원인을 가리킨다.	접속사 구분 (답 : b)

44. - Esta noche he soñado _______ los exámenes finales.

- ¡Qué pesadilla!

a) en

b) de

c) con

d) a

— 지난밤에 기말시험 꿈을 꿨지 뭐야. — 그런 악몽을 꾸다니! ► soñar con algo/alguien : ~을 꿈꾸다, ~에 대해 꿈꾸다	관용구 (답 : c)

45. - _______ tuviera una hija la llamaría Ada.

- Como tu abuela, ¿no?

a) Porque

b) Dado que

c) Si

d) Así que

— 딸이 있다면 아다라고 부를 텐데. — 네 할머니처럼 말이지, 안 그래? ► 상상이나 현실과 반대되는 가정문인 'si +접속법과거, 가정법' 구문이다.	접속사 구분 (답 : c)

46. - ¿Cuándo empezaste a trabajar aquí?
    - El día ocho _______ diciembre.
    a) a
    b) para
    c) de
    d) sobre

— 언제부터 이곳에서 근무하기 시작했니? — 12월 8일. ▸ 날짜를 말하고 있다: el ocho de diciembre de dos mil ocho	전치사 구분 (답: c)

47. - Me he encontrado una cartera con 5,000 pesos.
    - Yo que tú, se la _______ a la policía.
    a) dare
    b) daría
    c) diera
    d) di

— 5천 페소가 든 지갑을 발견했어. — 내가 너라면 경찰에게 건네줄 거야. ▸ 충고를 위한 비현실적인 가정으로, 'yo que tú (= si yo fuera tú), 가정법 현재동사'의 구조이다.	시제 구분 (답: b)

48. - Sólo tardó cinco minutos _______ hacer unos tacos.
    - ¡Qué rápido!
    a) a
    b) por
    c) de
    d) en

— 따꼬를 만드는데 단 5분 걸렸어. — 정말 빠르구나! ▸ tardar(se) (+시간) +en +동사원형/algo : ~하는데 (~) 시간이 걸리다	관용구 (답: d)

49. - Tienes mejor aspecto.
- Sí, es que _______ hago deporte, me encuentro mucho mejor.
a) desde que
b) hasta que
c) después de
d) antes de

– 안색이 훨씬 좋아 보이는구나. – 그래, 운동을 하기 시작한 후로 훨씬 컨디션이 좋아. ► 내용상 '~한 이후부터'를 뜻하는 접속사구가 필요하다. ► es que : 원인, 이유를 설명할 때 쓴다.	접속사 구분 (답: a)

50. - Mi casa está _______ cinco minutos de la plaza de la Constitución.
- ¡Qué suerte! Yo vivo mucho más lejos del centro.
a) a
b) por
c) en
d) entre

– 우리 집은 헌법 광장에서 5분 거리에 있어. – 운이 좋구나! 난 도심으로부터 훨씬 더 떨어진 곳에 살아. ► a +시간단위 : 시간으로 계산한 거리를 나타낼 때 사용된다.	전치사 구분 (답: a)

51. - Margarita ahora está muy contenta, ¿verdad?
- Sí, es que está muy enamorada _______ su novio.
a) con
b) de
c) por
d) para

– 이제 마르가리따는 굉장히 흡족해하지, 그렇지? – 응, 남자친구에게 무척 빠져있거든. ► estar enamorado(a) de algo/alguien : ~에게 반하다, 사랑을 느끼다	관용구 (답: b)

52. - ¿Adónde vais a ir de vacaciones este año?
 - No estoy seguro, pero es posible que _______ a Ecuador.
 a) vamos
 b) iremos
 c) vayamos
 d) iríamos

– 너희들 올해는 어디로 휴가를 갈 거야? – 확실하진 않아. 하지만 에콰도르로 갈 것 같아. ► ser posible는 종속절에 접속법시제를 요구한다. ► estar seguro(a) de algo : ~에 대해 확신하다, 틀림없다고 생각하다 ► ir de vacaciones : 휴가를 가다, 떠나다	직설법- 접속법 구분 (답 : c)

53. - ¿Puedes enviarme el documento del proyecto?
 - Sí claro, en cuanto lo _______ te lo envío.
 a) terminaría
 b) terminaré
 c) termino
 d) termine

– 그 프로젝트 서류를 나한테 보내줄 수 있어? – 응, 물론이야. 끝내자마자 너에게 보내줄게. ► en cuanto는 접속법시제와 쓰여 '~하자마자'의 뜻으로 사용된다.	직설법- 접속법 구분 (답 : d)

54. - Lilia me vende su automóvil por 1,000 dólares. ¿Qué te parece?
 - Que no lo _______ escapar. Es una oferta muy buena.
 a) dejas
 b) dejabas
 c) dejarías
 d) dejes

– 릴리아가 자신의 차를 나에게 천 달러에 판대. 네 생각엔 어때?	직설법- 접속법 구분

– 그 기회를 놓치지 마. 굉장히 좋은 제안이야. ► 여기서 que는 (quiero) que, (te aconsejo) que 등으로 이해하여, 충고나 명령, 소망을 표현하는 접속법 동사의 경우와 비슷한 용법이라는 것에 유의한다.	(답: d)

55. - ¿Quieres que vaya a recoger a la tía Adela?
    - No, muchas gracias. Prefiero que lo _______ Carlos.
      a) haga
      b) hace
      c) haría
      d) hará

– 내가 아델라 숙모를 모시러 갔으면 좋겠니? – 아니야, 고마워. 까를로스가 했으면 좋겠어. ► preferir 동사는 종속절에 접속법 동사를 요구한다.	직설법- 접속법 구분 (답: a)

56. - Es una pena que tu novia no _______ venir.
    - Es que tiene mucho trabajo.
      a) pueda
      b) puede
      c) podrá
      d) pudo

– 네 여자친구가 올 수 없어서 섭섭해. – 일이 많아서 그래. ► ser una pena는 종속절에 접속법 동사를 요구한다.	직설법- 접속법 구분 (답: a)

57. - Sergio, _______ el agua, por favor.
    - Toma.
      a) pasándome
      b) pasarme
      c) me pasaste
      d) pásame

– 세르히오, 물 좀 건네줘. – 받아. ► pasar 동사의 명령형과 함께 쓰이는 목적대명사에 유의한다.	명령법 (답 : d)

58. - ¿Cuándo llega Gabriela?
   - Dijo que _______ mañana.
     a) venga
     b) vendrá
     c) vino
     d) viniera

– 가브리엘라는 언제 도착해요? – 내일 올 거라고 말했어요. ► el día siguiente가 아닌 mañana와 쓰였다. 따라서 dijo의 종속절은 미래시제를 쓴다. 물론 가정법시제와 불완료과거 시제도 옳다.	직간접 화법 (답 : b)

59. - ¿A quién le has dejado el disco de Chavela Vargas?
   - _______ he regalado a mi hermano.
     a) Se lo
     b) Se la
     c) Lo
     d) Le

– 차벨라 바르가스의 음반을 누구에게 빌려줬니? – 그거 내 동생에게 선물했어. ► '그에게 그것을' 즉 'se lo (*le lo)'가 옳다.	직간접 목적대명사 (답 : a)

60. - Señora, ¿qué tal _______ queda la falda?
   - Un poco estrecha, ¿no cree?
     a) la
     b) le
     c) se
     d) lo

– 부인, 치마가 어떠세요? – 좀 작군요, 안 그래요? ► '당신께'에 해당하는 'le'가 쓰인다. le는 성에 따른 변화를 하지 않는다.	직간접 목적대명사 (답 : b)

25 de noviembre de 2006

PRUEBA 1. COMPRENSIÓN DE LECTURA

Instrucciones

A continuación encontrará usted cuatro textos y una serie de preguntas relativas a cada uno de ellos.

Hay dos modalidades de preguntas:

Primer tipo:

a) Verdadero

b) Falso

Segundo tipo. Selección de una respuesta entre tres opciones:

a) ...

b) ...

c) ...

Marque la opción correcta en la **Hoja de Respuestas Número 1.**

이어서 당신은 4개의 지문과 각 지문과 관련된 일련의 질문들을 만날 것이다.
두 개의 질문 양식이 있다:

첫 번째 타입:

a) 참
b) 거짓

두 번째 타입. 3개의 선택지 중에서 택일:

a) ...
b) ...
c) ...

1번 답지에 선택된 답을 표시하시오.

Texto 1

UNA NUEVA FORMA DE ALQUILER DE COCHES

Ya puedes disfrutar de un coche sin comprarlo y sin mantenerlo gracias al servicio *Rentauto* : alquiler de coches a largo plazo. Antes este servicio sólo estaba abierto a empresas, pero ahora cualquier particular puede beneficiarse de él.

El *Rentauto* te permite alquilar un vehículo por un plazo de 24 a 72 meses. Pagas una cuota mensual durante el periodo de alquiler, teniendo derecho a usarlo y a que la empresa propietaria realice su mantenimiento. Los precios oscilan entre los 215 y los 700 euros de media al mes, dependiendo del modelo y el plazo. A más meses de contrato, menos cuota mensual. En algunos casos, las compañías suelen permitir una entrada inicial para rebajar después el pago de las cuotas mensuales. Puedes hacer un contrato sobre cualquier modelo de coche. En el caso de que quieras otros modelos diferentes a los ofertados puedes consultar el apartado “Rentauto a medida” y recibirás tu presupuesto.

Este nuevo sistema de alquiler se ofrece desde los bancos o desde los propios concesionarios de automóviles donde aparezca el distintivo de *Rentauto*. Como requisitos deberás tener más de 23 años, un mínimo de 3 años de carné de conducir y una nómina.

El contrato de alquiler incluye habitualmente el mantenimiento y revisiones básicas del vehículo, el pago del seguro a todo riesgo, la asistencia en carretera y el impuesto de circulación, así como el cambio de coche en caso de accidente o de excesivo desgaste.

No hay diferencia de precio entre un particular y una empresa, excepto que las empresas o los profesionales liberales podrán deducir la cuota cuando paguen los impuestos.

Las compañías limitan por contrato un número determinado de kilómetros que el arrendatario podrá hacer dentro del plazo previsto. Si se sobrepasan esos kilómetros, el cliente tiene que pagar un extra. Cumplido el plazo del alquiler, la mayoría de las empresas ofrecen la opción de ampliarlo durante dos años más. A la hora de firmar el contrato, ten cuidado en el plazo que elijas, ya que si quieres cancelarlo antes de tiempo te penalizan.

[Adaptado de *Muy Interesante*. España]

GRAMÁTICA & VOCABULARIO

- **disfrutar de algo** (~을 향유하다, 즐기다)
- **a largo/corto plazo** (장[단]기간으로)
- **beneficiarse de algo/alguien** (~에서 이득을 얻다)
- **el/la particular** (일반인)
- **tener derecho a algo** (~에 대한 권한을 갖다)
- **depender de algo/alguien** (~에 달려있다, ~에 의해 좌우되다)
- **a más..., menos...** (~하면 할수록 덜 ~한다) : 'a (+el/la) +시간단위(al día, a la semana, al mes...)'는 어떤 행위가 얼마나 자주 이루어지는지 그 주기를 표현한다.
- **soler +동사원형** (종종 ~하다)
- **la entrada** (착수금, 선수금, 계약금, 미리 지불해놓는 돈)
- **en (el) caso de (que)** (~한 경우에) : 실현 가능성이 희박한 가정에 사용된다.
- **a (la) medida** (딱 맞게, 맞춤으로)
- **el concesionario** (자동차 전시판매장, 자동차 판매영업소)
- **deber +동사원형** (반드시 ~해야만 한다) : 2005-05-14 Texto 1 설명 참고
- **la nómina** (급여명세서)
- **a todo riesgo** (모든 위험에 대비한)
- **así como** (~와 같은)
- **excepto que** (~을 제외하고는)
- **el/la arrendatario(a)** (임대한 사람, 빌린 사람)
- **a la hora de +동사원형/algo** (~할 때, ~하는 순간)
- **tener cuidado (con algo)** (~을 주의하다, 조심하다)
- **ya que** (~때문에) : 앞선 표현의 원인이나 이유를 설명하는 접속사의 역할을 한다.

새로운 자동차 대여법

이제 당신은 '렌트아우토' 서비스, 즉 장기 자동차대여 덕분에 자동차를 구입하지도, 유지하지도 않으면서 만끽할 수 있다. 예전에 이 서비스는 오직 기업체에만 열려있었으나, 이제는 어떤 개인이라도 그것을 이용할 수 있다.

'렌트아우토'는 24개월에서 72개월의 기간 동안 자동차를 빌릴 수 있도록 해준다. 차를 이용하고, 차를 소유한 회사가 그것을 유지하게 하는 권리를 가지면서 대여기간 동안 다달이 불입금을 내는 것이다. 가격은 차종과 기간에 따라 월 평균 215에서 700유로 사이이다. 계약 개월이 많을수록 월 불입금이 적다. 어떤 경우에는 다음에 월 불입금 지불액을 낮추기 위해 회사가 선수금을 허용하기도 한다. 어떤 차종에 대해서도 계약이 가능하다. 제공된 것들과 다른 모델을 원하는 경우, '맞춤 렌트아우토' 항목을 참고할 수도 있는데 그러면 당신의 예상액을 받아보게 될 것이다.

이 새로운 자동차대여 시스템은 은행이나 렌트아우토 표시가 되어있는 자동차 판매 대리점에서 직접 제공된다. 자격 요건으로 23세 이상, 최소한 3년의 운전면허, 급여 명세서를 반드시 지참해야 한다.

보통 대여 계약은 사고 혹은 과도하게 소모된 경우 차량 교환과 같은 차량의 기본적인 유지와 검사, 온갖 위험에 대비한 보험료, 고속도로에서의 구호와 자동차세를 포함하고 있다.

기업이나 자유 직종 전문가가 세금을 낼 때 불입금을 감산할 수 있을 경우를 제외하고는 개인과 회사 간에 가격 차이는 없다.

회사는 계약을 통해 임대인이 예정 기간 내에 사용할 수 있을 특정 수치의 킬로미터를 제한할 수 있다. 그 킬로미터를 초과하면, 고객은 추가대금을 지불해야만 한다. 임대기간이 채워지면, 대부분의 회사가 기간을 2년 더 연장할 수 있는 옵션을 제공한다. 계약서에 서명하는 순간, 당신이 선택하는 기간에 주의하라. 왜냐하면 앞당겨 취소하고자 할 경우 벌금을 물리기 때문이다.

[스페인. 『무이 인떼레산떼』에서 각색한 글]

PREGUNTAS

1. Según el texto, con el servicio *Rentauto* puedes alquilar un coche durante más de un año.
   a) Verdadero
   b) Falso

2. Según el texto, esta nueva forma de alquiler de coches se puede contratar a través de un banco.
   a) Verdadero
   b) Falso

3. En el texto se afirma que las compañías imponen en el contrato un número mínimo de kilómetros.
   a) Verdadero
   b) Falso

1. 위 글에 의하면, '렌트아우토' 서비스로 당신은 1년 이상 자동차를 빌릴 수 있다.	답: a
2. 위 글에 의하면, 이 새로운 자동차대여 방식은 은행을 통해 계약할 수 있다. ► a través de algo/alguien : ~을 통하여	답: a
3. 위 글에서 회사는 최소한의 킬로미터를 계약서에 강요한다고 한다.	답: b

Texto 2

LA RECETA PERFECTA

Cada domingo en la mañana, María Ignacia Silva, de 17 años, se encuentra tras el mostrador de *Pausa y Come*, una cafetería ubicada en Vitacura(Chile). María Ignacia es la hija de la dueña de la cafetería, Claudia Johnson, y, aprovechando sus capacidades matemáticas, ayuda en el día de más ventas. A veces la acompaña su hermano Matías, un año mayor. Involucrar a sus hijos mayores en su negocio es la fórmula que Claudia ha encontrado para compatibilizar el trabajo con la familia. Hace catorce años esta periodista, que acaba de cumplir 42, renunció a su trabajo en un medio de comunicación para buscar una actividad que le dejara más tiempo para dedicarse a sus hijos, sobre todo desde que supo que su tercer hijo era asmático. Entonces, impulsada por una idea de su marido, el ingeniero civil René Silva, tomó la decisión de instalar la cafetería, a la que le fue dedicando cada vez más tiempo cuando se dio cuenta de que este trabajo le permitía estar cerca de sus hijos.

Esta necesidad de muchas madres de hacer compatibles trabajo y familia fue para Claudia el impulso que la condujo a convertirse en empresaria. Hoy está a la cabeza de un negocio que vende anualmente cerca de trescientos millones de pesos en platos preparados, repostería, pastelería y empanadas. A *Pausa y Come* le fue bien desde el principio, gracias, según Claudia, a que la comida que ofrece se prepara de manera casera, sin preservantes ni aditivos. En dos años recuperó la inversión -aportada por su marido— y desde entonces sólo obtiene ganancias.

Pero su éxito se debe sobre todo al trabajo duro. A las siete y media de la mañana ya está despachando los primeros pedidos, después de haber dejado a sus hijos en el colegio. Cerca de las cuatro de la tarde los va a buscar y los acompaña a sus distintas actividades extraescolares. “El más grande toca la batería ; María Ignacia, guitarra, el otro niño hace kárate y la más chica ballet”, dice.

Para retener a los clientes, Claudia creó una nueva área de negocios, la que bautizó como "*Míster Pausa*", con la que despacha desayunos, cócteles o almuerzos a su cartera de clientes, que incluye unas trescientas empresas. Según ella, su ventaja competitiva es la rápida capacidad de reacción, ya que puede responder a un pedido de una empresa incluso en menos de una hora.

Para María Ignacia Silva y su hermano mayor es un entretenimiento trabajar en el local durante los fines de semana y las vacaciones ; incluso muchas veces van con sus amigos, quienes también son remunerados por su trabajo.

[Adaptado de *El Mercurio*. Chile]

GRAMÁTICA & VOCABULARIO

- **involucrar** (끌어들이다, 포함하다, 넣다)
- **acabar de +동사원형** (막 ~하다, 막 ~을 마치다)
- **el medio de comunicación** (방송통신사, 매스미디어)
- **tomar la decisión** (결심하다, 결정을 내리다)
- **a la que** (= a la cafetería que) : 2005-05-14 Texto 2 설명 참고
- **darse cuenta de algo** (~에 대해 깨닫다, 눈치 채다) : cuenta는 '계산'을 의미. 계산이 된다니, 이해했다는 의미로 받아들일 수 있음.
- **conducir a algo/alguien a +동사원형** (~을 ~하도록 이끌다, 유도하다)
- **estar a la cabeza de algo** (~의 선두에 서다, ~을 이끌다)
- **la empanada** : 칠레의 전통 요리로 만두처럼 생긴 음식
- **ir bien a alguien** (~에게 문제가 없다, 잘 되어가다)
- **casero(a)** (가정의, 집의) / ► **desde entonces** (그때부터)
- **deberse a algo/alguien** (~때문이다, ~에 기인한다)
- **despachar** (처리하다, 발송하다)
- **...la que bautizó como "*Míster Pausa*", con la que despacha...** : 여기서 la que, con la que는 모두 la nueva área를 의미하며 관계사 역할을 한다. 2005-05-14 Texto 2 설명 참고
- **la cartera de clientes** (고객명단) : cartera는 '지갑'이지만, 다양한 의미로 쓰인다.
- **el local** : '상점, 점포, 가게'의 뜻도 있음에 유의한다.
- **incluso** (심지어)

완벽한 조리법

매주 일요일 아침, 17세의 마리아 이그나씨아 실바는 비타꾸라(칠레)에 위치한 카페테리아인 '빠우사 이 꼬메'의 계산대 뒤에 있다. 마리아 이그나씨아는 카페테리아 주인인 끌라우디아 존슨의 딸이고, 자신의 수학능력을 활용하여 가장 매상이 많은 날에 도와드리는 것이다. 가끔 한 살 위의 오빠 마띠아스가 그녀와 함께 한다. 장성한 자녀들을 자신의 사업에 동참시키는 것은 끌라우디아가 일을 가족과 양립시키기 위해 찾아낸 공식이다. 막 42세가 된 이 여기자는 특히 셋째 아들이 천식 환자라는 것을 알고 난 다음부터 자녀들에게 전념할 수 있는 더 많은 시간을 허용하는 일을 찾기 위해 14년 전 한 방송국에서의 일을 그만두었다. 당시, 토목기사인 남편 레네 실바의 아이디어에 자극을 받아 카페테리아를 열기로 결심했고, 이 일이 자녀들 가까이 있을 수 있게 해준다는 것을 깨달은 순간 이 곳에 점점 더 많은 시간을 할애하게 되었다.

일과 가족을 병행하려는 수많은 어머니들의 이 불가피성은 끌라우디아에게 있어 그녀를 사업가로 변모하도록 만든 자극이었던 것이다. 오늘날 그녀는 완전조리식품, 후식, 케이크, 엠빠나다를 연간 3억 페소 가량 판매하는 사업의 선두에 서있다. 끌라우디아에 따르면, 제공하는 음식이 방부제나 화학첨가물 없이 가정식으로 만들어지는 덕분에 '빠우사 이 꼬메'는 처음부터 순조로웠다. 남편의 도움을 받은 투자금을 2년 만에 회수했고, 그 후론 오직 수익만 거둬들였다.

그러나 그녀의 성공은 특히 고된 노동에 기인한다. 아침 7시 반에 이미 아이들을 학교에 데려다 준 다음 첫 주문을 처리하고 있는 것이다. 오후 4시경 그들을 찾으러 가서 각각 다른 과외활동에 데려다준다. "장남은 드럼을, 마리아 이그나씨아는 기타를, 그리고 또 다른 아들은 가라테를, 막내딸은 발레를 하지요."라고 그녀는 말한다.

고객을 유지하기 위해 끌라우디아는 '미스터 휴식(빠우사)'이라고 명명한 새로운 사업 영역을 만들어냈고, 그것으로 아침이나 칵테일, 점심을 약 300여개의 회사를 포함한 고객 명단에게 배달시킨다. 그녀의 말에 의하면, 그것의 경쟁력은 재빠른 대응 능력인데, 어떤 회사의 주문에 1시간도 채 못 미쳐 응답해줄 수 있기 때문이다.

마리아 이그나씨아 실바와 그녀의 오빠에게 있어 주말과 방학동안 가게에서 일하는 것은 일종의 즐거움이다. 심지어 종종 친구들과 함께 가기까지 하는데, 그들 역시 자신들의 노동으로 급료를 받는다.

[칠레. 『엘 메르꾸리오』 신문에서 각색한 글]

PREGUNTAS

4. Según el texto, Claudia Johnson :
   a) es propietaria de una cafetería.
   b) fue periodista durante catorce años.
   c) ayuda a su marido.

5. Según el texto, *Pausa y Come* :
   a) permite a Claudia trabajar con su marido.
   b) está especializada en cocina chilena.
   c) produce beneficios.

6. Del texto se desprende que el éxito de *Pausa y Come* se debe a :
   a) la capacidad de trabajo de Claudia.
   b) la creación de "Míster Pausa".
   c) la rapidez en el servicio.

4. 위 글에 의하면, 끌라우디아 존슨은: a) 한 카페테리아의 주인이다. b) 14년간 기자였다. c) 남편을 돕고 있다.	답: a
5. 위 글에 의하면, '빠우사 이 꼬메'는: a) 끌라우디아가 남편과 일할 수 있도록 해준다. b) 칠레 요리에 전문적이다. c) 이윤을 창출한다.	답: c
6. 위 글로 미루어보건대, '빠우사 이 꼬메'의 성공의 성공은 다음에 기인한다. a) 끌라우디아의 사업 능력 b) '미스터 빠우사'의 고안 c) 서비스의 빠른 속도 ► desprenderse de algo : ~에서 풍겨 나오다, 짐작되다, 추측되다	답: a

Texto 3

EL MOCHILERO, UN VIAJERO DIFERENTE

El mochilero es un personaje peculiar de la vida contemporánea. El mochilero es un joven que con poco dinero y mucha habilidad se lanza a viajar por el mundo solo, gastando lo menos posible (conoce todos los alojamientos interesantes de media estrella, e incluso de ninguna) y disfrutando al máximo porque lo que vale no tiene precio. El mochilero es un maestro en el arte de vivir a fondo mientras atraviesa cualquier lugar del mundo, sea Tailandia, Galicia o Argentina.

Parientes lejanos de los personajes inconformistas de las novelas de Jack Kerouac, la mayoría de los mochileros son jóvenes que emprenden viajes de iniciación cuando terminan una etapa de sus estudios, antes de pasar a una nueva fase, antes de sentar la cabeza con vistas a una profesión. En general saben cuidar de sí mismos mejor de lo que los padres creen, y suelen madurar - pasan de golpe de la adolescencia a la edad adulta - en sus primeros viajes, pero sin caerse del árbol.

Los mochileros son devotos del *último llamado*. Aguardan horas y hasta días por la oferta de un asiento barato, y en cuanto lo encuentran son capaces de presentarse en pocos minutos en un gran aeropuerto y tomar un vuelo a cualquier parte. Por poco dinero llegarán a ciudades que tenían elegidas desde hace mucho tiempo, que sólo conocían superficialmente por Internet o que no sabían ni que existían, elegidas simplemente por el azar de la oferta.

Su segundo pasaporte, aparte del documento de su país, es el inglés. Y su tercer pasaporte, la actitud de saber pedir las cosas por favor y de dar las gracias con gestos que no necesiten traducción. Aunque todavía predominan los varones, cada vez más chicas aprenden a manejarse con una mochila a cuestas sin fronteras de países o prejuicios. No hay que confundir un viaje de un mochilero con las habituales salidas de fin de curso o con las excursiones de quinceañeras. Para empezar, los mochileros son un poco mayores, lo que es importante, y, sobre todo, no van en grupo : son menos gregarios y más individualistas. Además, la familia está lejos y tienen que rebuscársela sin pedir ayuda ni dinero, por lo que deben gastar sus dólares con extremo cuidado.

Pese a la diferencia generacional, a mí, que ya tengo más de cincuenta años, me gusta aprender de los mochileros porque viajan de forma distinta a la mía. Fijándome en ellos, yo hago, a mi manera, un viaje de iniciación hacia un mundo diferente del que conocí de joven.

[Adaptado de *lanacion.com*, Argentina]

GRAMÁTICA & VOCABULARIO

- **el/la mochilero(a)** (배낭족) : la mochila (배낭)
- **lanzarse a +동사원형** (~하러 덤비다, 뛰어들다)
- **lo menos(más) posible** (최대한 적게[많게])
- **al máximo(mínimo)** (최대한[최소한])
- **lo que vale** (~한 것) : lo는 형용사나 형용사절을 명사화하는 기능이 있다.
- **a fondo** (온전히, 최대한도로)
- **sea Tailandia, Galicia o Argentina** : 여기서 접속법동사 sea는 'sea donde sea' 즉 '어디든지'라는 의미로 쓰였다.
- **sentar la cabeza** (정신을 차리다, 이성을 되찾다)
- **con vistas a algo/alguien** (~하려는 목적으로, ~하기를 바라며, ~에 목적을 두며)
- **cuidar de algo/alguien** (~을 돌보다)
- **sí mismo** (스스로) : 3인칭 재귀대명사 sí는 '자기 자신', '서로', '상호간에'라는 뜻으로 재귀적 상황에서만 쓰인다. 한편, 형용사 mismo(a/os/as)는 수식된 대상을 강조한다.
- **mejor(más) de lo que** (~보다 훨씬 잘, ~보다 더) : 비교의 의미로 사용된다.
- **de golpe** (갑자기)
- **en cuanto** (~하자마자) : 습관은 직설법, 미래의 일은 접속법으로 표현된다.
- **ser capaz de(para) algo/동사원형** (~할 능력이 있는, ~할 만한)
- **por poco dinero** : 'por +금액'은 최종 지불가격을 나타낸다.
- **aparte de algo/alguien** (~을 제외하고, ~와 별도로)
- **dar las gracias (con algo)** (~으로 사의를 표하다, 고마움을 표현하다)
- **manejarse** (능숙하게 움직이다, 자유롭게 움직이다)
- **a cuestas** (짊어지고)
- **quinceañero(a)** (10대 중반의 청소년)
- **para empezar** (먼저) : 말의 서두를 꺼낼 때 쓰는 표현이다.
- **lo que es importante** (중요한 것) : lo는 que절을 명사화한다.
- **gregario(a)** (떼 지어 다니는, 집단성의)
- **rebúscarsela** (스스로 헤쳐 나가다, 재치를 발휘하다) : 중남미에서 사용하는 표현.
- **por lo que** (그로 인하여, 그래서)
- **pese a algo** (~에도 불구하고, ~을 무릅쓰고)
- **más de + 수치, 수량의 단위** (~보다 더) : 대략적인 수량을 표현한다.

- **aprender de algo/alguien** (~으로부터 배우다, 교훈을 얻다)
- **distinto(a) a(de) algo/alguien** (~와 다른, 구분되는 = diferente de algo/alguien)
- **fijarse en algo/alguien** (~에 주목하다, 주의를 기울이다)
- **a(de) manera +형용사** (~방법으로, 방식으로) : 'de modo +형용사'와 같은 뜻이다.
- **del que** : 'de el mundo que'를 의미.
- **de joven** (젊었을 때, 젊어서) : 'de +인생의 여러 단계 (pequeño, mayor, niño...)'는 cuando 구문으로 대체할 수 있다 (= cuando era joven).

차별적인 여행가, 배낭족

배낭족은 현대 생활의 별난 인물이다. 배낭족은 적은 돈과 많은 수단을 가지고 세상을 홀로 여행하러 덤벼든 젊은이다. 가치 있는 것은 값을 매길 수 없기 때문에 최소한 적게 쓰고(별 반개, 심지어 별이 없는 온갖 흥미로운 숙박시설을 알고 있다) 최대한 많이 즐기면서 말이다. 배낭족은 태국이던 갈리시아던 아르헨티나던 간에 세상 어디라도 누비면서 만끽하는 기술에 있어 대가인 것이다.

잭 케루악 소설의 반순응주의 인물들의 먼 친척들인 대부분의 배낭족들은 자신들의 학습에 있어 한 시기가 끝난 순간, 새로운 단계로 넘어가기 전에, 직업세계로 눈을 돌려 분별력이 생기기 전에 첫 여행을 감행하는 젊은이들이다. 일반적으로 그들은 부모가 생각하는 것 보다 훨씬 자기 자신을 잘 돌볼 줄 알고, 첫 여행에서 여물어지고는 한다(갑자기 청소년기에서 성인으로 넘어가면서). 나무에서 떨어지는 법 없이 말이다.

배낭족은 '최종 모집'의 신봉자들이다. 그들은 저가 티켓의 세일을 몇 시간이고, 며칠까지도 기다린다. 그리고 그것을 발견하자마자 몇 분 내로 거대한 공항에 나타나서 어디로 향하든지 간에 비행기를 탈 수 있다. 아주 오래 전부터 골라 두었던 도시에 적은 돈으로 당도하게 될 텐데, 그곳은 단지 인터넷을 통해 표면적으로 알고 있었거나 아니면 세일 상품이라는 우연에 의해 그냥 선택되어 존재하는지조차 몰랐었던 곳이다.

조국의 증명서 외에 그들의 두 번째 여권은 영어이다. 그리고 세 번째 여권은 정중하게 부탁할 줄 알고 번역이 필요하지 않은 제스추어로 감사하는 태도이다. 비록 아직도 남성들이 우세하긴 하지만, 점점 더 많은 여성들이 국경이나 선입견 없이 배낭을 짊어지고 움직이는 법을 익히고 있다. 배낭족의 여행과 통상적인 수학여행, 열다섯 살짜리들의 소풍을 혼동해서는 안 된다. 먼저, 배낭족은 조금 더 연장자들이고, 중요한 것은 유독 그들은 그룹으로 다니지 않는다는 것이다. 그들은 떨 떼를 지어 다니고 더 개인주의자들이다. 더군다나, 가족은 멀리 있고 도움을 청할 수도 없으며 돈도 없이 스스로 헤쳐 나가야만 한다. 그래서 그들은 최대한 조심스럽게 달러를 써야만 한다.

50세가 훌쩍 넘은 나는 세대 차이에도 불구하고, 그들이 나와 다른 방식으로 여행하기 때문에 배낭족들에게서 배우는 것이 마음에 든다. 나는 그들을 눈여겨보면서 젊었을 때 알았었던 다른 세상을 향해 내 방식대로 첫 여행을 떠난다.

[아르헨티나. lanacion.com에서 각색한 글]

PREGUNTAS

7. Para el autor del texto, la mayoría de los mochileros viajan :
   a) cuando necesitan tomar una decisión importante.
   b) antes de iniciar una nueva etapa en su vida.
   c) para madurar más rápido.

8. Según el autor del texto, los mochileros conocen :
   a) las mejores ofertas.
   b) siempre su destino.
   c) la lengua de los países a los que viajan.

9. Para el autor del texto, los mochileros son :
   a) educados.
   b) adolescentes.
   c) generosos.

7. 위 글의 저자에게 있어 대부분의 배낭족이 여행하는 것은: a) 중요한 결단을 내릴 필요가 있을 때이다. b) 인생에서 새로운 단계를 시작하기 전이다. c) 더 빨리 성숙하고 싶어서이다.	답: b
8. 위 글의 저자에 의하면, 배낭족이 알고 있는 것은 다음과 같다: a) 가장 좋은 여행 상품 b) 항상 자신의 목적지 c) 여행가는 나라들의 말	답: a
9. 위 글의 저자에게 있어 배낭족은: a) 예의바르다. b) 청소년이다. c) 관대하다.	답: a

Texto 4

EL MÉDICO

El doctor Juvenal Urbino tenía una rutina fácil de seguir, desde que quedaron atrás los años tormentosos de las primeras armas y logró una respetabilidad y un prestigio que no tenían igual en la provincia. Se levantaba con los primeros gallos y a esa hora tomaba sus medicinas. Permanecía una hora en su estudio, preparando la clase de Clínica General que dictó en la Escuela de Medicina todos los días de lunes a sábado, a las ocho en punto, hasta la víspera de su muerte. Era también un lector atento a las novedades literarias que le mandaba por correo su librero de París, o las que le encargaba de Barcelona su librero local, aunque no seguía la literatura de lengua castellana con tanta atención como la francesa. En todo caso nunca las leía por la mañana, sino después de la siesta durante una hora, y por la noche antes de dormir. Terminado el estudio, hacía quince minutos de ejercicios respiratorios en el baño, frente a la ventana abierta, respirando siempre hacia el lado por donde cantaban los gallos, que era donde estaba el aire nuevo. Luego se bañaba, se arreglaba la barba y se vestía de lino blanco, con chaleco y sombrero flexible. A los ochenta y un años conservaba los modales fáciles y el espíritu festivo de cuando volvió de París. Desayunaba en familia, pero con un régimen personal : una infusión de flores y una cabeza de ajos cuyos dientes pelaba y se comía uno por uno con una hogaza de pan.

Almorzaba casi siempre en su casa y hacía una siesta de diez minutos sentado en la terraza del patio. Luego leía durante una hora libros recientes, en especial novelas y estudios históricos, y le daba lecciones de francés y de canto al loro doméstico que desde hacía años era una atracción local. A las cuatro salía a visitar a sus enfermos, después de tomarse un jarro grande de limonada con hielo. A pesar de la edad se resistía a recibir a los pacientes en el consultorio, y seguía atendiéndolos en sus casas, como lo hizo siempre. Era capaz de saber lo que tenía un enfermo sólo por su aspecto, y cada vez desconfiaba más de los medicamentos de patente y veía con alarma la cirugía. Pero a pesar de estas ideas extremas, sus antiguos alumnos seguían consultándolo aún cuando ya eran profesionales establecidos, pues le reconocían eso que entonces se llamaba ojo clínico. De todos modos fue siempre un médico caro y excluyente, y su clientela estuvo concentrada en casas solariegas del barrio de los Virreyes.

[Adaptado de Gabriel García Márquez, *El amor en los tiempos del cólera.* Colombia]

GRAMÁTICA & VOCABULARIO

- ► **la víspera** (어떤 일이나 행사가 있기 전 날)
- ► **encargar algo a alguien** (~에게 ~을 부탁하다, 맡기다, 책임을 지우다)
- ► **en todo caso** (어쨌든, 아무튼)
- ► **no(nunca)... sino...**(~이 아니라 ~이다) : 접속사 sino는 앞 부정문의 정보를 정정한다.
- ► **por donde** : 'por el lado que'의 뜻으로, 닭 우는 방향을 향한다는 뜻이다.
- ► **vestirse de algo** (~옷 입은) : 옷차림새를 표현할 때 사용하는 어구이다.
- ► **a los ochenta y un años** (81세에) : 'a +los 숫자 +años'의 구조이다
- ► **cuyo(a/os/as)** : 앞에서 언급했던 사람이나 사물의 특성을 추가 설명할 때 사용하는 소유형용사. 앞의 선행사가 아닌 뒤의 명사에 성과 수를 일치한다.
- ► **uno por uno** (하나씩) : 여기서 por는 일련의 요소가 분리되어 있음을 가리킨다.
- ► **en especial** (= especialmente)
- ► **a pesar de algo** (~에도 불구하고)
- ► **seguir +현재분사** (계속 ~하다)
- ► **ser capaz de algo/동사원형** (~할 능력이 있는, ~할 만한)
- ► **la patente** (전매특허, 특허)
- ► **aun cuando** (~해도 아직, ~할 때조차도)
- ► **pues** : 이유를 나타내는 기능도 있다.
- ► **de todos modos** (어쨌든, 어찌되었든 간에)

의사

의사인 후베날 우르비노는 첫 전투를 겪었던 험한 세월을 뒤로 하고, 이 지역에선 견줄 이 없는 지위와 권위를 얻은 이후부터는 지키기 쉬운 일과를 가지고 있었다. 수탉의 첫 울음소리에 일어나 그 시간이면 약을 먹었다. 월요일에서 토요일, 죽기 전날까지 매일 8시 정각 의료 학교에서 했던 일반 의학 수업을 준비하며 자신의 서재에서 한 시간을 머물렀다. 또한 그는 파리에서부터 서적상이 우편으로 보내오거나 바르셀로나에서 그 지역 서적상이 그에게 주문하는 문학 신작들의 신중한 독자이기도 했다. 비록 스페인어 문학을 프랑스어 문학만큼 주의 깊게 챙겨보지는 않았지만 말이다. 어쨌든 그는 오전중이 아닌, 한 시간 가량 낮잠을 자고 일어난 다음과 잠들기 전 밤중에 그것들을 읽었다. 공부를 마치고는 욕실에서 활짝 열린 창문을 앞에 두고 언제나 수탉들이 우는 쪽을 향하여 숨을 내쉬며 심호흡 연습을 15분간 하였는데, 그곳이 언제나 신선한 공기가 자리하는 쪽이었다. 그 나음엔 목욕을 하고, 턱수염을 성논하고, 조끼와 구부리기 쉬운 모자를 갖춰 흰색 아마로 옷을 차려 입었다. 81세의 나이에도 파리에서 돌아왔을 때의 부드러운 태도와 쾌활한 정신을 유지하였다. 가족과 함께 하지만 개인적인 식단으로 아침을 들었는데, 꽃차와 마늘 한통을 껍질을 벗겨 한쪽씩 빵과 함께 먹었다.

섬심은 거의 항상 집에서 늘었고, 숭정의 테라스에 앉아 10분간 낮잠을 잤다. 그리고는 새로 나온 책들, 특히 소설과 역사 연구서들을 한 시간 동안 읽었다. 그리고 몇 년 전부터 그 지역의 오락거리였던 애완용 앵무새에게 노래와 프랑스어를 가르쳤다. 4시에는 얼음을 띄운 레모네이드가 든 큰 잔을 들이킨 다음 환자 방문에 나섰다. 나이에도 불구하고 그는 진료소에서 환자를 받는 것을 거부했고, 언제나 그래왔듯이 환자들의 집에서 계속 그들을 돌보았다. 그는 환자의 외양만으로 그가 가진 병을 알아낼 수 있었고, 점점 더 특허 의약품들을 신용하지 않았으며, 외과 수술을 우려스럽게 바라보았다. 그러나 이러한 극단적인 생각에도 불구하고 그의 옛 학생들은 이미 안정된 전문가들이 된 때에도 여전히 그와 의논하였는데, 당시 그가 진료의 눈으로 불렀던 것을 인정했던 셈이다. 어쨌든 그는 항상 비싸고 특출난 의사였고, 그의 고객은 비레예스 구역의 명문가에 집중되어 있었다.

[콜롬비아. 가브리엘 가르시아 마르께스 『콜레라 시대의 사랑』에서 각색한 글]

PREGUNTAS

10. Según el texto, por las mañanas el doctor Juvenal Urbino :
    a) daba clases de Medicina.
    b) estudiaba literatura.
    c) leía algún libro.

11. En el texto se dice que el doctor Juvenal Urbino después de almorzar :
    a) se echaba una siesta.
    b) leía las últimas novedades literarias.
    c) tomaba clases de francés y canto.

12. Según el texto, Juvenal Urbino era un médico :
    a) retirado.
    b) famoso en la ciudad.
    c) para gente acomodada.

10. 위 글에 의하면 의사 후베날 우르비노는 오전에 : a) 의학 강의를 했다. b) 문학 공부를 했다. c) 책을 읽었다.	답 : a
11. 위 글에서 의사 후베날 우르비노가 점심식사 이후 하는 일은 : a) 낮잠을 잔다 b) 문학 신간들을 읽는다 c) 프랑스어와 노래 수업을 받는다. ► echar(se) la siesta : 낮잠 자다	답 : a
12. 위 글에 의하면 후베날 우르비노는 : a) 은퇴한 의사였다. b) 도시에서 유명한 의사였다. c) 부유한 사람들을 위한 의사였다.	답 : c

PRUEBA 2. EXPRESIÓN ESCRITA

Parte número 1 : Carta personal

Instrucciones

Redacte una carta de **150-200 palabras** *(15-20 líneas).*
Escoja sólo una de las dos opciones que se le proponen.
Escriba la carta definitiva en la **Hoja de Respuestas Número 2.**
Comience y termine la carta como si fuera real.

150-200 **단어**(15-20줄) 정도의 편지를 쓰시오. 제시된 두 개의 선택사항중 하나만 고르시오. **2번 답지**에 결정된 편지를 쓰시오. 실제인 것처럼 편지를 시작하고 끝마치시오.

Opción 1

Usted tiene una entrevista de trabajo en la ciudad española de Valencia para trabajar como traductor. Tiene un amigo que trabaja en la empresa en la que usted quiere trabajar. Escríbale una carta en la que deberá :

- saludarle ;
- informarle de la entrevista y hacerle preguntas sobre la empresa ;
- proponer un encuentro para ese día ;
- despedirse.

Opción 2

Usted compró el mes pasado por teléfono un producto que anuncian en la televisión. El pago ya lo realizó, pero todavía no ha recibido el artículo.

Escriba una carta al servicio de envíos donde hizo su pedido en la que deberá :

- identificarse ;
- explicar el problema ;
- expresar la necesidad urgente del producto ;
- pedir una solución.

Opción 1

당신은 발렌시아라는 스페인의 한 도시에서 통역사로 일하기 위한 면접이 있다. 당신이 근무하기 원하는 회사에서 일하고 있는 친구가 있다. 그에게 다음 사항이 들어간 편지를 쓰시오:

– 인사하기
– 그에게 면접에 대해 밝히고 회사에 대해 질문하기
– 그 날 만날 것을 제안하기
– 작별인사하기

Opción 2

당신은 지난달 TV에서 선전하는 제품을 전화로 구입했다. 대금지불은 이미 끝났으나 아직 제품을 받지 못하였다.

당신이 주문한 곳 배송 서비스에 다음 사항이 들어가는 편지를 쓰시오:

– 자신이 누군지 밝히기
– 문제를 설명하기
– 제품이 시급히 필요함을 설명하기
– 해결책 요구하기

Parte número 2 : Redacción

Instrucciones

Escriba una redacción de **150-200 palabras** *(15-20 líneas).*
Escoja sólo una de las dos opciones que se le proponen.
Escriba la redacción definitiva en la **Hoja de Respuestas Número 2.**

150-200 **단어**(15-20줄) 정도의 글을 쓰시오. 제시된 두 개의 선택사항중 하나만 고르시오. 2번 **답지**에 결정된 글을 쓰시오.

Opción 1

Algunas veces hay que tomar decisiones que resultan transcendentales en nuestra vida. Escriba una rcdacción cn la quc cucntc :

- qué le impulsó a tomar la decisión más importante que ha tomado hasta ahora ;
- por qué fue tan importante ;
- qué consecuencias ha tenido en su vida.

Opción 2

"Siempre hay que decir la verdad, aunque duela". Elabore un escrito en el que deberá:

- exponer su opinión a favor o en contra ;
- poner ejemplos que justifiquen su opinión ;
- elaborar una breve conclusión.

Opción 1

때로는 일생에서 매우 중요한 결정을 내려야만 한다. 다음 사항이 포함된 글을 쓰시오:

– 지금까지 했던 것 중 가장 중요한 결정을 내리도록 당신을 자극했던 것은 무엇인가
– 왜 그렇게 중요했나
– 당신의 인생에 어떤 결과를 가져왔나

Opción 2

"언제나 진실을 말해야만 한다, 비록 고통스러울 지라도". 다음 사항이 포함된 글을 쓰시오:

– 이 주장에 찬반 의견을 제시하시오.
– 당신의 의견을 뒷받침할 만한 예를 드시오.
– 짧은 결론을 도출하시오.

PRUEBA 4. GRAMÁTICA Y VOCABULARIO

Sección 1 : Texto incompleto

Instrucciones

Complete el siguiente texto eligiendo para cada uno de los huecos una de las tres opciones que se le ofrecen.

Puede utilizar esta página como borrador, si lo estima conveniente.

Marque la opción elegida en la **Hoja de Respuestas Número 4.**

다음 지문에서 각각의 빈칸을 주어진 세 개의 선택지 중 하나를 골라 완성하시오. 필요하다면 이 페이지를 연습지로 사용할 수 있습니다. **4번 답지**에 선택된 답을 표시하시오.

UN TESORO EN LA COCINA

Especia, también llamado condimento, es el nombre dado a los aromatizantes de origen vegetal, que se usan ___1___ sazonar los alimentos.

Aunque el ___2___ de las especias no parece estar muy claro, es seguro que ___3___, desde el primer momento, ___4___ codiciadas porque ___5___ atribuían ciertas características mágicas. Existía la creencia de que también ___6___ propiedades afrodisíacas y curativas.

Muchos han sido ___7___ se enriquecieron gracias al comercio ___8___ especias y, aunque parezca mentira, ___9___ a ser moneda de cambio e incluso mucho más valiosas ___10___ los metales preciosos, provocando serios conflictos entre los diversos pueblos ___11___ pretendían monopolizar el mercado.

Desde ___12___, estos fascinantes productos de la naturaleza siguieron ___13___ curiosidad y adoración, por lo que actualmente resultan imprescindibles en la cocina. Empleadas con mimo y moderación, enriquecen ___14___ comida dotándola de un agradable color y una exquisita ___15___.

Además, sus cualidades terapéuticas ___16___ un aliciente más para su uso ___17___ cada una aporta un ___18___ diferente a nuestro organismo en función de sus características.

Para que no ___19___ las propiedades que las hacen imprescindibles en la cocina, basta ___20___ guardarlas en un sitio fresco y oscuro. Pese a que pueden conservarse durante años, lo mejor es no guardarlas más de 3 ó 4 meses con el fin de obtener mejores resultados.

[Adaptado de *APTC*. España]

Opciones

1.	a) para	b) por	c) a
2.	a) principio	b) comienzo	c) origen
3.	a) fueron	b) fueran	c) sean
4.	a) tan	b) tanta	c) tantas
5.	a) las	b) les	c) los
6.	a) poseyeron	b) poseían	c) habían poseído
7.	a) los que	b) quien	c) los cuales
8.	a) en	b) de	c) sobre
9.	a) llegaron	b) fueron	c) alcanzaron
10.	a) como	b) que	c) de
11.	a) los cuales	b) los que	c) que
12.	a) ahora	b) entonces	c) antes
13.	a) provocando	b) provocado	c) provocar
14.	a) cualquiera	b) cualquier	c) cualesquiera
15.	a) aroma	b) esencia	c) fragancia
16.	a) están	b) hay	c) son
17.	a) por	b) ya que	c) como
18.	a) utilidad	b) favor	c) beneficio
19.	a) pierdan	b) perderán	c) pierden
20.	a) de	b) para	c) con

CLAVE									
1. ⓐ	2. ⓒ	3. ⓐ	4. ⓐ	5. ⓑ	6. ⓑ	7. ⓐ	8. ⓑ	9. ⓐ	10. ⓑ
11. ⓒ	12. ⓑ	13. ⓐ	14. ⓑ	15. ⓒ	16. ⓒ	17. ⓑ	18. ⓒ	19. ⓐ	20. ⓒ

GRAMÁTICA & VOCABULARIO

1 ...se usan **para** sazonar... : para는 어떤 행위로 얻고자 하는 것을 나타낼 때 쓴다. 반면, por는 그 행위를 하게끔 하는 동기이자 목적을 가리킨다.

1-1 llamado(a)는 '소위, 일명'의 뜻으로 명사 앞에 쓴다.

2 ...el **origen** de las especias : '근원, 유래'를 뜻한다.

3 ...seguro que **fueron**... : seguro(확실한, 분명한)는 종속절에 직설법을 요구

4 ...fueron [...] **tan** codiciadas... : tanto는 형용사/부사 앞에서 어미 탈락한다.

5 ...**les** atribuían ciertas características... : '그들(향신료)에게'를 뜻하는 간접목적대명사가 성의 변화가 없는 les이다.

6 Existía la creencia de que [...] **poseían** propiedades... : 종속절의 시제 구분 문제이다. 동시대 상황에 대한 설명이므로 주절과 마찬가지로 불완료과거 시제이다.

7 Muchos han sido **los que** se enriquecieron... : los que 절이 주격으로 쓰이는 경우 전치사를 수반하지 않는데, 이 때 quienes로 대체가능하다. 그러나 los cuales는 앞서 선행사가 명시된 경우만 사용가능하므로 문장을 시작하지는 못한다.

8 ...gracias al comercio **de** especias... : '~의 무역, 교역'의 뜻이므로 de.

9 **llegar** a +동사원형 ; 결국 ~하다

10 ...más valiosas **que** los metales preciosos : 비교급 'más... que...' 구문

11 ...los diversos pueblos **que** pretendían... : que 이후는 los diversos pueblos를 수식하는 제한적 용법의 형용사절이다. 위 7번 설명 참고.

12 Desde **entonces**... : 그때부터

13 ...siguieron **provocando**... : seguir +현재분사 (계속 ~하다)

13-1 por lo que : 그로 인해, 그 때문에

14 ...enriquecen **cualquier** comida : cualquier는 형태변화 않는 형용사.

15 ...dotándola de [...] una exquisita **fragancia** : fragancia와 aroma는 의미상 큰 차이는 없지만, aroma는 남성 명사이다.

15-1 dotar de algo : ~을 구비한, 갖춘

16 ...sus cualidades terapéuticas **son** un aliciente... : 주어의 특성에 대한 서술이므로 ser동사를 쓴다.

17 ...son un aliciente [...] **ya que** cada una aporta... : ya que (~때문에)는 앞 문장의 원인이나 이유를 설명하는 접속사의 역할을 한다. 이유가 절을 이루고 있으므로 por는 올 수 없고 como가 이끄는 절은 항상 앞에 위치한다.

18 ...cada una (cualidad) aporta un **beneficio**... : beneficio '이익, 이로움'

18-1 en función de algo : ~에 따라, ~에 맞춰

19 Para que no **pierdan** las propiedades... : para que 절에는 항상 접속법 동사가 요구된다.

20 **bastar con** algo/동사원형 : ~로 충분하다, 충족되다

20-1 Pese a (que) : ~에도 불구하고 / lo +형용사 (~한 것) : lo는 형용사를 명사화 한다 / con el fin de algo(동사원형) : ~하기 위하여, ~할 목적으로

주방의 보물

향신료, 또한 조미료라고 불리는 그것은 식물성 원료의 향료에 붙여진 이름인데, 음식을 맛내기 위해 사용된다.

향신료의 근원은 아주 명확하지는 않지만 그들에게 신비한 특성이 있다고 보았기 때문에 처음부터 그토록 탐내어진 것이 분명하다. 또한 최음제와 치료 성분을 가지고 있다는 믿음이 존재하기도 했다.

향신료 교역덕분에 부유해진 이들이 많았고, 비록 거짓말 같기는 해도 교환용 화폐가 되거나 귀금속보다 값이 훨씬 더 나가기도 했다. 시장을 독점하려는 여러 민족 간에 심각한 분쟁을 야기하면서 말이다.

그 때부터 이 환상적인 자연의 산물은 계속 호기심과 동경심을 불러일으켰고, 그로 인해 오늘날 주방에서 없어서는 안 되게 되었다. 소중하게 그리고 적당하게 사용된 그들은 보기 좋은 색과 절묘한 풍취를 더하며 그 어떤 음식이라도 풍요롭게 만든다.

게다가 치료 성분은 그것의 사용에 있어 한 가지 매력을 더하는데, 왜냐하면 그 특질의 기능에 따라 상이한 이로움을 우리의 생체구조에 제공하기 때문이다.

주방에서 없어서는 안 되도록 만든 특성을 소실하지 않기 위해서는 시원하고 어두운 장소에 그들을 보관하는 것으로 충분하다. 몇 년간 보존될 수 있다 하더라도, 최선의 결과를 얻기 위해 가장 좋은 것은 3, 4개월 이상 보관하지 않는 것이다.

[스페인. 『APTC』에서 각색한 글]

Sección 2 : Selección multiple

EJERCICIO 1

Instrucciones

En cada una de las frases siguientes se ha marcado con letra **negrita** *un fragmento. Elija, de entre las tres opciones de respuesta, aquella que tenga un significado equivalente al del fragmento marcado. Por ejemplo* :

- No he hablado todavía con Javier porque el teléfono **está comunicando.**

a) está estropeado
b) no da señal
c) está ocupado

La respuesta correcta es la **c.**

Marque la opción correcta en la **Hoja de Respuestas Número 4.**

다음 문장들 각각에서 한 부분이 진한 글씨체로 표시되어 있다. 해답의 세 선택지 중에서 표시된 부분에 해당하는 의미를 가진 답을 선택하시오. 예를 들어 :

– 전화가 **통화중이라** 난 아직 하비에르와 이야기하지 못했다.

a) 고장이 나서
b) 신호가 가지 않아서
c) 사용 중이라

올바른 답은 c 이다.

4번 답지에 올바른 답을 표시하시오.

21. - ¿Qué opinas del novio de Elba?

- Creo que es demasiado **ordinario** para ella.

a) sencillo

b) vulgar

c) orgulloso

– 엘바의 남자친구에 대해 어떻게 생각해? – 내 생각엔 그녀에게 너무 **천박한** 사람 같아. a) 소박한 b) 거친 c) 거만한	답 : b

22. - ¡Qué anillo tan bonito llevas!

- ¿Te gusta? Ayer entré en una joyería y, como era **una ganga,** me lo compré.

a) barato

b) bonito

c) exclusivo

– 너 정말 예쁜 반지를 끼고 있구나! – 맘에 들어? 어제 귀금속가게에 들어갔는데 **싸서** 구입했어. a) 값싼 b) 예쁜 c) 독특한 ► la ganga : 보통 값싸고 좋은 물건을 일컫는다.	답 : a

23. - Oye, ¿qué te ocurre? Te noto un poco preocupado.

- Nada, que en mi casa, cuando hay que tomar una decisión, nadie me **hace caso.**

a) entiende

b) da la razón

c) presta atención

– 얘, 너 무슨 일 있니? 조금 걱정스러워 보여. – 별일 아냐. 우리 집에선 결정 내릴 일이 있을 때, 아무도 **내 말을 듣지 않아서** 그래. a) 이해하다 b) 동의하다 c) 주의를 기울이다 ► hacer caso a alguien : ~에게 귀 기울이다, 관심을 갖다 ► notar a alguien +형용사 : ~하다고 느끼다	답: c

24. - ¿Qué piensas de la nueva directora?
 - Me gusta mucho, me parece una persona muy **sensata.**
 a) sincera
 b) prudente
 c) sensible

– 새로운 국장에 대해 어떻게 생각해? – 아주 맘에 들어. 굉장히 **사려 깊은** 사람인 것 같아. a) 솔직한 b) 신중한 c) 예민한	답: b

25. - Ayer estuve hablando con Luis y sorprendí a Marta escuchándonos.
 - Sí, es que Marta es muy **chismosa.**
 a) sincera
 b) discreta
 c) curiosa

– 어제 나는 루이스와 이야기하고 있었는데 우리말을 엿듣던 마르따를 발견했어. – 응, 사실은 마르따가 굉장히 **남의 말을 하기 좋아해.** a) 솔직한 b) 신중한 c) 호기심이 많은 (남의 일에 관심이 많은)	답: c

26. - ¿Te gusta la música de Atahualpa Yupanqui?
 - Pues **no me suena.**

a) no me gusta
b) no lo conozco
c) no es mi preferida

– 아따우알파 유팡키의 음악 좋아하니? – **금시초문**이야. a) 좋아하지 않는다 b) 그들을 모른다 c) 내가 좋아하는 음악이 아니다 ► sonar a alguien : (~의 귀에) 익숙하다, 귀에 익다	답 : b

27. - Me encanta la clase de economía.
- A mí la asignatura me gusta, pero la profesora me parece un poco **pesada,** ¿a ti no?
  a) aburrida
  b) exigente
  c) antipática

– 난 경제학 수업이 무척 좋아. – 나도 과목은 좋아. 하지만 교수님이 조금 **지겨운** 것 같아, 넌 안 그래? a) 지겨운 b) 까다로운 c) 심술궂은	답 : a

28. - ¿Qué tal está tu abuelo?
- Pues ya tiene ochenta años y está **como un roble.**
  a) enfermo
  b) mayor
  c) fuerte

– 네 할아버지는 어떠시니? – 이제 여든 살이신데, 마치 **떡갈나무 같으셔.** a) 편찮으신 b) 연세가 드신 c) 강하신	답 : c

29. - ¿Cómo os va en vuestro nuevo bar?
    - Bastante bien, aunque hemos recibido alguna **queja** de la comunidad.
      a) protesta
      b) factura
      c) visita

− 너희들의 새 바는 어떻게 되가니? − 꽤 괜찮아. 비록 동네에서 **항의**를 받기는 했지만 말이야. a) 불평 b) 계산서 c) 방문	답: a

30. - ¿Qué tal el trabajo en la agencia de viajes?
    - Muy bien, pero esta semana con la feria de exposiciones **no damos abasto.**
      a) trabajamos poco
      b) trabajamos mucho
      c) no trabajamos

− 여행사에서의 일은 어때요? − 아주 좋아요. 하지만 이번 주에 박람회로 **눈코 뜰 새 없이 바빠요.** a) 일을 조금 하다 b) 일을 많이 하다 c) 일하지 않다 ► dar abasto : 충분하다, 만족스럽다	답: b

EJERCICIO 2

Instrucciones

Complete las frases siguientes con el término adecuado de los dos o cuatro que se le ofrecen. Marque la opción en la **Hoja de Respuestas Número 4.**

주어진 두 개나 네 개의 단어중 적절한 단어를 골라 다음 문장들을 완성하시오. **4번 답지**에 선택된 답을 표시하시오.

31. - ¿Has visto qué camisa tan cara?
    - Sí, es que esta marca _______ de moda.
    a) es
    b) está

– 얼마나 비싼 셔츠인지 봤어? – 그래, 이 메이커가 유행이기 때문이지. ► estar de moda : 유행이다	ser-estar 구분 (답 : b)

32. - ¿Qué tal la conferencia, te ha gustado?
    - _______ muy bien. He tomado muchas notas.
    a) Ha estado
    b) Ha sido

– 학회는 어땠어, 괜찮았어? – 무척 좋았어. 메모를 많이 했지. ► está muy bien의 현재완료시제이다. ► tomar notas : 메모하다	ser-estar 구분 (답 : a)

33. - Oye Juanjo, mañana hay reunión de profesores a las cinco.
    - ¿Ah, sí? ¿Y dónde _______ la reunión?

a) es
b) está

– 이봐, 후안호, 내일 5시에 교수회의가 있어. – 아, 그래? 회의는 어디에서 하는데? ► 사건이나 행사, 일이 벌어지는 장소를 말할 때는 ser동사 사용. 반면 estar는 사물이나 사람, 동물의 위치를 표현.	ser-estar 구분 (답 : a)

34. - ¿No crees que es demasiado dinero de alquiler para una casa tan pequeña?
 - Pues sí, mira, en eso _______ de acuerdo.
 a) somos
 b) estamos

– 그렇게 작은 집치곤 과한 임대료 같지 않아? – 물론이야, 이것 봐, 그 점에 있어서는 우리의견이 일치하는군. ► estar de acuerdo con alguien (en algo) : ~와 의견 일치하다, ~에 동의하다	ser-estar 구분 (답 : b)

35. - Me dijo Joaquín que ayer os encontrasteis en la calle.
 - Sí, pero no pudimos hablar porque _______ algo de prisa.
 a) tuve
 b) tenía

– 어제 너희들 길거리에서 만났다고 호아낀이 말하던데. – 그래, 하지만 내가 조금 급해서 말은 하지 못했어. ► 과거 행위에 대한 이유를 설명하고 있으므로 불완료과거를 선택한다. ► tener prisa : 급하다 ► algo : 수량이나 정도를 나타내며 un poco와 같은 뜻이다.	부정과거-불완료과거 구분 (답 : b)

36. - ¿Qué tal el viaje?
 - Pues muy bien, la carretera era estupenda y sólo _______ dos horas en llegar.
 a) tardamos
 b) tardábamos

– 여행은 어땠어? – 무척 좋았어. 고속도로가 훌륭해서 도착하는데 고작 두 시간 밖에 걸리지 않았어. ► 단발성에 그친 과거의 일에 대한 설명이므로 부정과거시제가 옳다. ► tardar(se) + 시간 + en + 동사원형/algo : ~하는데 ~시간이 걸리다	부정과거-불완료과거 구분 (답 : a)

37. - ¿Qué te parece si mañana invitamos a Luis a cenar?
   - _______ mí, no hay problema.
   a) Por
   b) Para

– 내일 루이스를 저녁식사에 초대하는 것이 어때? – 나로선 문제될 것이 없어. ► por +사람 : '~과 관련하여'의 의미가 있다.	para-por 구분 (답 : a)

38. - Con el descuento, ¿cuánto cuesta la falda?
   - Como tiene un descuento del 20%, le sale _______ 60 euros.
   a) por
   b) para

– 할인해서 그 치마는 얼마죠? – 20% 할인이 되니까 60유로가 되는군요. ► por +가격 : 구입 시 최종적으로 지불하는 금액 ► salir는 valer, costar와 같은 의미로 쓰이기도 한다.	para-por 구분 (답 : a)

39. - ¿Cuál de estos discos prefieres que te preste?
   - Me da igual, déjame _______.
   a) cualquier
   b) cualquiera

– 이 음반들 중 어떤 것을 빌려주면 좋겠니? – 상관없어, 아무거나 빌려줘. ► cualquiera : 성수변화 없는 대명사 ► dar igual a alguien : ~에게 중요하지 않다, 아무래도 좋다, 마찬가지이다	부정사 (indefinidos) 구분 (답 : b)

40. - ¿Qué quieres cenar?
- Pues me gustaría _______ ligero, como una ensalada, por ejemplo.
a) algun
b) algo

– 저녁으로 뭐 먹고 싶니? – 그럼 난 가벼운 것, 예를 들어 샐러드 같은 것 말야. ► algo : 형용사의 수식을 받고 있는 대명사이고 성수변화를 하지 않는다. Algún은 명사와 쓰여야 하는 형용사이다.	부정사 (indefinidos) 구분 (답 : b)

41. - ¿Sabes? Ayer dijeron en la radio que _______ a bajar las temperaturas.
- Estupendo, a mí me encanta que haga frío.
a) irán
b) iban
c) vayan
d) fueran

– 너 아니? 어제 라디오에서 기온이 내려갈 거라고 하더라. – 잘 됐군. 난 추운 것이 정말 좋아. ► 과거 시점에서의 미래 예측이므로 종속절에 불완료과거나 가정법이 요구된다.	직간접 화법 (답 : b)

42. - Me duele mucho la garganta y no sé qué pastillas tomar.
- ¿No sería mejor que _______ a tu médico directamente en lugar de automedicarte?
a) llamaras
b) llamas
c) llamarías
d) llamarás

– 목이 너무 아픈데 무슨 약을 먹어야할 지 모르겠어. – 스스로 처방하는 것 대신 직접 의사에게 전화해보는 것이 낫지 않을까? ► 주절에 가정법동사가 쓰였으므로 종속절에는 접속법과거 시제가 옳다. ► en lugar de algo/alguien (=en vez de algo/alguien) : ~대신에	시제 구분 (답 : a)

43. - A veces te comportas como si _______ un niño.
- Perdóname, te prometo que no volverá a suceder.
a) eres
b) seas
c) fueras
d) serías

– 가끔 너는 어린아이인 것처럼 행동하는구나. – 미안해, 다신 그런 일 없을 거라고 약속할게. ► como si (마치 ~인 것처럼) : 비현실적 가정에 사용하며 항상 접속법과거와 쓰인다. ► volver a +동사원형 : 다시 ~하다	시제 구분 (답 : c)

44. - No le habrás dicho nada a Selena de nuestro secreto, ¿eh? ¿Te ha preguntado algo?
- No, pero aunque me lo _______ no le habría dicho nada.
a) hubiera preguntado
b) habría preguntado
c) haya preguntado
d) había preguntado

– 우리 비밀에 대해 셀레나에게 아무 말 안했겠지, 그렇지? 너한테 뭐라고 물어보던? – 아니, 하지만 나에게 물어봤더라도 아무 말도 안 해줬을 거야. ► 현실과 반대되는 가정이다. 다음 절에 가정법 완료시제가 쓰였으므로 aunque 절에는 접속법과거완료가 요구된다.	시제 구분 (답 : a)

45. - ¡Otra vez llegamos tarde al cine!
- Cuando lleguemos ya _______ la película. Siempre nos pasa lo mismo.
a) habría empezado
b) empezará
c) habrá empezado
d) empezaría

– 우리 극장에 또 늦었어! – 우리가 도착했을 땐 이미 영화가 시작했을 거야. 항상 똑같은 일이 생긴다니까. ► 미래에 대한 추측이다. 미래 특정 시간에 이미 완료되었을 것 같은 일이므로 미래 완료 시제가 요구된다.	시제 구부 (답: c)

46. - ¿Cómo has llegado acá, en barco o en avión?
    - He venido en barco, no porque me _______ miedo el avión, sino porque me gusta más.
    a) habrá dado
    b) ha dado
    c) da
    d) dé

– 여기 어떻게 왔니, 배로 왔어 아니면 비행기로? – 배로 왔는데요, 비행기가 무서워서가 아니라 배가 더 좋기 때문이에요. ► no porque... sino porque...(~때문이 아니라 ~때문이다) : 이유를 부정하고 정정하는 구문으로, 부정문에는 항상 접속법시제가 요구된다. ► acá (이쪽으로) : 중남미 일부지역에선 aquí보다 많이 사용된다.	직설법- 접속법 구분 (답: d)

47. - Se me ha vuelto a estropear el ordenador.
    - Eres un desastre, no te habría ocurrido esto si _______ un antivirus.
    a) hubieras instalado
    b) hayas instalado
    c) habrías instalado
    d) has instalado

– 컴퓨터가 다시 고장나버렸어. – 넌 정말 골치 덩어리야. 백신을 깔았더라면 이런 문제가 일어나지 않았을 것 아냐. ► 현실의 반대상황에 대한 가정이다. 주절에 가정법 완료시제가 쓰였으므로 si절에는 접속법과거완료가 요구된다.	시제 구분 (답: a)

48. - ¿Tengo que llevar algo para la fiesta de esta noche?
- Con que _______ unos refrescos es suficiente.
a) traerías
b) traes
c) traigas
d) trajeras

– 오늘밤 파티에 무언가 가져가야만 할까? – 음료를 몇 개 가져오는 것으로 충분해. ► con que : 최소한이라고 생각되는 바에 대한 가정으로, 항상 접속법 시제를 쓴다.	직설법- 접속법 구분 (답 : c)

49. - ¿Qué te pasa? Tienes mala cara.
- Estoy preocupado _______ lo del trabajo.
a) a
b) por
c) de
d) en

– 무슨 일 있니? 표정이 안 좋은데. – 직장의 그 일 때문에 걱정이야. ► preocupado(a) por algo : ~을 걱정하는, ~에 대해 걱정하는 ► lo de algo : 이미 언급했거나 알고 있는 주제를 가리키는 표현이다.	관용구 (답 : b)

50. - ¿Quieres que te lleve a clase en coche?
- No gracias, prefiero ir _______ pie.
a) de
b) a
c) en
d) por

– 수업에 자동차로 데려다줄까? – 고맙지만 괜찮아요. 걸어가고 싶어요. ► a pie : 걸어서	관용구 (답 : b)

51. - ¿Has llamado a Lucía para despedirte?
   - Sí, me despedí _______ ella la semana pasada.
   a) a
   b) de
   c) por
   d) con

— 루씨아에게 작별 인사하러 전화했니? — 응, 지난주에 그녀에게 인사했어. ► despedirse de algo/alguien : ~에게 작별인사를 고하다, ~와 헤어지다	관용구 (답: b)

52. - No sé qué regalarle a Patricia _______ su cumpleaños.
   - Cómprale unas gafas de sol, que las necesita.
   a) de
   b) en
   c) a
   d) sobre

— 빠뜨리씨아 생일에 무엇을 선물해야할 지 모르겠어. — 선글라스를 사줘, 그것이 필요하던데. ► en +미래의 날짜: 어떤 일이 실현되거나 끝나게 될 순간을 가리킨다.	전치사 구분 (답: b)

53. - ¿Está la Sra. Manrique?
   - No, lo siento mucho. Está _______ vacaciones
   a) en
   b) de
   c) a
   d) por

— 만리께씨 계십니까? — 죄송합니다. 휴가 중이세요. ► (estar / irse) de vacaciones : 휴가 중이다 / 휴가를 가다	전치사 구분 (답: b)

54. - ¿Te gustan los bombones?
- No, pero a mi novia _______ vuelven loca.
  a) le
  b) les
  c) los
  d) la

– 초콜릿 좋아해? – 아니, 하지만 내 여자 친구는 미쳐버릴 정도야. ► volverse + 형용사 (loco, tonto, idiota...) : '~이 되다, ~로 변하다'는 뜻으로, volverse는 '변하다'라는 의미도 있다.	직간접 목적대명사 구분 (답: d)

55. - No les guardes rencor, en el fondo son buenas personas.
- Pues será buena gente, pero no _______ parecen.
  a) las
  b) les
  c) lo
  d) la

– 그들에게 원한을 갖지는 마. 사실은 좋은 사람들이야. – 좋은 사람들일 수 있겠지. 하지만 그렇지 않아 보여. ► parecer +형용사/부사 (+a alguien) : '(~에게) ~하게 생각되다, 보이다'의 뜻으로, 문제에서는 앞 내용을 전부 대신하는 직접목적대명사가 빠져있다. ► guardar rencor a alguien : ~에게 원한을 갖다	직간접 목적대명사 구분 (답: c)

56. - Te repito que yo no conozco a ninguna Jimena.
- Que sí, hombre, Jimena, la chica _______ vimos el domingo en el cine.
  a) la que
  b) la cual
  c) quien
  d) que

– 다시 말하지만 난 그 어떤 히메나도 모른다니까. – 안다니까 그러네, 히메나, 일요일에 극장에서 본 여자 말이야. ▸ la chica 이후의 형용사절은 선행사 la chica를 수식하고 있다. Quien은 지금처럼 관계사절의 주어로서 제한적 용법에는 쓰이지 못하고, la cual은 명시된 선행사가 있어야 하며, la que는 주격으로 쓰이지 않는 이상 전치사를 수반하는 것이 보통이다.	관계사 구분 (답: d)

57. - ¿Qué prefieres que hagamos esta noche? ¿Vamos al cine o al teatro?
    - _______ tú quieras, cariño.
    a) Lo que
    b) Lo cual
    c) El cual
    d) El que

– 오늘밤 무엇을 했으면 좋겠어? 극장에 갈까 아니면 연극을 보러갈까? – 당신 좋을 대로 해. ▸ 선행문 전체나 일부를 가리키는 lo que와 lo cual의 용법은 같지만(~한 것을), 위에서처럼 선행문 없이 독립용법으로 쓰일 땐 반드시 lo que를 사용한다. 사물이 아닌 행위 전체를 가리키므로 el que는 올 수 없다.	관계사 구분 (답: a)

58. - ¿Te dijo Carla dónde había que llevar el talón?
    - No fue necesario. _______ me lo dijera ya lo sabía.
    a) Apenas
    b) Tan pronto como
    c) Antes de que
    d) Desde que

– 수표를 어디에 가져가야할지 카를라가 네게 말해줬니? – 그럴 필요 없었어. 나에게 말하기 전에 벌써 알고 있었거든. ▸ 문맥상 '~하기 전에'의 뜻을 표현하는 접속사 기능의 전치사 구가 요구됨에 유의한다. Apenas (거의 ~하지 않다) / Tan pronto como (~하자마자) / Desde que (~할 때부터)	접속사 구분 (답: c)

59. - Doctor, ¿cómo se encuentra el presidente?

- Todavía no hemos recibido los resultados de los análisis, _______ no pueda darles un diagnóstico, lo siento.

a) por lo que
b) de ahí que
c) por eso
d) así que

– 선생님, 회장님은 어떠신가요? – 아직 검사 결과를 받지 못했습니다. 그래서 진단을 내려드릴 수가 없군요. 유감입니다. ► de ahí que + 접속법 (그런 이유로) : 앞 표현에 대한 설명으로 정보 제공시 사용하며, 그 결과는 대화자들 모두가 알고 있다 / por lo que, por eso, así que (그래서, 그리하여)는 결과를 나타내며, 뜻은 'de ahí que'와 차이가 없지만 모두 직설법 동사를 쓴다.	접속사 구분 (답 : b)

60. - Entonces, señor Gutiérrez, ¿qué me dice de nuestra oferta de empleo?

- Aceptaré el puesto de trabajo _______ tienen en cuenta las condiciones que les propuse.

a) sólo si
b) siempre y cuando
c) a condición de que
d) en el caso de que

– 그럼, 구띠에레스씨, 저희 측의 고용 제안에 대해선 뭐라고 하시겠습니까? – 제가 여러분들께 제안한 조건을 고려해주신다는 경우에 한해서만 그 직책을 받아들이겠습니다. ► 조건을 제시하는 맥락이다. 'sólo si(~하는 경우에만)'는 가능하고 현실적인 조건일 경우 직설법 동사를 사용한다. 반면, 'siempre y cuando / a condición de que / en el caso de que'도 모두 같은 뜻이지만 공통적으로 접속법 동사를 요구한다. ► tener en cuanta algo/alguien : ~을 고려하다, 생각하다	접속사 구분 (답 : a)

12 de mayo de 2007

PRUEBA 1. COMPRENSIÓN DE LECTURA

Instrucciones

A continuación encontrará usted cuatro textos y una serie de preguntas relativas a cada uno de ellos.

Hay dos modalidades de preguntas:

Primer tipo:

a) Verdadero

b) Falso

Segundo tipo. Selección de una respuesta entre tres opciones:

a) ...

b) ...

c) ...

Marque la opción correcta en la **Hoja de Respuestas Número 1.**

이어서 당신은 4개의 지문과 각 지문과 관련된 일련의 질문들을 만날 것이다.
두 개의 질문 양식이 있다:

첫 번째 타입:

a) 참
b) 거짓

두 번째 타입. 3개의 선택지 중에서 택일:

a) ...
b) ...
c) ...

1번 답지에 선택된 답을 표시하시오.

Texto 1

APRENDER OTRO IDIOMA Y ENSEÑAR ESPAÑOL

A Inglaterra y Francia viajan todos los años decenas de estudiantes y profesionales chilenos para compartir su lengua y su cultura. "Chile es un país sudamericano". Esta fue una de las explicaciones más habituales que Andrés Meza, de 22 años, dio a sus alumnos cuando en septiembre pasado llegó a trabajar a un colegio en Kingston Upon Hull, ciudad industrial al noreste de Inglaterra. A los más curiosos también les contó que venía de Chillán y que estudiaba pedagogía en inglés en una universidad de su país.

Andrés, junto a 30 futuros colegas, está mejorando su inglés mientras enseña español a escolares del Reino Unido, como parte del programa de asistentes de idiomas del *British Council*, organismo para la promoción de la cultura británica. Recibe mensualmente alrededor de 700 libras, unos 700 mil pesos, con los que paga sus desplazamientos, su comida y la habitación que arrienda a John y Liz Healey, un matrimonio mayor, que según cuenta, le trata con mucho cariño. También gana algunas monedas dando clases particulares de español, con lo que le alcanza para salir los fines de semana.

El choque cultural para los chilenos es fuerte, especialmente porque los hábitos sociales con que conviven son muy distintos a los suyos. "La gente que concurre a los *pubs* varía entre los 18 y los 70 años. Me encanta ese contraste de edades, porque el ambiente se vuelve más diverso", afirma Andrés. "Aquí todos dicen *por favor, gracias, y lo siento*. Al principio no me acostumbraba, pero ahora ya lo noto como algo normal", explica Jocelyn Castro, de 23 años. Lleva nueve meses viviendo en Leeds y trabajando en la vecina ciudad de Bradford, donde cumple con doce horas de trabajo semanal. Distribuye su carga laboral entre dos colegios, y aun así le queda mucho tiempo para la vida cultural y el turismo. De hecho, ya ha visitado Alemania, Escocia y España.

El Instituto Chileno-Francés también promueve la inserción temporal de jóvenes chilenos en distintas regiones de Francia para que colaboren en la enseñanza del español. Los puestos de trabajo están dirigidos a profesionales de todo tipo. Los interesados deben proponer su candidatura presentando proyectos para desarrollar paralelamente a su labor docente. Además de volver a Chile con un segundo idioma mucho más fluido, estos jóvenes aprenden a vivir solos en un país muy distinto al propio, lo que les permite valorar aun más su tierra natal.

[Adaptado de *El Mercurio*. Chile]

GRAMÁTICA & VOCABULARIO

- **la decena** (10개, 10년)
- **llegar a +동사원형** (~하게 되다, 결국 ~하다)
- **a + 구체적이지 않은 장소** (al noreste) : 대략적이고 추상적인 위치를 표현한다.
- **junto a algo/alguien** (~와 함께, ~옆에)
- **alrededor de +수량** (약 ~) : 대략의 수량을 나타낸다 (= aproximadamente)
- **dar clase** (가르치다, 수업하다)
- **con el(la/los/las) que** : 2005-05-14 Texto 2 설명 참고
- **volverse +형용사** (~로 변하다, 바뀌다)
- **al principio** (초기에, 처음에) : 'a +일의 진행 단계(mitad, final...)'의 구조이다
- **notar** (~을 눈치 채다, ~라고 느끼다)
- **lleva nueve meses viviendo** : llevar +시간 +현재분사 (~동안 ~을 하다, 해오다)
- **cumplir con algo/alguien** (~을 이행하다, 완수하다, 약속을 지키다)
- **aun así** (그럼에도 불구하고, 그래도) : 앞의 절과 대조되는 상황을 이끈다.
- **de hecho** (사실상, 사실)
- **deber +동사원형** (반드시 ~해야 한다) : 2005-05-14 Texto 1 설명 참고
- **aprender a +동사원형** (~하는 것을 배우다, 습득하다)
- **lo que** (그것은) : 대화중 언급된 바를 가리키며, 주격일 때 전치사를 수반하지 않는다.

다른 언어를 배우고 스페인어를 가르치는 것

매년 수십 명의 칠레 학생들과 전문가들이 자신들의 언어와 문화를 함께 나누기 위해 영국과 프랑스를 방문한다. "칠레는 남미의 한 국가입니다." 이것은 22세의 안드레스 메싸가 지난 9월 영국 북동부의 공업도시 킹스턴 어폰 헐의 한 학교에서 근무하러 도착했을 때 자신의 학생들에게 했던 가장 상투적인 설명 중의 하나이다. 호기심이 더 강한 이들에게는 자신이 치얀에서 왔고, 조국의 한 대학에서 영어교육학을 공부했다는 것 또한 이야기해주었다.

서른 명의 미래의 동료들과 함께 안드레스는 영국 문화 홍보를 위한 기구인 '영국문화원'의 언어 보조 프로그램의 일환으로 영국의 초등학생들에게 스페인어를 가르치는 동안 자신의 영어를 향상시키고 있다. 다달이 약 700파운드, 약 70만 페소 가량을 받는데, 그것으로 교통비, 식비, 그리고 그의 말에 따르면 그를 아주 다정하게 대해주는 연만한 부부인 존과 리즈 힐리에게 빌린 방 값을 낸다. 또한 스페인어 과외수업을 하며 약간의 돈을 버는데, 그것으로 주말에 외출하는데 충분하다.

칠레인들에게 문화 충격은 강하다. 특히 함께 살아가는 사회적 관습이 그들의 것과 매우 다르기 때문이다. "펍에 모이는 사람들은 18세에서 70세까지 차이를 보입니다. 난 그런 나이의 대비가 좋아요. 왜냐하면 분위기가 너 다양해지거든요" 라고 안드레스는 말한다. "이곳에선 모두들 '부탁합니다', '감사합니다', '미안합니다'라고 말하지요. 처음엔 익숙해지지 않았어요. 하지만 이젠 그것을 평범한 것으로 느낍니다"라고 23세의 호쎌린 카스트로는 설명한다. 그녀는 9개월 동안 리즈에 살면서 이웃 도시인 브래드포드에서 일하고 있는데, 그곳에서 주당 열두 시간의 근무시간을 채우고 있다. 자신의 일을 두 학교에 나누어 놓았는데, 그럼에도 불구하고 문화생활과 관광을 위한 시간이 남는다. 실제로 독일, 스코틀랜드, 스페인을 이미 다녀오기도 했다.

칠레-프랑스 협회 역시 칠레 젊은이들이 스페인어 교습에 참여하도록 프랑스 여러 지역으로의 일시적인 편입을 독려한다. 일자리는 온갖 종류의 숙련가들을 대상으로 한다. 관심 있는 사람들은 교수자로서의 일을 병행하기 위한 계획을 설명하는 지원서를 제시해야만 한다. 훨씬 더 유창해진 제2외국어와 함께 칠레로 돌아가는 것 외에 이 젊은이들은 자신의 것과 무척 다른 나라에서 혼자 사는 법을 배우고, 이는 그들로 하여금 조국을 훨씬 더 소중하게 생각하도록 만든다.

[칠레. 『엘 메르꾸리오』 신문에서 각색한 글]

PREGUNTAS

1. Según el texto, Andrés Meza paga sus gastos con el dinero que gana dando clases de español.
   a) Verdadero
   b) Falso

2. Según el texto, Jocelyn Castro afirma que desde el principio se adaptó bien a los hábitos sociales británicos.
   a) Verdadero
   b) Falso

3. Según el texto, el Instituto Chileno-Francés convoca puestos de trabajo temporal para chilenos en toda Francia.
   a) Verdadero
   b) Falso

1. 위 글에 의하면, 안드레스 메싸는 스페인어를 가르치며 버는 돈으로 자신의 경비를 지불한다.	답: a
2. 위 글에 의하면, 호쎌린 카스트로는 처음부터 영국의 사회적 관습에 잘 적응했다고 한다.	답: b
3. 위 글에 의하면, 칠레-프랑스 협회는 칠레인을 대상으로 하는 한시적인 채용공고를 프랑스 전국에 낸다.	답: a

Texto 2

FORMANDO PEQUEÑOS LECTORES

Sofía Agüero, una nena de 7 años de la Escuela N.°13 *General Enrique Mosconi*, de Ensenada(Argentina), solía llegar a su casa del colegio y prender automáticamente la televisión ; casi todos los días se pasaba cinco horas frente a la "caja tonta". Pero desde que su escuela incorporó hace un año, una riquísima biblioteca, se lleva un libro por semana a su casa para leer y dice que la tele la aburre cada vez más. "Me encanta tirarme en el piso con un cuento y después dibujar lo que me imaginé en mi cabeza", dice Sofía.

Sabrina Córdoba, de tercer grado, cuenta que con una biblioteca tan tentadora la lectura se convirtió en un pasatiempo diario. "Tanto, que mi papá decidió empezar a gastar parte de su sueldo en libros para mí. Me compra dos por mes y me encanta. Ya tengo dos repisas llenas de libros en casa", comenta entusiasmada.

Sofía y Sabrina son sólo dos de los 80 estudiantes que se beneficiaron del proyecto *Formando Pequeñas Lectores*, que la Fundación Cimientos(organización sin fines de lucro, dedicada a promover la igualdad de oportunidades educativas) apoya y financia desde el año pasado con resultados muy favorables : ha devuelto a muchos chicos el placer de la lectura, a la vez que les ha restado horas de dedicación a la TV.

Como parte de su programa de apoyo a escuelas, la Fundación Cimientos seleccionó el año pasado 47 escuelas rurales y urbanas de Chubut, Santa Cruz, Tierra del Fuego, Tucumán y Gran Buenos Aires para apoyar económica y pedagógicamente sus proyectos educativos con una finalidad específica : mejorar los aprendizajes en lengua y matemáticas. La Fundación seleccionó los mejores proyectos recibidos, donó mucho dinero a cada escuela(unos 4000 pesos de promedio) para que pudieran llevarlos a cabo durante dos ciclos lectivos y se encargó de visitar las escuelas quincenalmente para comprobar la ejecución de los planes, orientar a los docentes y examinar la aplicación de los fondos.

La directora de la Escuela N.° 13 de Ensenada, Liliana Baiocchi, está muy orgullosa de lo que lograron sus alumnos de 6 a 9 años. "Con los 4000 pesos recibidos de La Fundación Cimientos, compramos más de 200 libros nuevos de cuentos de calidad, almohadones y sillas cómodas para que los chicos disfruten de la lectura", explicó. En cuanto a los resultados, hay que estar satisfechos porque, además de mejorar la biblioteca escolar, se incrementó en un 100% el préstamo de libros para llevar a la casa, mejoró el vocabulario y la ortografía de los alumnos, se fortaleció la autoestima de los pequeños y se logró una mayor presencia de los padres en la escuela a través de maratones y jornadas literarias.

[Adaptado de *La Nación.* Argentina]

GRAMÁTICA & VOCABULARIO

- **el nene / la nena** (어린 아이)
- **soler +동사원형** (종종 ~하다, 자주 ~하고는 하다)
- **por +시간단위** (~마다) : 어떤 행위의 주기를 가리킨다 (= a el/la +시간단위)
- **tanto, que...** (그래서 ~하게 되다)
- **empezar a +동사원형** (~을 시작하다)
- **gastar algo en algo** (~을 ~에 사용하다, 쓰다)
- **lleno(a) de algo** (~으로 가득한)
- **beneficiarse de algo** (~에서 이익을 얻다)
- **a la vez (que)** (~와 동시에)
- **como +관사 생략된 명사** (~로서, ~자격으로)
- **de promedio** (평균, 평균치)
- **llavar (algo) a cabo** (~을 완수하다, 수행하다, 끝내다)
- **encargarse de algo/동사원형** (~을 담당하다, 맡다, 책임지다)
- **quincenalmente** (15일마다, 보름마다)
- **estar orgulloso(a) de algo/alguien** (~에 대해 자랑스러워하다, 긍지를 갖다)
- **disfrutar de algo** (~을 만끽하다, 즐기다)
- **en cuanto a algo/alguien** (~와 관련하여, ~에 관하여)
- **además de algo/alguien** (~외에, ~말고도)
- **a través de algo/alguien** (~을 통하여)

작은 독자들을 키우며

엔세나다(아르헨티나)의 '헤네랄 엔리께 모스꼬니' 제13학교의 일곱 살 여자아이 소피아 아구에로는 학교에서 집으로 돌아와 자동적으로 TV를 켜고는 했다. 거의 매일 5시간을 "바보상자"앞에서 보냈던 것이다. 그러나 1년 전 학교에서 풍성한 도서관을 개설한 이후로 독서를 위해 주당 한권씩의 책을 집으로 가져왔는데, TV가 점점 더 지겨워진다고 말한다. "동화책을 들고 바닥에 드러눕는 것이 좋아요. 다음엔 머릿속에서 상상했던 것을 그리는 것도요"라고 소피아는 말한다.

3학년인 사브리나 꼬르도바는 그렇게 유혹적인 도서관과 함께 독서가 일상적인 오락으로 변했다고 한다. "저를 위해서 우리 아빠가 월급의 일부를 책에 쓰시기로 결정하셨을 정도니까요. 다달이 제게 두 권을 사주시는데 너무 좋아요. 집에 이미 책으로 꽉 찬 책장이 두 개 있어요"라고 그녀는 흥분하여 말한다.

소피아와 사브리나는 '작은 독자들을 키우며' 프로젝트의 혜택을 입은 80명의 학생 중 단 두 명에 불과한데, 이는 '토대 재단(수익의 목적 없이 교육 기회의 평등을 장려하기 위한 기구)'이 매우 바람직한 결과를 가지고 작년부터 지원하고 비용을 댄다. 많은 어린이들에게 독서의 기쁨을 되찾아 주었고, 동시에 TV에 쏟는 시간을 줄였던 것이다.

학교 지원 프로그램의 일환으로, 작년에 토대 재단은 특정한 목적을 지닌 교육 프로젝트를 경제적, 교육학적으로 지원하기 위해 추붓, 산따 끄루스, 띠에라 델 푸에고, 뚜꾸만, 그란 부에노스아이레스에서 시골과 도시 학교를 47개 선정했다. 목적이란 바로 언어와 수학 학습을 개선하는 것이었다. 재단은 제출받은 최선의 프로젝트를 가려 두 번의 독서 주기 동안 그것을 완수하도록 많은 돈(평균 4천 페소 가량)을 각 학교에 기부하였고, 계획의 실행 확인과 교수자 지도, 기금 활용의 감시를 위해 매 15일마다 학교를 방문하는 일을 도맡았다.

엔세나다의 제13학교 교장인 릴리아나 바이오치는 6세에서 9세 사이의 학생들이 성취한 바에 대해 굉장히 자랑스러워한다. "토대 재단에서 받은 4천 페소로 우리는 200권 이상의 수준 있는 새 동화책들과 아이들이 독서를 즐기도록 하기 위한 방석과 편안한 의자들을 구입했습니다"라고 그녀는 설명한다. 학교 도서관을 개선했다는 것 외에도, 집으로 가져가기 위한 도서 대여가 100% 증가했고, 학생들의 어휘력과 철자법이 향상되었으며, 어린이들의 자긍심이 강해졌고, 마라톤이나 독서의 날 등을 통해 학부모가 학교에 더 많이 나타나도록 만들었기 때문에 결과에 관한한 만족스러워해야만 한다.

[아르헨티나. 『라 나씨온』 신문에서 각색한 글]

PREGUNTAS

4. Según el texto, ahora a Sofía y a Sabrina les gusta leer porque :
   a) la televisión las aburre.
   b) sus padres les compran libros.
   c) en su escuela hay una buena biblioteca.

5. En el texto se dice que la Fundación Cimientos :
   a) financia proyectos en centros educativos.
   b) recaudó 4000 pesos para material escolar.
   c) colabora con las mejores escuelas de Argentina.

6. En el texto Liliana Baiocchi comenta que :
   a) el éxito del proyecto se debe a los estudiantes de 6 a 9 años.
   b) la Fundación Cimientos donó a su escuela 200 libros.
   c) con la donación han mejorado la biblioteca del centro.

4. 위 글에 의하면, 이제 소피아와 사브리나가 독서를 좋아하는 이유는: a) TV가 지겨워졌기 때문이다. b) 부모님이 책을 사주기 때문이다. c) 학교에 좋은 도서관이 있기 때문이다.	답: c
5. 위 글에서 토대 재단은: a) 교육 기관들에서의 프로젝트를 재정적으로 지원한다. b) 학습 재료를 위해 4천 페소를 모금했다. c) 아르헨티나 최고의 학교들과 협력한다.	답: a
6. 위 글에서 릴리아나 바이오치가 말한 것은: a) 프로젝트의 성공은 6세에서 9세사이의 학생들 덕분이다. b) 토대 재단이 자신의 학교에 책 200권을 기부했다. c) 기부금으로 학교의 도서관을 개선했다. ► deberse a algo/alguien : ~에 기인한다, ~때문이다	답: c

Texto 3

DISPUTAS Y RUPTURAS ENTRE SOCIOS

He aquí un dato que llama la atención : más del 80% de las asociaciones profesionales no duran más de cinco años. Las formas de ruptura son variadas y van desde la separación amistosa hasta la separación dolorosa en la que se pierden dinero y clientes. Pero, ¿por qué una relación profesional que comenzó con una gran ilusión termina tan mal? Por los desacuerdos entre socios.

El motivo más frecuente de los desacuerdos es el dinero ; cuando la emoción inicial se modera, alguno de los socios empieza a calcular en privado cuánto dinero aporta más que los otros y entonces se da cuenta de que ganaría más si no tuviese que compartir los beneficios. El segundo motivo tiene que ver con la eficiencia y la eficacia ; es indiscutible que nadie, por muy bueno que sea, trabaja mejor que nosotros. El tercero está relacionado con algo tan sencillo, pero a la vez tan conflictivo, como el estilo profesional : el modo de vestir, la inversión en decoración de la consulta, oficina o despacho, el modo de atender a los clientes... El cuarto motivo tiene su origen en la desconfianza ; la duda lo mata todo y alguien empieza a hacerse preguntas : ¿estará desviando trabajo sin que yo me entere?, ¿qué hace las horas que no está aquí?, ¿por qué no me avisó de aquella transferencia bancaria? Y el quinto motivo está ligado - es ley de vida - al paso del tiempo : podemos estar de acuerdo con alguien en todo hoy, pero no dentro de cinco años.

La lista de posibles motivos de desacuerdos sería interminable. ¿Es, por tanto, mejor no asociarse? No necesariamente. Lo que hay que tener claro es cómo conservar una asociación profesional. Sus pilares son muy parecidos a los que sostienen un matrimonio o una amistad : comunicación, comprensión, paciencia, confianza y flexibilidad. Es fundamental aceptar que nadie hará las cosas como las haríamos nosotros ; cada socio tiene su estilo, y hay que respetarlo, nos guste o no. Lo importante es decir en todo momento a los socios lo que uno piensa y escuchar lo que piensan ellos: la comunicación es el eje de todo ; sin comunicación, diaria y sincera, no hay asociación que dure más de cinco años.

[Adaptado de *El País Semanal*. España]

GRAMÁTICA & VOCABULARIO

- **He aquí** (여기 있다) : 지시부사 he는 장소부사와 함께 쓰여 '있다'의 뜻을 갖는다.
- **llamar la atención (a alguien)** (~의 흥미나 관심을 끌다)
- **más de + 수치, 수량의 단위** (~보다 더) : 대략적인 수량을 표현한다.
- **en la que** : 2005-05-14 Texto 2 설명 참고
- **en privado** (개인적으로, 사적으로)
- **darse cuenta de algo** (~에 대해 깨닫다, 눈치 채다) : cuenta는 '계산'을 의미. 계산이 된다니, 이해했다는 의미로 받아들일 수 있음.
- **tener que ver con algo/alguien** (~와 관련이 있다, 상관있다) : 볼일이 있다는 뜻이므로 관련이 있다는 의미로 쓰인다.
- **por muy +형용사/부사 +que** (아무리 ~하더라도)
- **a la vez** (동시에)
- **hacerse preguntas** : 재귀동사로 쓰였으므로 '자문하다'의 뜻이다.
- **enterarse (de algo)** (~에 대해 깨닫다, 눈치 채다, 알게 되다)
- **estar ligado(a) a algo/alguien** (~에 연결되어 있다)
- **estar de acuerdo con alguien en algo** (~에 대해 ~와 의견이 일치하다, 동의하다)
- **dentro de + 시간** (~안에) : 어떤 일이 발생하기까지 걸리는 시간을 가리킨다.
- **por (lo) tanto** (그래서, 그리하여)
- **lo que** (**~한 것**) : 선행사가 없는 상태에서 형용사를 이끌어 주격으로 사용된다.
- **tener claro** (= tener las ideas claras)
- **parecido(a) a algo/alguien** (~을 닮은, ~와 유사한)
- **guste o no a alguien** (~의 마음에 들던 들지 않던 간에)
- **uno(a)** : 부정대명사. 불특정한 사람(사물) 누구에게나 해당되는 이야기를 할 때 사용.

동업자간의 분쟁과 결별

여기 주목을 끄는 자료가 하나 있다. 동업자관계의 80% 이상이 5년 이상 지속되지 않는다는 것이다. 결별의 형태는 다양해서 우정 어린 헤어짐에서부터 돈과 고객을 잃는 고통스런 이별까지 있다. 그런데 크나큰 꿈과 함께 시작한 직업상의 관계가 왜 그토록 나쁘게 끝나는 것일까? 동업자간의 불화 때문이다.

불화의 가장 빈번한 동기는 돈이다. 처음의 감정이 잦아들 때쯤 동업자들 중 누군가 다른 사람들보다 얼마만큼의 돈을 더 가져갈 수 있는지 혼자서 계산하기 시작하고, 그때 서야 만일 이익을 나눌 필요가 없다면 훨씬 많이 벌어들일 수 있다는 것을 깨닫는다. 두 번째 동기는 효율성과 능력이 연관되어있다. 아무리 유능하다 할지라도 그 누구도 우리 보다 일을 더 잘하지는 않는다. 세 번째는 옷 입는 법, 진료실이나 사무실, 사무소 인테리어의 투자, 고객을 접대하는 방법 등의 작업 스타일처럼, 단순하지만 동시에 충돌을 야기하는 것과 관계가 있다. 네 번째 동기는 불신에 그 근원이 있다. 의심은 모든 것을 없애버린다. 그리고 누군가는 스스로에게 질문하기 시작한다. 내가 눈치 채지 못하게 일을 빼돌리고 있는 걸까? 여기 없는 시간 동안 무엇을 하는 거지? 왜 나에게 그 송금에 대해 알려주지 않은 걸까? 다섯 번째 동기는 시간의 흐름에 연관 되어있다(인생의 법칙이다). 오늘 우리는 누군가와 매사에 의견일치를 볼 수 있지만, 5년 내에는 그렇지 않을 수 있다.

있을법한 불화의 동기 목록은 끝이 없을 것이다. 그럼 동업을 하지 않는 편이 나은 걸까? 꼭 그렇지만은 않다. 명확하게 해야만 할 것은 사업상의 동업관계를 어떻게 유지하느냐 하는 것이다. 그것의 주춧돌은 부부관계나 친구관계를 받치는 그것과 매우 흡사하다. 즉, 대화, 이해, 인내심, 믿음 그리고 융통성인 셈이다. 아무도 그 일을 우리가 하는 것처럼 하지는 않을 것이라는 사실을 받아들이는 것이 중요하다. 각각의 동업자는 자신만의 스타일이 있고, 우리 마음에 들던 들지 않던 간에 그것을 존중해야만 한다. 중요한 것은 자신이 생각하는 바를 매 순간 동업자에게 말하고, 그들이 생각하는 바를 경청하는 것이다. 대화는 모든 것의 중심축이다. 매일 진솔한 대화 없이는 5년 이상 유지되는 동업관계란 존재하지 않는다.

[스페인. 『주간 엘 빠이스』에서 각색한 글]

PREGUNTAS

7. Según el autor del texto, la mayoría de las asociaciones profesionales se rompe principalmente :
   a) porque los socios pierden la ilusión.
   b) por motivos económicos.
   c) porque un socio siempre trabaja más que el otro.

8. El autor del texto cree que uno de los motivos que separa a los socios es :
   a) la falta de confianza.
   b) la ausencia de clientes.
   c) el engaño.

9. Según el autor del texto, la clave para conservar una asociación profesional es:
   a) la amistad.
   b) la fidelidad.
   c) la comunicación.

7. 위 글의 저자에 의하면, 대부분의 직업상 동업관계가 깨지는 것은 주로: a) 동업자들이 꿈을 잃어버리기 때문이다. b) 경제적인 이유 때문이다. c) 언제나 한 동업자가 다른 동업자보다 일을 많이 하기 때문이다.	답: b
8. 이 글의 저자는 동업자들이 헤어지게 만드는 이유 중 하나가 다음이라고 생각한다. a) 믿음 부족 b) 고객 부재 c) 거짓말	답: a
9. 위 글의 저자에 의하면, 직업상 동업관계를 유지하는 비결은 다음과 같다. a) 우정 b) 의리 c) 대화	답: c

Texto 4

LA BIBLIOTECA DE MI BISABUELO

Todos los días al salir de la universidad caminaba hasta la calle Washington y me detenía un momento a mirar, por entre las verjas, los muros grises de una casona en la que sabía que se conservaba la biblioteca de mi bisabuelo.

De ésta había oído hablar a mi padre. Mientras mi bisabuelo vivió, los diez mil libros estuvieron en la casa familiar de la calle Espíritu Santo. Pero a la muerte de mi bisabuelo, sus hijos se repartieron sus bienes y la biblioteca le tocó al tío Ramón, que era profesor universitario.

Ramón era casado con una señora riquísima pero que tenía muy mal humor. Como no tenía hijos, hizo de mi padre su sobrino preferido. Cuando mi tío quiso trasladar la biblioteca de la casa de Espíritu Santo a su casa de la calle Washington, mi padre fue el encargado de la mudanza.

Contaba mi padre que en trasladar los miles de libros tardó un mes. Tuvo que escalar altísimas estanterías, encajonar los libros, llevarlos a la otra casa, volver a ordenarlos y clasificarlos. Cuando terminó su trabajo, quedó cansado para el resto de su vida. Pero todo ese cansancio tenía su recompensa. Cuando tío Ramón le preguntó qué quería que le dejara al morir, mi padre respondió sin vacilar :

- Tu biblioteca.

Mientras tío Ramón vivió, mi padre iba regularmente a leer a su casa. Ya desde entonces se familiarizaba con un bien que algún día sería suyo. Como mi bisabuelo había sido un erudito, su biblioteca era la de un humanista y constituía la suma de lo que un hombre culto debía saber a finales del siglo XIX. Más que en la universidad mi padre se formó con esos libros. Los años más felices de su vida, repetía a menudo, fueron los que pasó sentado en un sillón de esa biblioteca, leyendo con pasión todos los libros que caían en sus manos.

Sin embargo nunca poseyó ese tesoro. Tío Ramón murió de repente y sin hacer testamento. La biblioteca con el resto de sus bienes pasaron a propiedad de su viuda, quien siempre odió a nuestra familia y a mi padre en particular. Jamás quiso que la visitáramos y optó por encerrarse en su casa de la calle Washington. Años más tarde cerró la casa y se fue a vivir con unos parientes a Buenos Aires. Mi padre pasaba a menudo delante de esa casa, miraba su verja, sus ventanas cerradas e imaginaba las estanterías donde continuaban alineados los libros que nunca terminó de leer.

Y cuando mi padre murió, yo heredé esa esperanza y confiaba en que alguna vez la biblioteca de mi bisabuelo regresaría a nuestra familia.

[Adaptado de Julio Ramón Ribeyro, *Cuentos Completos*. Perú]

GRAMÁTICA & VOCABULARIO

- **al +동사원형** (~하자마자) : cuando 구문으로 대체가능하다
- **por entre algo** (~사이를 통해, ~사이로)
- **en la que** : 2005-05-14 Texto 2 설명 참고
- **a +일의 진행 단계(la muerte, finales) (~할 때)** : 상황 진행 중 사건 설명에 사용.
- **tener buen/mal humor** (좋은/나쁜 성격을 가지고 있다, ~성격이다)
- **como +이유, 원인** : 항상 앞 문장에서 다음 사건이나 일의 이유를 설명한다.
- **hacer de alguien +algo** (~을 ~으로 하다, 만들다)
- **tardar(se) +시간 + en +algo/동사원형** (~하는데 ~시간이 걸리다)
- **volver a +동사원형** : 다시 ~하다
- **quedar +과거분사** (~한 상태가 되다, ~했다) : 완료된 일이나 행위를 나타낸다
- **a menudo** (자주) / ▸ **sin embargo** (그럼에도 불구하고)
- **de repente** (갑자기 = repentinamente)
- **en particular** (특히 = particularmente)
- **jamás** (결코 ~하지 않다)
- **optar por +algo/동사원형** (~을 선택하다, 고르다)
- **terminar de +algo/동사원형** (~을 끝내다, 마치다)
- **confiar en +algo/alguien** (~을 신뢰하다, 믿다)

내 증조부의 서고

대학에서 나오면 나는 매일 워싱턴거리까지 걸어가고는 했는데, 내 증조부의 장서가 보관되어 있다고 알고 있는 한 저택의 회색빛 담장을 쇠창살 사이로 바라보기 위해 잠시 멈춰 서고는 했다. 이 장서에 대해서는 아버지께서 말씀하시는 것을 들었었다. 증조부께서 살아계신 동안은 만권의 책이 에스뻬리뚜 산또 거리의 집에 있었다. 그러나 증조부께서 돌아가시자 자제들은 그분의 재산을 분배하였는데, 장서는 대학교수였던 라몬 삼촌께 돌아갔다.

라몬 삼촌은 아주 부유하긴 했으나 성격이 매우 나쁜 여자와 결혼했다. 자손이 없었으므로 나의 부친이 가장 아끼는 조카가 되었다. 삼촌께서 에스뻬리뚜 산또 거리의 집에서 워싱턴 거리의 당신

집으로 서고를 옮기고자 하셨을 때, 아버지께서 그 이사의 책임자가 되었다.

아버지는 책 수천 권의 이사에 한 달이 걸렸다고 말씀하시곤 했다. 그는 아주 높다란 책장을 타고 올라야했고, 책들을 상자에 보관해서 다른 집으로 가져가야만 했으며, 다시 그것들을 정리하고 분류해야만 했다. 그 일이 끝났을 때는 평생 동안 지속될 정도로 지쳐버렸다. 그러나 그 모든 피곤함은 댓가가 있었다. 라몬 삼촌이 당신이 돌아가시면 무엇을 물려주랴하고 아버지께 물으셨을 때, 부친은 머뭇거리지 않고 대답하셨다.

"서고요."

라몬 삼촌이 살아계시는 동안, 나의 부친은 독서를 하러 그분 댁에 정기적으로 가시고는 했다. 이미 그때부터 언젠가 당신 것이 될 재산과 친숙해지셨던 것이다. 나의 증조부께서 박식한 분이셨으므로, 그분의 서고는 인문주의자의 그것이었고 19세기 말에 교양 있는 사람이 알아야만 하는 것의 총합을 이루고 있었다. 부친은 대학에서보다 그 책들과 함께 성장하셨다. 아버지의 일생에서 가장 행복했던 시기는 그 서고의 의자에 앉아 손에 잡히는 모든 책들을 열성적으로 독파하며 보낸 시간들이었다고 자주 반복해서 말씀하시고는 했다.

그럼에도 불구하고, 그는 단 한 번도 그 보물을 소유한 적이 없었다. 라몬 삼촌께서 갑자기 유언도 없이 돌아가셨던 것이다. 서고는 나머지 재산과 함께 미망인의 소유로 넘어갔고, 그녀는 항상 우리 가족과 특히 나의 부친을 미워하였다. 그녀는 우리가 방문하는 것을 결코 원하지 않았고, 워싱턴 거리의 집에 틀어박히는 것을 선택하였다. 몇 년 후, 그녀는 집을 걸어 잠그고 친척 몇 명과 함께 부에노스아이레스에서 살기 위해 떠나버렸다. 나의 부친은 자주 그 집 앞을 지나치며 철책과 굳게 닫힌 창문을 바라보셨고, 한 번도 다 읽어보지 못한 책들이 여전히 줄맞춰 늘어서있는 책장들을 상상하셨다.

그리고 아버지가 돌아가시자 내가 그 희망을 물려받았고, 언제가 내 증조부의 서고가 우리 가족에게로 돌아오리라고 믿는다.

[페루. 훌리오 라몬 리베이로 『이야기 전집』에서 각색한 글]

PREGUNTAS

10. Según el narrador, cuando el bisabuelo murió, el tío Ramón :
    a) conservó la biblioteca en la antigua casa familiar.
    b) heredó la biblioteca.
    c) se mudó.

11. El narrador cuenta que su padre :
    a) amplió la biblioteca.
    b) era un humanista.
    c) disfrutaba leyendo en la biblioteca.

12. Según el narrador, la viuda del tío Ramón :
    a) no se relacionaba con la familia de su padre.
    b) vendió la casa de la calle Washington.
    c) trasladó la biblioteca a Buenos Aires.

10. 화자에 의하면, 증조부가 돌아가시자 라몬 삼촌은: a) 옛날 집에 서고를 보존하였다. b) 서고를 물려받았다. c) 이사하였다.	답: b
11. 화자에 따르면 그의 아버지는: a) 서고를 확장하였다. b) 인문주의자였다. c) 도서관에서 책을 읽으며 즐거워했다.	답: c
12. 화자에 의하면, 라몬 삼촌의 미망인은: a) 부친의 가족과 관계하지 않았다. b) 워싱턴 거리의 집을 팔았다. c) 서고를 부에노스아이레스로 옮겼다.	답: a

PRUEBA 2. EXPRESIÓN ESCRITA

Parte número 1 : Carta personal

Instrucciones

Redacte una carta de **150-200 palabras** *(15-20 líneas).*
Escoja sólo una de las dos opciones que se le proponen.
Escriba la carta definitiva en la **Hoja de Respuestas Número 2.**
Comience y termine la carta como si fuera real.

150-200 **단어**(15-20줄) 정도의 편지를 쓰시오.
제시된 두 개의 선택사항중 하나만 고르시오.
2번 **답지**에 결정된 편지를 쓰시오.
실제인 것처럼 편지를 시작하고 끝마치시오.

Opción 1

Se cumple el décimo aniversario de la creación de la escuela donde usted ha estudiado español y, para celebrarlo, se está organizando una reunión de antiguos alumnos. Escríbale una carta a uno de sus antiguos compañeros. En ella deberá :

- saludarle y presentarse ;
- explicarle dónde, cuándo y cómo será la reunión ;
- pedirle que avise a otro compañero o compañera ;
- despedirse y pedirle que confirme su asistencia.

Opción 2

Usted es el/la presidente/a de una asociación de estudiantes de español en su país. Todos los años su asociación realiza un viaje a un país donde se habla español. Este año usted se encarga de organizar el viaje. Escriba una carta a los miembros de su asociación para informarles sobre el viaje de este año. En ella deberá :

- saludarles y anunciarles el país que van a visitar ;
- señalar la fecha, duración y precio del viaje ;
- informar de las actividades programadas y los lugares que van a visitar ;
- rogar confirmación.

Opción 1

당신이 스페인어를 공부했던 학교의 열 번째 개교기념일이다. 그것을 기념하기 위해 동문회가 마련되고 있다. 동문 중 한명에게 편지를 쓰시오. 편지에는 다음을 포함하시오:

– 인사하고 자신을 소개하기
– 동문회가 언제, 어디서, 어떻게 열릴 것인지 설명하기
– 다른 동문에게 알릴 것을 부탁하기
– 참석여부 확인을 부탁하고 작별인사하기

Opción 2

당신은 당신나라에서 스페인어 학생들 모임의 회장이다. 매년 당신의 모임은 스페인어를 사용하는 한 국가로 여행을 간다. 올해 당신은 이 여행의 조직을 맡고 있다. 올해의 여행에 대해 보고하기 위해 모임의 회원들에게 편지를 쓰시오. 편지에는 다음을 포함하시오:

– 인사하고 방문하게 될 나라를 알려주기
– 날짜, 기간, 여행비 공지하기
– 예정된 활동과 방문하게 될 장소를 알려주기
– 확답을 부탁하기

Parte número 2 : Redacción

Instrucciones

Escriba una redacción de **150-200 palabras** *(15-20 líneas).*
Escoja sólo una de las dos opciones que se le proponen.
Escriba la redacción definitiva en la **Hoja de Respuestas Número 2.**

150-200 **단어**(15-20줄) 정도의 글을 쓰시오. 제시된 두 개의 선택사항중 하나만 고르시오. 2번 **답지**에 결정된 글을 쓰시오.

Opción 1

Todos hemos pasado alguna vez unas vacaciones muy especiales. Escriba un texto en el que cuente :

- dónde y cuándo fueron esas vacaciones ;
- con quién estaba ;
- alguna anécdota curiosa que tuviera lugar ;
- por qué fueron especiales.

Opción 2

Hay quien afirma que existen grandes diferencias entre ser turista o viajero. Escriba un texto en el que deberá :

- dar argumentos a favor o en contra de esta afirmación ;
- expresar su opinión al respecto ;
- proporcionar ejemplos que justifiquen su opinión ;
- elaborar una breve conclusión.

Opción 1

우리 모두는 한번쯤은 매우 특별한 휴가를 보낸 적이 있다. 다음 사항이 포함된 글을 쓰시오:

- 그 휴가의 장소와 시간
- 함께 했던 사람
- 발생했던 흥미로운 일화
- 특별했던 이유

Opción 2

관광객과 여행자 간에는 큰 차이가 있다고 하는 사람들이 있다. 다음 사항이 포함된 글을 쓰시오:

- 이 주장에 찬성하는지 반대하는지 설명하시오.
- 이와 관련된 의견을 피력하시오.
- 당신의 의견을 뒷받침할 만한 예를 드시오.
- 짧은 결론을 도출하시오.

PRUEBA 4. GRAMÁTICA Y VOCABULARIO

Sección 1: Texto incompleto

Instrucciones

Complete el siguiente texto eligiendo para cada uno de los huecos una de las tres opciones que se le ofrecen.

Puede utilizar esta página como borrador, si lo estima conveniente.

Marque la opción elegida en la **Hoja de Respuestas Número 4.**

다음 지문에서 각각의 빈칸을 주어진 세 개의 선택지 중 하나를 골라 완성하시오. 필요하다면 이 페이지를 연습지로 사용할 수 있습니다. **4번 답지**에 선택된 답을 표시하시오.

YOGA PARA PERROS

Para muchas personas, poseer un perro se ha vuelto casi tan importante como tener un hijo ; el perro condiciona su estilo de vida y no escatiman tiempo, dinero o esfuerzo para lograr que sus mascotas ___1___ felices : manicura, peluquería, piscina para perros ___2___ utilizadas desde hace tiempo y lujosos hoteles o exquisitas comidas para perros han tenido mucho éxito.

Pero lo ___3___ en moda para perros es mucho más sofisticado y espiritual : clases de yoga. Para ___4___ con el estrés, los perros reciben clases de *doga*, que así se llama al yoga practicado por perros. Si un perro ___5___ muy rápido, está agitado o es difícil de controlar, esta ancestral técnica hindú puede ser ___6___ gran solución : después de una sesión de 30 minutos, hasta el más estresado de los perros se relaja totalmente y ___7___ en un ser de lo más calmado.

La práctica del *doga* comenzó ___8___ diez años en un gimnasio de Nueva York. John

Taylor, experto monitor de yoga y un ___9___ amigo de los perros, pensó que ___10___ muy positivo, tanto para los dueños ___11___ para sus mascotas, compartir la práctica del yoga ; ___12___ pareció una forma de afianzar y enriquecer las relaciones persona-perro a través de una actividad diferente, basada ___13___ la búsqueda de la relajación, apta ___14___ todo tipo de personas y mascotas, ___15___ para las poco dadas a actividades físicas intensas.

El *doga* ya ___16___ una práctica común en ciudades como Boston, San Francisco, París, Londres o Madrid. Muchos perros disfrutan en todo el mundo de los ___17___ de una actividad para la que parecen ___18___ una habilidad natural, como ___19___ por su facilidad y agilidad para los estiramientos y posturas.

Los aficionados al yoga tradicional ___20___ estén interesados en compartir esta sana afición con su mascota pueden informarse mejor leyendo libros que inician a los perros en la práctica del *doga*.

[Adaptado de *La Voz de Galicia*. España]

Opciones

	a)	b)	c)
1.	a) son	b) sean	c) serán
2.	a) están	b) llevan	c) son
3.	a) final	b) último	c) posterior
4.	a) terminar	b) terminando	c) terminado
5.	a) respire	b) respiraría	c) respira
6.	a) un	b) la	c) el
7.	a) se convierte	b) se pone	c) se vuelve
8.	a) hace	b) desde	c) por
9.	a) bien	b) bueno	c) buen
10.	a) fuera	b) sería	c) será
11.	a) como	b) así	c) que
12.	a) lo	b) se	c) le
13.	a) con	b) de	c) en
14.	a) por	b) para	c) de
15.	a) ya	b) todavía	c) incluso
16.	a) está	b) hay	c) es
17.	a) ventajas	b) utilidades	c) beneficios
18.	a) tener	b) haber	c) llevar
19.	a) se comprueba	b) comprobándose	c) se comprobara
20.	a) los cuales	b) que	c) quienes

CLAVE

1. ⓑ	2. ⓒ	3. ⓑ	4. ⓐ	5. ⓒ	6. ⓑ	7. ⓐ	8. ⓐ	9. ⓒ	10. ⓑ
11. ⓐ	12. ⓒ	13. ⓒ	14. ⓑ	15. ⓒ	16. ⓒ	17. ⓒ	18. ⓐ	19. ⓐ	20. ⓑ

GRAMÁTICA & VOCABULARIO

1 ...para lograr que sus mascotas **sean** felices : que 절이 주절의 목적을 가리키므로 접속법 시제가 필요하다.

1-1 volverse +형용사 : ~하게 변하다, 되다 / la mascota : 마스코트, 애완동물

2 ...**son** utilizadas... : 'ser +과거분사'의 수동태 구문이다.

2-1 desde hace +시간 : 현재의 일이 시작된 시점을 나타내며, 'hace +시간'은 과거 행위가 발생한 시점을 가리킨다 / tener éxito : 성공하다, 성공을 거두다

3 ...lo **último** en moda... : lo는 함께 쓰는 형용사나 부사를 명사화하며, último는 '최신(más reciente)'을 뜻한다.

4 Para **terminar** con el estrés... : 전치사는 반드시 동사원형이나 명사와 쓰인다.

4-1 terminar con algo/alguien : ~을 끝내다, ~와 헤어지다

5 Si un perro **respira** muy rápido... : 접속사 si가 이끄는 다른 문장들 모두 현재시제(está agitado, es difícil)로 되어 있음에 유의할 것.

5-1 ser difícil(fácil) de +동사원형 : ~하기 쉽다(어렵다)

6 ...puede ser **la** gran solución : 여성명사에 해당하는 관사를 선택한다.

7 ...**se convierte** en un ser... : convertirse en algo/alguien (~으로 바뀌다)

7-1 ...hasta el más estresado... : hasta (~까지도)는 가능성 있는 최후의 존재를 부각하고자 할 때 사용된다 / el(la/los/las) más +형용사 : 가장 ~한 (최상급) / el ser : 사람, 생명, 존재 / de lo más +형용사/부사 : 가장 ~한 (최상급)

8 ...comenzó **hace** diez años... : 시초부터 흐른 시간을 나타내는 'hace +시간'

9 ...un **buen** amigo... : 형용사 bueno가 남성명사단수 앞에서는 어미가 탈락한다.

10 ...pensó que sería muy positivo... : 과거 시점(pensó)에서 미래의 일을 나타내므로 종속절에는 가정법 시제가 옳다.

11 ...tanto para los dueños **como** para sus mascotas... : 'tanto... como...' 구문.

12 ...**le** pareció una forma... : 'parecer algo a alguien'의 구조로 간접목적대명사를 요구한다.

13 ...basada **en** la búsqueda... : basado(a) en algo (~에 근거한)

14 ...apta **para** todo tipo... : apto(a) para algo/alguien (~에 적합한, 맞는)

15 ...**incluso** para las poco dadas... : incluso (~까지도, 마저)

15-1 los(las) poco dados(as) a algo : ~에 관심이 적은, ~에 능숙하지 않은

16 ...**es** una práctica común... : 주어의 객관적 평가이자 서술이므로 ser동사

17 ...los **beneficios**... : 이득, 이익 / la ventaja : 장점 / la utilidad : 유용성

18 ...parecen **tener** una habilidad... : tener habilidad (재주를 가지고 있다)

19 ...como **se comprueba** por su facilidad... : 여기서 como는 일을 행하는 방식을 나타내고 있는데, 익히 알고 있는 평범한 방식이라면 직설법 동사를 요구한다.

20 Los aficionados [...] **que** estén interesados... : que 이후는 los aficionados를 수식하는 형용사절이다. Quien은 관계사절의 주어로서 지금처럼 제한적 용법에는 쓰이지 못하고, la cual은 que와 달리 앞에서 언급한 선행사에 정보를 추가할 때 사용된다.

개를 위한 요가

많은 이들에게 있어 개를 갖는다는 것은 거의 아이를 갖는 것만큼이나 중요해졌다. 개는 그들의 라이프스타일을 결정하고, 사람들은 애완견이 행복해지도록 하는 시간이나 돈, 노력을 아끼지 않는다. 매니큐어, 미용실, 개 전용 수영장은 한참 전부터 사용되고 있으며, 개를 위한 호화 호텔이나 훌륭한 음식은 매우 큰 성공을 거두고 있다.

그러나 개를 위한 최신 유행은 훨씬 더 세련되고 영적이다. 바로 요가 강습이다. 스트레스를 없애기 위해 개들은 '도가' 강습을 받는데, 개가 하는 요가를 그렇게 부른다. 만일 어떤 개가 숨을 매우 빨리 쉬거나 흥분했거나 통제하기 어렵다면, 이 유구한 힌두 방식은 대단한 해결책이 될 수 있다. 30분의 강습 후 가장 스트레스를 많이 받은 개까지도 완벽하게 편안해져서 가장 안정된 개로 바뀐다.

'도가' 연습은 10년 전 뉴욕의 한 체육관에서 시작되었다. 능숙한 요가 트레이너이자 개의 좋은 친구인 존 테일러는 요가 연습을 함께 하는 것이 주인이나 애완견 모두에게 굉장히 긍정적일 것이라고 생각했다. 전혀 다른 활동을 통해 개와 사람간의 관계를 돈독하고 풍요롭게 만드는 한 방법으로 보였던 것이다. 온갖 종류의 사람과 애완견, 심지어 격렬한 육체 활동에 맞지 않은 이들에게도 적당한 긴장 이완을 추구하는 행위에 바탕을 둔 활동 말이다.

'도가'는 이미 보스턴, 샌프란시스코, 파리, 런던, 마드리드와 같은 도시에서는 평범한 행위이다. 전 세계적으로 많은 개들이 이 활동이 주는 이점을 만끽하고 있는데, 그들은 스트레칭과 자세에서 보이는 수월함과 능숙함으로 확인할 수 있는 것처럼 이 활동을 위한 선천적인 재주를 가진 듯하다.

이 건전한 취미를 자신의 애완견과 함께 하는데 관심 있는 전통 요가 추종자들은 개들로 하여금 '도가' 연습을 시작하게끔 하는 책을 읽으며 훨씬 나은 정보를 얻을 수 있다.

[스페인. 『라 보스 데 갈리시아』에서 각색한 글]

Sección 2 : Selección multiple

EJERCICIO 1

Instrucciones

En cada una de las frases siguientes se ha marcado con letra **negrita** *un fragmento. Elija, de entre las tres opciones de respuesta, aquella que tenga un significado equivalente al del fragmento marcado. Por ejemplo* :

- No he hablado todavía con Javier porque el teléfono **está comunicando.**

a) está estropeado
b) no da señal
c) está ocupado

La respuesta correcta es la **c.**

Marque la opción correcta en la **Hoja d11e Respuestas Número 4.**

다음 문장들 각각에서 한 부분이 진한 글씨체로 표시되어 있다. 해답의 세 선택지 중에서 표시된 부분에 해당하는 의미를 가진 답을 선택하시오. 예를 들어 :

– 전화가 **통화중이라** 난 아직 하비에르와 이야기하지 못했다.

a) 고장이 나서
b) 신호가 가지 않아서
c) 사용 중이라

올바른 답은 c 이다.

21. - ¿Quieres que vayamos al campo este fin de semana?
- Pues la verdad es que no **tengo ganas.**
  a) me importa
  b) me apetece
  c) me gusta

– 이번 주말에 시골에 가고 싶니? – 사실은 **내키지 않아.** a) 중요하지 않아 b) 하고 싶지 않아 c) 좋아하지 않아 ► tener ganas (de algo/동사원형) : ~할 마음이 있다, ~하고 싶다 ► la verdad (es que) : 사실 ~하다	답: b

22. - Te noto cansado.
- Esta semana he tenido que **madrugar.**
  a) trabajar mucho
  b) levantarme temprano
  c) acostarme tarde

– 너 피곤해 보인다. – 이번 주에 **일찍 일어나야만** 했거든. a) 일을 많이 하다 b) 일찍 일어나다 c) 늦게 잠자리에 들어 ► madrugar : 일찍 일어나다, 새벽에 일어나다 (la madrugada : 새벽) ► notar +형용사 +a alguien : ~을 ~하다고 느끼다	답: b

23. - ¡Qué buenas notas has sacado!
- Es que estudiar no **me cuesta nada.**
  a) me atrae mucho
  b) me resulta difícil
  c) me importa

– 정말 좋은 성적을 얻었구나! – 나는 공부하는 것이 **전혀 힘들지** 않거든. a) 굉장히 좋아하다 b) 어렵다 c) 중요하다 ► costar a alguien : ~에게 힘이 들다, 돈이 들다 ► sacar notas (점수를 따다, 성적을 얻다) : 여기서 nota는 '점수, 성적'의 뜻이다.	답 : b

24. - No sé si hacer el curso de inglés que me han ofrecido en la empresa.
    - La decisión es tuya ; pero me han dicho que **merece la pena.**
      a) es un buen curso
      b) se necesita un buen nivel
      c) es para principiantes

– 회사에서 나에게 제안한 영어 강습을 해야 할지 말아야 할지 모르겠어. – 결정은 네 몫이야. 하지만 **그럴만한 가치가 있다고**들 하더라. a) 좋은 강습이다 b) 훌륭한 수준이 요구된다 c) 초급자들을 위한 것이다 ► merecer la pena : ~할 가치가 있다, 보람이 있다 ► no sé si (~인지 아닌지 모르겠다) : 미래의 일에 대한 의심을 표현.	답 : a

25. - ¿Qué tal con tu nuevo compañero de trabajo?
    - No sé pero creo que **es bastante vago.**
      a) no habla mucho
      b) suele llegar tarde
      c) no le gusta trabajar

– 네 새 직장동료와는 어떻게 지내니? – 잘 모르겠어. 하지만 내 생각엔 **꽤 게으른** 것 같아. a) 말을 많이 하지 않는다 b) 종종 지각한다 c) 일하는 것을 좋아하지 않는다	답 : c

26. - ¿A qué años te fuiste de casa?

- **A los treinta y tantos.**

a) Después de los treinta años

b) Nada más cumplir treinta años

c) Antes de los treinta años

– 몇 살에 집에서 나왔어요? – **삼십 몇 세쯤에요.** a) 서른 살 이후에 b) 서른 살이 되자마자 c) 서른 살 전에 ► tantos(as) : 함께 쓴 수치보다 좀 더 많은 것을 가리킨다. ► nada más +동사원형 : ~하자마자	답: a

27. - No hemos terminado de colocar las carpetas.

- **¡Qué más da!** ; por hoy es suficiente.

a) Lo hará otra persona

b) No hay tiempo

c) No importa

– 우린 파일 배치를 마치지 못 했어요. – **아무렴 어때요!** 오늘은 충분히 했어요. a) 다른 사람이 할 거예요 b) 시간이 없어요 c) 대수롭지 않아요 ► ¡Qué más da! : 무언가에 대해 무관심을 표시할 때 사용. ► terminar de +동사원형/algo : ~을 마치다, 끝내다	답: c

28. - ¡Hoy todo me sale **al revés**!

- A mí me pasó lo mismo ayer.

a) bien

b) mal

c) regular

— 오늘은 모든 일이 **거꾸로야!** — 어제 나한테도 똑같았어. a) 잘 b) 좋지 않은 c) 그럭저럭 ► al revés : 반대로, 거꾸로 ► salir의 여러 의미 중에는 '발생하다, 일어나다, ~결과가 되다'는 뜻도 있다	답 : b

29. - ¿Dónde están los chicos?
    - Están **ensayando** en el gimnasio.
      a) preparando la actuación
      b) haciendo deporte
      c) jugando al ajédrez

— 아이들은 어디 있죠? — 체육관에서 **연습하고** 있어요. a) 공연을 준비하고 있는 b) 운동을 하는 c) 체스를 두고 있는	답 : a

30. - ¿Has visto a Gonzalo últimamente?
    - No, pero me han dicho que está **de mudanza.**
      a) sin poder hablar
      b) cambiándose de casa
      c) pasando unas vacaciones

— 최근에 곤살로 봤니? — 아니, 하지만 **이사를 한다고** 들었어. a) 말을 할 수 없다고 b) 집을 바꾸는 중이라고 c) 휴가를 보내는 중이라고 ► estar de +명사 : 잠정적인 상태를 가리킨다. / la mudanza : '이사	답 : b

EJERCICIO 2

Instrucciones

Complete las frases siguientes con el término adecuado de los dos o cuatro que se le ofrecen. Marque la opción en la **Hoja de Respuestas Número 4.**

주어진 두 개나 네 개의 단어중 적절한 단어를 골라 다음 문장들을 완성하시오. **4번 답지**에 선택된 답을 표시하시오.

31. - ¡Qué cansada estoy! ¿Me puedo sentar aquí?
    - Siéntate en ese sillón, que _______ muy cómodo.
      a) está
      b) es

– 굉장히 피곤해. 여기 앉아도 될까? – 그 의자에 앉아. 무척 편안해. ► 주어의 자질이나 특성에 대한 설명이므로 ser동사	ser–estar 구분 (답 : b)

32. - Ayer vi en una tienda del centro la mochila que querías.
    - ¿Ah, sí? ¿Y recuerdas cuánto _______?
      a) costó
      b) costaba

– 어제 도심의 한 상점에서 네가 원하던 배낭을 봤어. – 아, 그래? 값이 얼마였던지 기억해? ► 구입한 것이 아니라 과거 정해져있던 가격이므로 불완료과거가 옳다.	부정과거- 불완료과거 구분 (답 : b)

33. - ¿Sabes cómo llegar a la calle San José?
    - Tienes que pasar _______ la plaza y luego girar a la derecha.
      a) por
      b) para

– 산 호세거리에 어떻게 가는지 알아? – 광장을 지나서 오른쪽으로 돌아야만 해. ▸ pasar por algo : ~을 통과하다, 지나가다, 들르다	para-por 구분 관용구 (답: a)

34. - ¡Me encanta tu bolso!
 - Pues aunque _______ de cuero me costó muy barato.
 a) es
 b) está

– 네 핸드백 무척 맘에 든다! – 가죽이지만 굉장히 값이 쌌어. ▸ 'ser de + 재료' 구문이다.	ser-estar 구분 (답: a)

35. - ¿Qué tal está Julián?
 - Desde que se casó dice que _______ el hombre más feliz del mundo.
 a) cstá
 b) es

– 훌리안은 어때요? – 결혼한 후로 세상에서 가장 행복한 남자라고 말하더군요. ▸ 근본적인 상황에 대한 표현이므로 ser동사	ser-estar 구분 (답: b)

36. - ¿Sabes si _______ ir a Turquía es necesario un visado?
 - Sólo se lo exigen a algunos países.
 a) por
 b) para

– 터키에 가려면 비자가 필요한 건지 아닌지 너 아니? – 단지 몇몇 나라에만 요구를 하나봐. ▸ para는 어떤 행동이 추구하는 목적을 가리킨다.	para-por 구분 (답: b)

37. - ¿Has montado tú solo el mueble?
   - Sí, es muy fácil ; lo puede hacer _______.
     a) cualquiera
     b) cualquier

– 그 가구를 너 혼자 조립했어? – 그래, 무척 쉬워. 누구라도 할 수 있어. ▸ cualquiera : 대명사로서 성의 변화가 없다. cualquier는 뒤에 명사를 요구한다. ▸ montar : '조직하다, 만들다, 조립하다, 설치하다, 타다' 이 외에도 여러 뜻이 있다.	부정사 (indefinidos) 구분 (답 : a)

38. - Aquí no puede entrar _______ animal.
   - Pues me voy a otro sitio con el perro.
     a) ningún
     b) ninguno

– 이곳엔 그 어떤 동물도 들어갈 수 없습니다. – 그렇다면 난 개와 함께 다른 곳으로 가겠어요. ▸ animal을 수식하는 형용사 ningún이 요구된다.	부정사 (indefinidos) 구분 (답 : a)

39. - ¿Te vienes a ver a Raquel? He quedado con ella a las once.
   - Ya _______ tarde para mí ; me voy a casa.
     a) está
     b) es

– 라껠 만나러 가는데 올래? 11시에 그녀와 만나기로 했어. – 나에겐 너무 늦은 시간이야. 집에 가겠어. ▸ '(시간이) 늦다'라는 판단, 평가이므로 ser동사를 선택한다. ▸ quedar con alguien : ~와 만나기로 하다	ser-estar 구분 (답 : b)

40. - ¿Cuánto tiempo _______ ayer en tu casa?
   - Sólo dos horas.
     a) se quedaba
     b) se quedó

– 어제 네 집에 얼마동안 머물렀어? – 단 두 시간. ► 시한이 명시되어 있으므로 부정과거 시제가 옳다.	부정과거- 불완료과거 구분 (답: b)

41. - Me encuentro fatal : no paro de estornudar y me pican los ojos.
  - Dicen que este año hay más alergías _______ la contaminación.
    a) como
    b) porque
    c) por
    d) ya que

– 컨디션이 엉망이야. 재채기가 멈추지 않고 눈이 따가워. – 올해는 환경오염 때문에 더 많은 알러지가 생겼다고들 해. ► 명사를 요구하며, 원인을 설명하는 접속사가 필요하다. ► encontrarse bien(mal, fatal...) : 주어의 컨디션을 가리킬 때 사용한다. ► no parar de +동사원형 : ~하기를 멈추지 않다	접속사 구분 (답: c)

42. - _______ no termines ya, vamos a llegar tarde.
  - Ya voy, ya voy...
    a) Como
    b) Porque
    c) Si
    d) Puesto que

– 이제 끝내지 않으면 우리 지각할거야. – 금방 가, 금방 간다고... ► 'Como +조건'은 위협, 경고의 의미로 조건을 표현하고, 항상 접속법 동사와 함께 서두에 사용된다. Puesto que, Porque는 이유나 원인을 나타내고, Si는 접속법 현재동사와 함께 쓸 수 없다.	접속사 구분 (답: a)

43. - Cariño, _______ llegues a casa, me llamas.
  - Vale, no te preocupes.

a) hasta que
b) en cuanto
c) mientras
d) como

– 여보, 집에 도착하자마자 나한테 전화해요. – 예, 걱정하지 말아요. ► 'en cuanto +접속법 동사 (~하자마자)'는 미래의 일을 표현할 때 쓴다. hasta que (~할 때까지), mientras (~하는 동안), como (~하니까)는 문맥상 적절치 않다.	접속사 구분 (답: b)

44. - Me gusta mucho esta película.
- Yo, _______ la veo, me acuerdo de mi infancia.
a) antes de que
b) cada vez que
c) tanto que
d) como si

– 난 이 영화가 무척 맘에 들어 – 난 이것을 볼 때마다 내 어린 시절을 떠올려. ► 'cada vez que'는 '~할 때마다'를 뜻하는 반면, antes de que (~하기 전에), tanto que (너무나 ~해서 ~하다), como si (마치 ~인 것처럼)는 문맥상 적절치 않다. ► acordarse de algo/alguien : ~에 대해 기억하다, 떠올리다	접속사 구분 (답: b)

45. - Con tanto ruido, aquí no hay _______ se concentre.
- Sí, mejor vete a la biblioteca.
a) el cual
b) que
c) quien
d) el que

– 이렇게 시끄러운 소리로는 여기선 그 누구도 집중할 수가 없어요. – 그래, 차라리 도서관에 가렴.	관계사 구분 (답: c)

► 'no hay quien +접속법 (~할 사람 없다)'는 마치 관용구처럼 쓰임에 유의한다. 주격의 자리이므로 el cual, que 등은 올 수 없고, el que 또한 선행사가 없으므로 쓸 수 없다. ► mejor : 비교의 기능 외에도, '차라리, 오히려 (preferiblemente)'의 의미도 있다.	

46. - ¿Qué tal la reunión?
    - Bien, aunque Pilar estuvo _______ contra de todo lo que yo decí.
      a) de
      b) en
      c) a
      d) por

– 회의는 어땠어요? – 괜찮았어요. 비록 삘라르가 내가 말했던 모든 일에 반대는 했지만요. ► en contra de algo/alguien : ~에 반대하는	관용구 (답: b)

47. - ¿Nos vemos luego?
    - Sí, hemos quedado a las nueve _______ mi casa.
      a) a
      b) de
      c) en
      d) para

– 우리 이따가 만나는 거예요? – 예, 우리 집에서 9시에 만나기로 했어요. ► 만나는 장소, 즉 영역을 표현한다 (quedar en +장소).	전치사 구분 (답: c)

48. - ¿Vais todos a la boda de Marita y Alejandro?
    - Mi madre y yo seguro. No sé si mis hermanos _______ ya para ese día a Managua.
      a) habían llegado
      b) habrían llegado
      c) llegarían
      d) habrán llegado

– 모두들 마리따와 알레한드로의 결혼식에 가니? – 우리 엄마와 저는 확실해요. 그날까지 내 형제들이 마나구아에 도착할 수 있는지는 모르겠어요. ► 어떤 일이 미래 시점에 완료될 수 있을 지 생각하고 있다. 즉 미래완료가 요구된다. ► para +날짜 : 미래의 행위가 완료되어야 하는 시점을 나타낸다.	시제 구분 (답 : d)

49. - Me parece que a Ramón le _______ Leonor.
- Eso creo yo : siempre la está mirando.
  a) gusta
  b) guste
  c) gustara
  d) haya gustado

– 내 생각엔 라몬이 레오노르를 좋아하는 것 같아요. – 나도 그렇게 생각해요. 항상 그녀를 바라보고 있는걸요. ► Me(Te, Le...) parece que : 직설법 시제와 쓰인다.	직설법-접속법 구분 (답 : a)

50. - ¿Te parece bien que _______ al cine esta noche?
- Vale, ¿qué película te apetece ver?
  a) vamos
  b) vayamos
  c) iremos
  d) iríamos

– 오늘밤 우리 극장에 가는 것 어때? – 좋아, 무슨 영화를 보고 싶어? ► 위 49번 문제와 달리, 어떤 행위나 상황을 판단, 평가하는 'parecer bien/mal a alguien'은 접속법 시제를 요구한다.	직설법-접속법 구분 (답 : b)

51. - No se atreve _______ decírselo a sus padres.
- ¿Por qué?

a) a
b) de
c) en
d) para

– 부모님에게 그것을 말씀드릴 엄두를 못 내고 있다니까. – 왜? ► atreverse a +동사원형 : 감히 ~하다, ~할 엄두를 내다	관용구 (답 : a)

52. - ¿Me has hecho el favor que te pedí?
- Lo siento, _______ lo liado que estoy se me ha olvidado.
a) a
b) en
c) desde
d) con

너에게 부탁한 것 들어준 거니? – 미안해. 내가 정신이 없어서 잊어버리고 말았어. ► con lo +형용사/부사 +que : 너무 ~해서, ~한 상태라서 ► hacer el(un) favor a alguien : ~에게 호의를 베풀다, 부탁을 들어주다	관용구 (답 : d)

53. - ¿_______ comentaste a tus compañeras la nueva propuesta?
- Están totalmente de acuerdo.
a) Le
b) Les
c) Se
d) Las

– 새 제안을 네 동료들에게 말해 줬어? – 전적으로 동의하고 있어. ► a tus compañeras를 가리키는 간접목적대명사(성에 따른 변화 없음)는 les	직간접목적대명사 구분 (답 : b)

54. - ¿Por qué llegas tan tarde?
   - Perdona, es que _______ me ha estropeado el coche.
   a) le
   b) lo
   c) se
   d) la

— 너 왜 그렇게 늦게 왔니? — 미안해, 사실은 자동차가 고장나버렸어. ► estropearse의 재귀대명사(se)가 간접목적대명사(me) 앞에 위치한다. ► es que : 변명의 경우에 종종 사용되는 구문이다.	직간접목적대명사 구분 (답: c)

55. - Yo creo que tú sabes algo y no me lo quieres decir.
   - De verdad que no. Si lo _______, te lo diría.
   a) sabría
   b) supiera
   c) sepa
   d) sé

— 내 생각엔 네가 무언가를 알고 있는데 그것을 내게 말하고 싶어 하지 않는 것 같아. — 정말 아니야. 만일 내가 그것을 알고 있다면 너에게 말해줄 거야. ► 사실과 반대되는 가정일 경우, 'si +접속법 불완료과거, 가정법' 구문이 요구된다.	시제 구분 (답: b)

56. - No _______ la puerta a nadie hasta que yo llegue.
   - Vale, papá, no te preocupes.
   a) abrirías
   b) abriste
   c) abres
   d) abras

— 내가 도착할 때까지 아무에게도 문을 열어주지 말거라. — 예, 아빠. 걱정하지 마세요. ► 부정명령형은 접속법 현재동사를 사용함에 유의한다.	명령법 (답: d)

57. - ¿Cómo puedo instalar la cámara en el ordenador?
    - Es muy fácil si sigue las instrucciones. Pero en caso de que _______ algún prooblema, llámenos.
    a) tendrá
    b) tiene
    c) tenga
    d) tendría

— 어떻게 컴퓨터에 카메라를 설치할 수 있죠? — 설명을 따르면 굉장히 쉬워요. 하지만 문제가 있으신 경우 우리에게 전화주세요. ► 'en caso de que +접속법' 구문이다.	직설법-접속법 구분 (답: c)

58. - ¿Sabe María Cristina que hemos quedado esta tarde?
    - Pues yo no la he avisado así que no creo que lo _______.
    a) sepa
    b) sabe
    c) sabrá
    d) habrá sabido

— 마리아 끄리스띠나는 우리가 오늘 오후에 만나기로 한 것을 알고 있어요? — 내가 알려주지 않았으니까 내 생각엔 그것을 알고 있을 것 같지 않아요. ► no creer que는 접속법 시제를 요구한다. ► pues가 이유나 원인을 가리키기도 한다 / así que (그래서) : 바로 연이은 일을 설명.	직설법-접속법 구분 (답: a)

59. - ¿Hablaste con Francisco?
    - No, antes de que pudiera hablar con él ya _______.
    a) se había ido
    b) se habría ido
    c) se iría
    d) se iba

– 프란시스꼬와 이야기해봤어? – 아니, 그와 말해보기도 전에 이미 가버렸지 뭐야. ► 과거의 시점에서 이미 완료된 행위를 뜻하므로 직설법 대과거가 적절하다.	시제구분 (답: a)

60. - ¿Qué tal el viaje?

- Muy bien, como no había tráfico sólo tardamos dos horas _______ llegar.

a) para

b) en

c) a

d) de

– 여행은 어땠어요? – 무척 좋았어요. 차들이 없어서 도착하는데 겨우 두 시간 걸렸어요. ► tardar +시간 +en + 동사원형: ~하는데 ~시간이 걸리다	관용구 (답: b)

10 de noviembre de 2007

PRUEBA 1. COMPRENSIÓN DE LECTURA

Instrucciones

A continuación encontrará usted cuatro textos y una serie de preguntas relativas a cada uno de ellos.

Hay dos modalidades de preguntas :

Primer tipo :

a) Verdadero

b) Falso

Segundo tipo. Selección de una respuesta entre tres opciones :

a) ...

b) ...

c) ...

Marque la opción correcta en la **Hoja de Respuestas Número 1.**

이어서 당신은 4개의 지문과 각 지문과 관련된 일련의 질문들을 만날 것이다.
두 개의 질문 양식이 있다:

첫 번째 타입:

a) 참
b) 거짓

두 번째 타입. 3개의 선택지 중에서 택일:

a) ...
b) ...
c) ...

1번 답지에 선택된 답을 표시하시오.

Texto 1

LA FERIA DEL LIBRO DE BUENOS AIRES

El libro todavía conserva en Argentina un espacio privilegiado y sigue ejerciendo sobre el público un poder de atracción que no cede ni siquiera ante el alza de los precios. Y aunque la Feria del Libro de Buenos Aires ya no es, ni siquiera para los bolsillos de los turistas, el paraíso de las gangas, aún representa, al menos durante tres semanas, la mayor oferta cultural de libros, autores y espectáculos relacionados con la industria editorial de Sudamérica.

Dos millones de asistentes es la cifra que anticipan los organizadores, razón por la cual extendieron la superficie de locales hasta el máximo que permite el recinto, unos cuarenta y cinco mil metros cuadrados. Y así y todo, los fines de semana la Feria se llena, por lo que se recomienda llegar temprano para evitar largas colas en las boleterías.

El sábado 10 de noviembre se celebra *La Noche de la Ciudad*, lo que significa que la Feria estará abierta hasta las 2 de la madrugada ; la entrada será gratuita a partir de las 21 horas y los primeros cinco mil visitantes recibirán una cuponera de descuento (un libro cuesta unos diez dólares en promedio) por un valor de cinco dólares. Ese mismo fin de semana se cuenta con la presencia de Abel Posse, Brian Weiss y Martín Caparrós. El domingo 11 ofrecerá una conferencia el autor de *best sellers* Scott Turow y el comediante Enrique Pinti presentará su libro *Crema Rusa* ; también ese día María Kodama está invitada a la mesa redonda “Borges. La literatura, el lenguaje y el uso de la información”.

Sin ejercer una influencia comparable a la de otros países, Chile tiene desde hace años un lugar asegurado entre los expositores de la Feria. En el pequeño pero bien surtido *stand* que ocupan la Cámara Chilena del Libro y la Embajada de nuestro país, los autores más solicitados son Humberto Maturana, Pedro Lemebel y Roberto Bolaño. Pero, en la mayoría de los locales, los libros chilenos más vendidos son la novela 『Inés del alma mía』, de la siempre leída Isabel Allende ; 『Persona non grata』, de Jorge

Edwards ; y las novelas de Antonio Skármeta. Los autores invitados este año a la Feria, lo que habla de un incipiente deseo por conocer las nuevas voces de la literatura chilena, son los jóvenes Álvaro Bisama, Nona Fernández, Francisca Solar y Alejandro Zambra. El jueves 15, día dedicado a Chile, todos ellos participarán en una mesa redonda, conducida por Daniel Link, que lleva por título "Nueva narrativa chilena".

[Adaptado de *El Mercurio.com.* Chile]

GRAMÁTICA & VOCABULARIO

- **seguir +현재분사** (계속 ~하다)
- **ante** (~앞에서) : 상상속의 위치나 공간을 표현한다.
- **ni siquiera** (~조차 않다) : 부정문에서 2중 부정을 만들며, 예상을 깬다는 뜻이 있다.
- **la ganga** (값싼 물건) : 싸지만 품질은 좋다는 의미가 있다.
- **al menos** (최소한)
- **...razón por la cual...** (그런 연유로, 그 이유 때문에) : la cual은 앞의 선행사 razón을 가리킨다.
- **el local** : '상점, 점포, 가게'의 뜻도 있음에 유의한다.
- **así y todo** (그럼에도 불구하고) : 앞에서 밝힌 것과 다른 새 정보를 제공할 때 사용.
- **por lo que** (그로 인해, 그런 이유로) : Lo는 앞에서 설명한 바를 모두 가리킨다.
- **la cola** : '짐승의 꼬리'를 뜻하지만 '(차례를 기다리는 순서) 줄'의 뜻도 있다.
- **la boletería** (매표소) : 중남미 용어(boleto를 파는 곳). 스페인은 '(la) taquilla'
- **lo que** (그것은) : 주격으로 앞에서 말한 내용을 가리킨다.
- **a partir de 시간/날짜/시제 부사** (~로부터) : 미래의 일이 시작되는 시점을 가리키거나 혹은 수량과 함께 쓰여 어떤 일이 시행되는 기준치를 의미하기도 한다.
- **en(de) promedio** (평균, 평균치로)
- **contar(se) con algo/alguien** (~을 믿다, 의지하다 / ~을 갖추다, 구비하다)
- **la mesa redonda** (좌담회)
- **desde hace +시간** (~부터) : 현재 시점에서 사건이나 상황의 시작점을 가리킨다. 반면 'hace +시간'은 과거의 시점에서 일이 발생한 시점을 나타낸다.

부에노스아이레스의 도서 전시회

아르헨티나에서 책은 아직도 특권적인 공간을 차지하고 있고, 여전히 독자들에게 가격 상승 앞에서 조차 밀리지 않는 매력을 발산한다. 그리고 부에노스아이레스의 도서 전시회가 이제는 관광객의 주머니에게 조차 값싼 물건의 천국은 아니라 할지라도, 최소한 3주 동안만은 여전히 책과 작가, 남미 출판 산업과 관련된 행사들의 가장 큰 문화적 시장임을 드러낸다.

참가자 2백만 명은 주최 측이 미리 예측한 수치이고, 바로 그런 이유에서 상점들의 면적을 그 장소가 허용하는 최대한도인 45,000㎡로 확장했다. 그렇게 했음에도 전시회는 주말마다 만원사례를 이루고, 그래서 매표소에서 긴 줄을 피하기 위해서는 일찍 당도하는 것이 좋다.

11월 10일 토요일에는 '도시의 밤' 행사가 개최되는데, 이는 전시회가 새벽 2시까지 열려있으리란 것을 뜻한다. 밤 9시부터 입장이 무료이고, 첫 5천 명의 방문객은 5달러에 달하는 할인 쿠폰집을 받게 될 것이다(책 한권이 평균 10달러가량이다). 바로 그 주말에 아벨 포세, 브라이언 바이스, 마르띤 까빠로스가 참석한다. 11일 일요일에는 베스트셀러 작가 스콧 튜로우가 강연회를 열 것이고, 코미디언인 엔리께 핀띠가 자신의 책인 『러시안 크림』을 소개할 것이다. 또한 그날 "보르헤스. 문학과 언어 그리고 정보의 활용"이라는 좌담회에 마리아 코다마가 초청되어있다.

다른 나라들에 견줄 정도의 영향력을 행사하지 않고도, 칠레는 몇 년 전부터 전람회 출품자 간에 확고한 자리를 차지하고 있다. 칠레 도서 협회와 우리나라 대사관이 차지한 작지만 잘 구비된 스탠드에서 가장 인기 있는 작가들은 움베르또 마뚜라나, 뻬드로 레메벨, 로베르또 볼라뇨이다. 그러나 대부분의 상점들에서 가장 많이 팔린 칠레 책은 언제나 읽혀지는 이사벨 아옌데의 소설 『내 영혼의 이네스』와 호르헤 에드워즈의 『환영받지 못하는 자』, 안또니오 스카르메따의 소설들이다. 칠레 문학의 새로운 목소리들을 알고 싶다는 첫 희망을 밝히는 전시회에 올해 초대받은 작가들은 젊은이들인 알바로 비사마, 노나 페르난데스, 프란씨스카 솔라르, 알레한드로 쌈브라이다. 칠레의 날인 15일 목요일에 이들 모두가 "새로운 칠레 문학"이라는 주제로 다니엘 링크가 주관하는 토론회에 참석한다.

[칠레. El Mercurio.com에서 각색한 글]

PREGUNTAS

1. Según el texto, este año el número de locales de la Feria del Libro de Buenos Aires ha sido ampliado.
   a) Verdadero
   b) Falso

2. Según el texto, el sábado por la noche todos los libros se venderán con descuentos especiales.
   a) Verdadero
   b) Falso

3. Según el texto, los autores chilenos más leídos asistirán a la feria.
   a) Verdadero
   b) Falso

1. 위 글에 의하면, 올해 부에노스아이레스 도서전시회의 상점 수가 늘었다.	답: b
2. 위 글에 의하면, 토요일 밤에 모든 책들이 특별할인가로 팔릴 것이다.	답: b
3. 위 글에 의하면, 가장 많이 읽혀지는 칠레 작가들이 전시회에 참석할 것이다.	답: b

Texto 2

CONMEMORACIÓN POR EL ANIVERSARIO DE FRIDA Y DIEGO

México prepara para este 2007 diversos eventos artísticos y culturales para recordar el centenario del nacimiento de la pintora Frida Kahlo y los cincuenta años de la muerte de su esposo, el muralista Diego Rivera.

A pesar de que la cotizada artista nunca reconoció haber nacido en 1907 e insistía en quitarse años y ubicar su fecha de nacimiento en 1910, este año será recordada con varias exposiciones y la publicación de libros sobre su vida y su obra.

El Museo Dolores Olmedo, que posee una de las colecciones más importantes de la obra de Kahlo, y la Casa-Museo de la pintora organizarán actos especiales para recordar el 6 de julio los años del nacimiento de la artista, mientras que el Museo de Arte Moderno editará un libro sobre su obra.

De manera independiente a la conmemoración oficial, la periodista y crítica de arte Raquel Tibol presentará en breve la cuarta edición del libro *Escrituras*, volumen publicado en 2004. "La verdadera biografía de Frida se deduce de sus propias escrituras. Son alrededor de 300 textos, en los que hay anécdotas desconocidas, textos que estaban incompletos y que por fin conseguí. Ha sido una búsqueda muy minuciosa", detalló Raquel Tibol. De las *Escrituras* de Frida Kahlo, agrega, "salen dos vertientes : la de la escritora y la de la autobiografía", pues la artista asimila en sus textos el lenguaje popular y "crea un estilo elaborado que debe ser considerado como parte de la mejor literatura mexicana confesional del siglo XX".

Sobre el aniversario de Diego Rivera, su nieto, Juan Coronel, también supervisará una exposición de los bocetos del muralista y otras dos muestras que reúnen escritos inéditos de Rivera acerca de su trabajo y de sus influencias pictóricas. Adicionalmente, Coronel está planeando el rodaje de un documental sobre la vida de ambos pintores, que podría estar en las salas de cine el próximo año.

[Adaptado de *El Sol del Centro*. México]

GRAMÁTICA & VOCABULARIO

- **el muralista** : 멕시코 '벽화운동el muralismo'에 참여했던 화가를 지칭. '벽화운동'은 20세기 후반 정치적인 목적에서 공공건물 벽에 그림으로 사상을 표현했던 운동이다.
- **a pesar de (que)** (~에도 불구하고)
- **insistir en(sobre) algo** (~에 집착하다, 고집 부리다)
- **mientras que** : 반의적 접속구문에 사용되며, 두 절의 정보가 상이하다는 것을 강조.
- **de manera +형용사** (~방법으로, 방식으로) = 'de modo +형용사'
- **en breve** (간략하게, 금방, 짧게)
- **deducirse de algo** (~으로 추론된다, 유추된다, 추정된다)
- **alrededor de +수치** (대략, 약)
- **en los que** : 2005-05-14 Texto 2 설명 참고.
- **acerca de algo/alguien** (~에 대하여)
- **el rodaje** (촬영, 영화제작)

프리다와 디에고의 기념일을 위한 행사

멕시코는 올 2007년에 화가인 프리다 칼로의 탄생 100주년과 그녀의 남편인 벽화가 디에고 리베라의 사망 50주년을 기념하기 위해 다양한 예술적, 문화적 행사를 준비하고 있다.

비록 그 주가 높은 여화가는 한 번도 자신이 1907년에 태어난 것을 인정한 적 없고, 몇 해를 빼서 생일을 1910년에 두는 것에 고집을 부렸지만, 올해 그녀는 여러 전시회와 그녀의 삶과 작품에 대한 책들의 출판으로 기억될 것이다.

칼로 작품의 가장 중요한 컬렉션을 소장하고 있는 돌로레스 올메도 미술관과 이 화가의 생가 미술관은 7월 6일 이 예술가가 탄생한 해를 기념하기 위해 특별한 행사를 마련하는 한편, 현대 미술관은 그녀의 작품에 대한 책을 발간할 것이다.

공식적인 기념행사와 독립적인 방법으로 기자이자 예술평론가인 라껠 티볼은 2004년에 출간된 책 『글』의 4번째 간행본을 간략하게 소개할 예정이다. "프리다에 대한 진정한 전기는 그녀 자신의 글에서 추론할 수 있습니다. 이는 약 300개가량으로, 그곳에는 미완의 글인 알려지지 않은 일화들이 있습니다. 마침내 제가 찾아낸 거죠. 굉장히 세밀한 조사였습니다." 라고 라껠 티볼은 자세히 설명한다. 그리고 프리다 칼로의 『글』에서는 "두 가지 측면이 나옵니다. 작가로서의 것과 자서전으로서의 것이지요." 라고 덧붙인다. 그 예술가는 자신의 글에서 구어체를 소화하고 있고, "20세기 최고의 멕시코 전기 문학의 일부로 평가되어야 할 만큼 정제된 문체를 만들어내고" 있기 때문이다.

디에고 리베라의 탄생일에 관련하여, 그의 손자인 후안 꼬로넬 역시 이 벽화가의 데생 전시회와 자신의 작업과 화가로서의 영향에 대한 리베라의 미발표된 글들을 모은 다른 두 작품을 감독할 예정이다. 덧붙여, 꼬로넬은 이 두 화가의 삶에 대한 다큐멘터리 제작을 기획하고 있는데, 내년에 극장에서 상영될 수도 있을 것이다.

[멕시코 『엘 솔 델 쎈뜨로』에서 각색한 글]

PREGUNTAS

4. Según el texto, Frida Kahlo :
   a) nació en 1910.
   b) murió a los 50 años.
   c) ocultaba su verdadera edad.

5. Para la celebración oficial del aniversario del nacimiento de Frida Kahlo :
   a) se inaugurará la Casa-Museo de la pintora.
   b) se publicará un libro sobre su obra.
   c) se presentará una autobiografía de la pintora.

6. Según el texto, para la conmemoración de la muerte de Diego Rivera :
   a) se expondrán pinturas inéditas del artista.
   b) se mostrarán escritos del autor.
   c) se ha rodado un documental sobre la vida del pintor y su esposa.

4. 위 글에 의하면, 프리다 칼로는 : a) 1910년에 태어났다. b) 50세에 사망했다. c) 자신의 진짜 나이를 숨겼다.	답 : c

5. 프리다 칼로의 탄생기념일 공식행사를 위하여 : a) 화가의 생가 박물관이 개장될 것이다. b) 그녀의 작품에 대한 책이 출간될 것이다. c) 이 화가의 자서전이 발간될 것이다.	답 : b

6. 위 글에 의하면, 디에고 리베라 사망을 기념하기 위하여 : a) 이 예술가의 미발표 그림이 전시될 것이다. b) 이 작가의 글이 발표될 것이다. c) 이 화가와 부인의 삶에 대한 다큐멘터리가 제작되었다.	답 : b

Texto 3

EDUCACIÓN BILINGÜE

En Colombia el concepto de educación bilingüe hace referencia a dos situaciones diferentes. En primer lugar, la educación bilingüe y bicultural -llamada también etnoeducación- dirigida a las minorías étnicas (indígenas y afrocolombianas) del país y que en épocas recientes era promovida por el propio Ministerio de Educación. Gracias a la apertura pluricultural que favoreció la Constitución Política de 1991, se desarrolló una considerable actividad en este campo, con realización de seminarios interdisciplinarios, cursillos para maestros indígenas bilingües, publicaciones, etc. El objetivo : enseñar la lengua nacional mayoritaria -el español- a niños hablantes de idiomas de minorías étnicas, paralelamente a la enseñanza de su lengua materna.

En segundo lugar estaría la mal llamada *educación bilingüe*, que hace referencia a la situación de aquellos niños y jóvenes que son hablantes de la lengua mayoritaria y a quienes se les enseña intensivamente una lengua extranjera -por lo general el inglés-, que es también el vehículo total o parcial de la instrucción general en la escuela primaria. Esta *educación bilingüe* está de moda en todo el país y especialmente en la capital. No es que yo sea contrario a este tipo de enseñanza, pero considero que esta lengua extranjera no tiene una base social en el país ; es decir, no es el idioma de una parte de la sociedad colombiana y por lo tanto no me parece apropiado utilizar la expresión *educación bilingüe*.

La auténtica educación bilingüe es la que tiene lugar en situaciones de coexistencia de los dos idiomas, al ser cada uno el habla materna de un sector de la respectiva sociedad. En estos casos la enseñanza de las dos lenguas se realiza, como dicen R. Appel y P. Muysken, "en contextos naturales".

Ante la fiebre que se ha desatado últimamente en nuestro medio alrededor de este tema y la abundancia de escuelas que anuncian una educación bilingüe, parece conveniente tener en cuenta la anterior distinción. Naturalmente que hoy día la preparación de la juventud en un idioma extranjero es un ingrediente fundamental del currículo y deben ser bienvenidos los progresos que se hagan en esta materia. Pero la ubicación correcta de esa instrucción es el sector pedagógico de la Enseñanza de Segundas Lenguas antes que la educación bilingüe. Entre otras cosas, porque así se evita el peligro de que se olvide la diferencia esencial entre nuestro idioma patrimonial y la lengua extranjera que se enseñe en las aulas.

[Adaptado de *Universia.net.* Colombia]

GRAMÁTICA & VOCABULARIO

- **hacer referencia a algo/alguien** (~에 대해 언급하다, 가리키다)
- **en primer(segundo, tercer...) lugar** (첫 번째로): 의견 표현의 순서 정리에 사용.
- **gracias a algo/alguien** (~덕분에)
- **paralelamente a algo** (~와 병행하여, 나란히)
- **...a quienes** se les enseña...: quien은 사람을 가리키는 관계사로, 앞에서 언급한 aquellos niños y jóvenes를 뜻한다.
- **por lo general** (보통, 일반적으로 = generalmente)
- **la escuela primaria** (초등학교)
- **estar de moda** (유행이다, 유행하다)
- **no es que...** (~때문이 아니라, ~해서가 아니라)
- **contrario(a) a algo/alguien** (~에 반대하는)
- **es decir** (즉, 다시 말하자면)
- **por lo tanto** (그래서, 그러므로)
- **...la que...**: 수격으로 '~한 것'으로 해석된다. 관사는 형용사절을 명사화한다.
- **tener lugar** (행해지다, 일어나다)
- **al +동사원형**: '~할 때'의 뜻으로, 두 행위의 동시성을 나타낸다.
- **alrededor de algo/alguien** (~주위에)
- **tener en cuenta algo/alguien** (~을 고려하다, 생각하다): '계산에 넣다'라는 의미.
- **el currículo** (교육 계획, 커리큘럼 / 학력)
- **ser bienvenido(a)** (환영받다)
- **antes que** (~이전에, ~보다 오히려)

이중 언어 교육

콜롬비아에서 이중 언어 교육이란 개념은 각기 다른 두 개의 상황을 가리킨다. 첫 번째는, 국가 내 소수민족(선주민들과 아프로콜롬비아인)을 대상으로 하는 이중 언어와 인종교육으로도 불리는 이중 문화 교육이고, 근래 교육부 당국에 의해 장려되었다. 1991년 헌법이 지원한 다문화 개방정책 덕분에 학제간 세미나, 이중 언어 사용 선주민 교사를 위한 강습, 출판 등으로 이 분야에서 괄목할 만한 활동이 이루어졌다. 목표는 소수민족어 화자인 어린이들에게 그들의 모국어 교육과 병행하여 다수의 국어인 스페인어를 가르치는 것이다.

두 번째로는 잘못 명명된 이중 언어 교육이 있을 것이다. 이것은 다수의 언어를 사용하는 어린이와 젊은이들로, 그들에게 역시 초등학교 일반 교육의 전체 혹은 부분적인 의사소통도구인 외국어, 보통 영어를 집중적으로 가르치는 상황을 가리킨다. 이 이중 언어 교육은 전국 특히 수도에서 유행하고 있다. 내가 이런 종류의 교육에 반대하기 때문은 아니다. 그러나 이 외국어는 국내에 사회적인 토대를 가지고 있지 않다고 생각한다. 즉, 콜롬비아 사회 일부의 언어가 아니고, 그러므로 이중 언어 교육이라는 표현을 사용하는 것이 적절치 않다고 생각된다.

참다운 이중 언어 교육은 두 언어가 공존하는 상황에서 발생하는 것으로, 각기 저마다의 사회에서 한 영역의 모국어이기 때문이다. R. 아펠과 P. 뮈스켄의 말에 따르면, 이러한 경우 두 언어의 교육은 "자연스러운 맥락에서" 이루어지게 된다.

최근 이 주제와 관련하여 우리 주변에 번져있는 열기와 이중 언어 교육을 광고하는 학교들의 범람 앞에서 앞의 구분을 염두에 두는 것이 좋을 것 같다. 물론 오늘날 젊은이들의 외국어 준비는 학력의 필수요소이고, 이 점에서 보인 발전은 환영받아 마땅하다. 그러나 그 교육의 올바른 자리매김은 이중 언어 교육이라기보다는 제2외국어 교육이라는 교육학 분야이다. 다른 무엇보다도, 그렇게 하여 우리 고유의 언어와 교실에서 가르치는 외국어간의 근본적인 차이를 잊어버리는 위험을 피해갈 수 있기 때문이다.

[콜롬비아. Universia.net에서 각색한 글]

PREGUNTAS

7. Según el texto, el programa de educación bilingüe y bicultural está destinado a niños :
   a) colombianos cuya lengua materna no es el español.
   b) que estudían en la escuela privada.
   c) extranjeros que estudían en Colombia.

8. En el texto se dice que en Colombia la educación bilingüe en inglés y en español :
   a) no está teniendo el éxito esperado.
   b) se aplica a la enseñanza de las asignaturas.
   c) responde al interés de toda la sociedad colombiana.

9. Para el autor, la educación bilingüe en inglés y en español :
   a) es más completa.
   b) funciona cuando las dos lenguas conviven en el mismo país.
   c) es una moda que en Colombia durará poco.

7. 위 글에 의하면, 이중 언어와 이중 문화 교육 프로그램이 대상으로 하는 어린이들은 : a) 모국어가 스페인어가 아닌 콜롬비아 어린이들 b) 사립학교에서 공부했던 어린이들 c) 콜롬비아에서 공부했던 외국인 어린이들	답 : a
8. 위 글에서 따르면, 콜롬비아에서는 영어-스페인어 이중 언어 교육이 : a) 기대했던 성공을 거두지 못하고 있다. b) 다른 과목 교육에도 적용된다. c) 콜롬비아 전 계층의 관심에 부합한다. ► tener éxito : 성공하다, 성공을 거두다	답 : b
9. 저자에게 있어 영어-스페인어 이중 언어 교육은 : a) 더 완벽하다. b) 두 언어가 같은 국가에서 공존할 때 제 기능을 발휘한다. c) 콜롬비아에서 얼마 지속되지 않을 유행이다.	답 : b

Texto 4

EL NÁUFRAGO

Sentí que me moría de angustia. En un momento me vi en aquel sitio muerto, abandonado. Pero, luego, volvía oír al perro cada vez más cerca. El corazón comenzó a darme golpes, a medida que se aproximaban los ladridos. Me apoyé en las palmas de las manos. Levanté la cabeza. Esperé. Un minuto. Dos. Y los ladridos se oyeron cada vez más cerca. De pronto, solo quedó el silencio.

Luego, el batir de las olas y el rumor del viento entre los cocoteros. Después, en el minuto más largo que recuerdo en mi vida, apareció un perro escuálido, seguido por un burro con dos canastos. Detrás de ellos venía un hombre blanco, blanco, con sombrero de caña y los pantalones enrollados hasta la rodilla.

Tan pronto como apareció en la vuelta del camino me miró con sorpresa. Se detuvo. El perro, con la cola levantada y recta, se acercó a olfatearme. El hombre permaneció inmóvil, en silencio. No sé por qué, pensaba que estaba en cualquier parte del Caribe menos en Colombia. Sin estar muy seguro de que me entendiera decidí hablar en español.

- ¡Señor, ayúdeme! - le dije.

Él no contestó en seguida. Continuó examinándome enigmáticamente, sin parpadear.

- ¡Ayúdeme! - repetí, ansioso y desesperado, pensando que el hombre no me entendía.
- ¿Qué le pasa? - me preguntó con acento amable.

Cuando oí su voz me di cuenta de que más que la sed, el hambre y la desesperación, me atormentaba el deseo de contar lo que me había pasado. Casi ahogándome con las palabras, le dije sin respirar :

- Yo soy Luis Alejandro Velasco, uno de los marineros que se cayeron el 28 de febrero del destructor *Caldas*, de la Armada Nacional.

Yo creí que todo el mundo estaba obligado a conocer la noticia. Creí que tan pronto dijera mi nombre se apresuraría a ayudarme. Sin embargo, no se inmutó. Continuó en el mismo sitio mirándome.

- ¿Es marinero de gallinas? - me preguntó pensando tal vez en las embarcaciones que trafican con cerdos y aves de corral.

- No, soy marinero de la Armada.

Sólo entonces el hombre se movió. Se echó el sombrero hacia atrás y me dijo :

- Voy a llevar un alambre hasta el puerto y vuelvo por usted.

Sentí que aquélla era otra oportunidad que se me escapaba.

- ¿Seguro que volverá?- le dije con voz suplicante.

El hombre respondió que sí. Que volvía con absoluta seguridad. Me sonrió amablemente y reanudó su marcha. El perro continuó a mi lado olfateándome. Solo cuando el hombre se alejaba se me ocurrió preguntarle, casi con un grito :

- ¿Qué país es éste?

Y él, con una extraordinaria naturalidad, me dio la única respuesta que yo no esperaba en aquel instante :

- Colombia.

[Adaptado de Gabriel García Márquez, *Relato de un náufrago*. Colombia]

GRAMÁTICA & VOCABULARIO

- **morirse de algo** (~으로 죽다, ~때문에 죽다 / ~해서 죽을 것 같다)
- **en un momento** (어느 순간, 어느 한 순간)
- **volver a +동사원형** (다시 ~하다)
- **cada vez máz** (점점 더) : 강도가 점점 세지거나 약해지는 것을 표현.
- **comenzar a +동사원형** (~하기 시작하다)
- **dar golpes** (고동치다, 크게 치다)
- **a medida que** (~와 동시에, ~에 맞추어)
- **apoyar(se) en algo/alguien** (~에 기대다)
- **de pronto** (갑자기)
- **seguido por algo/alguien** (~을 뒤에 거느리고)
- **tan pronto como** (~하자마자) : 어떤 일에 즉시 연이어 일어나는 행위를 가리킨다.
- **menos** (= excepto)
- **estar seguro(a) de algo** (~에 대해 확신하다)
- **en seguida** (곧, 금방)
- **continuar +현재분사** (계속 ~하다 = seguir +현재분사)
- **darse cuenta de algo** (~에 대해 깨닫다, 눈치 채다) : cuenta는 '계산'을 의미. 계산이 된다니, 이해했다는 의미로 받아들일 수 있음.
- **ahogar(se) con algo** (~으로 숨이 막히다)
- **obligado(a) a algo** (~할 의무가 있는)
- **tan pronto** (막 ~하자마자)
- **apresurarse a +동사원형** (서둘러 ~하다, 황급히 ~하다)
- **traficar con(en) algo** (~을 교역하다, 매매하다)
- **para / por**는 모두 목적을 나타내기는 하지만 por는 그 행위를 하게끔 하는 동기나 이유를 가리킨다는 차이가 있다.
- **con seguridad** (확실하게, 분명히 = seguramente)
- **ocurrirse algo a alguien** (갑자기 ~이 떠오르다, ~생각이 들다)

조난자

나는 괴로워 죽을 것만 같았다. 어느 순간 나는 내가 그 외떨어지고 황량한 장소에 있다는 것을 깨달았다. 그러나 곧 점점 더 가까운 곳에서 개 짖는 소리가 다시 들려왔다. 개 짖는 소리가 다가오는 것에 맞추어 심장이 크게 뛰기 시작했다. 나는 손바닥에 기대었다. 머리를 들고는 기다렸다. 1분이 지나고 2분이 지났다. 개 짖는 소리는 점점 더 가까운 곳에서 들렸다. 갑자기 정적만이 감돌았다.

그리고는 파도의 철썩임과 야자수 사이의 바람 소리만이 존재했다. 그 후, 내 일생동안의 기억에서 가장 긴 일분이 지나자, 바구니 두 개를 걸친 나귀를 뒤에 매달고 바짝 마른 개가 나타났다. 그들 뒤로는 밀짚모자와 무릎까지 접어올린 바지를 걸친 하얗고도 하얀 남자가 오고 있었다.

그는 길모퉁이에 등장하자마자 놀라서 나를 쳐다보았다. 그가 멈춰 섰다. 꼬리를 바짝 치켜든 개가 나를 냄새 맡으려 다가왔다. 남자는 여전히 침묵 속에서 움직이지 않았다. 왠지는 모르겠으나 나는 콜롬비아를 제외한 카리브해 어딘가에 있다는 생각이 들었다. 내 말을 알아들으리라고 크게 믿지는 않으면서 나는 스페인어로 말할 결심을 했다.

"선생님, 도와주십시요"라고 내가 말했다.

그는 금방 대답하지 않았다. 눈도 깜빡이지 않고 여전히 나를 신비스럽게 살펴보았다.

"도와주세요." 나는 그 남자가 내 말을 이해하지 못한다고 생각하며 급박하고 절실하게 연거푸 말했다.

"무슨 일이 있었습니까?" 라고 그는 친절한 어투로 내게 물었다.

그의 목소리를 들었을 때, 갈증이나 굶주림, 절망보다는 내게 일어났었던 일을 들려주고 싶은 욕망이 나를 사로잡는다는 사실을 깨달았다. 말로 거의 목이 메어가며 나는 숨도 쉬지 않고 그에게 말했다.

"저는 루이스 알레한드로 벨라스꼬입니다. 2월 28일 해군 구축함 깔다스호에서 떨어진 선원들 중 한 명이예요."

나는 온 세상이 그 소식을 알고 있어야하는 의무가 있다고 믿었다. 내 이름을 말하자마자 황급히 나를 도와주리라고 믿었던 것이다. 그러나 그는 꼼짝하지 않았다. 나를 바라보며 같은 자리에 머물러 있었다.

"닭 배의 선원이요?" 그는 아마도 돼지나 가금류를 사고파는 배를 생각했었는지 나에게 물었다.

"아니요, 저는 해군의 해병입니다".

그제서야 남자가 몸을 움직였다. 모자를 뒤로 재끼고는 내게 말했다.

"항구까지 철사를 가져다주러 가는 길입니다. 그리고 나서 당신에게 돌아오지요."

나는 그것이 나를 피해가는 또 한 번의 기회라고 생각했다.

"틀림없이 돌아오실 거죠?" 나는 호소하는 투로 그에게 말했다.

남자는 그렇다고 대답했다. 틀림없이 돌아오겠노라고 말이다. 나에게 상냥하게 웃어주고는 가던 길을 다시 재촉했다. 개는 여전히 옆에서 내 냄새를 맡고 있었다. 남자가 멀어질 때에서야 거의 고함소리로 그에게 물어볼 생각이 들었다.

"여기는 무슨 나라죠?"

그러자 그는 너무나도 자연스럽게 그 순간 내가 기대하지 않았던 유일한 대답을 들려주었다.

"콜롬비아죠."

[콜롬비아. 가브리엘 가르시아 마르께스 『어느 조난자의 이야기』에서 각색한 글]

PREGUNTAS

10. Según el texto, el marinero :
   a) se escondió cuando oyó al perro.
   b) necesitaba ayuda.
   c) temía que lo descubrieran.

11. Según el relato, el hombre del sombrero :
   a) estaba buscando al marinero.
   b) ya había oido hablar del marinero.
   c) encontró al marinero por casualidad.

12. Según el texto, el hombre del sombrero :
   a) no quería ayudar al marinero.
   b) le prometió al marinero que regresaría.
   c) fue a pedir ayuda.

10. 위 글에 의하면, 이 해병은: a) 개의 소리가 들렸을 때 몸을 숨겼다. b) 도움이 필요했다. c) 자신을 발견하는 것을 두려워했다.	답: b
11. 위 이야기에 의하면, 모자를 쓴 남자는: a) 해병을 찾고 있었다. b) 그 해병에 대해 이야기하는 것을 이미 들었었다. c) 우연히 해병을 발견했다. ► por casualidad : 우연히 (=casualmente)	답: c
12. 위 글에 의하면, 모자를 쓴 남자는: a) 해병을 도와주고 싶어 하지 않았다. b) 돌아오겠다고 해병에게 약속했다. c) 도움을 청하러 갔다.	답: b

PRUEBA 2. EXPRESIÓN ESCRITA

Parte número 1 : Carta personal

Instrucciones

Redacte una carta de **150-200 palabras** *(15-20 líneas).*
Escoja sólo una de las dos opciones que se le proponen.
Escriba la carta definitiva en la **Hoja de Respuestas Número 2.**
Comience y termine la carta como si fuera real.

150-200 **단어**(15-20줄) 정도의 편지를 쓰시오. 제시된 두 개의 선택사항중 하나만 고르시오. **2번 답지**에 결정된 편지를 쓰시오. 실제인 것처럼 편지를 시작하고 끝마치시오.

Opción 1

Usted ha conseguido un trabajo para el que ha estado preparándose durante mucho tiempo. Una amiga suya de Panamá le ha ayudado mucho a conseguirlo. Escríbale una carta en la que deberá :

- saludarla ;
- comunicarle la noticia ;
- agradecerle su ayuda ;
- invitarla a una fiesta de celebración e indicarle : cuándo, cómo y dónde se celebrará la fiesta.

Opción 2

Usted es el presidente de la asociación cultural de su barrio. Ha recibido la factura del último viaje que realizaron, pero el precio es superior al convenido.

Escriba una carta al responsable de la agencia de viajes en la que deberá :

- saludarle ;
- explicarle los motivos de su carta ;
- describirle las características del viaje ;
- solicitarle que le envie una nueva factura con el precio correcto.

Opción 1

당신은 오랫동안 준비하고 있었던 직업을 얻었다. 파나마의 한 친구가 그것이 가능하도록 당신을 많이 도와주었다. 그녀에게 다음 사항이 들어간 편지를 쓰시오:

– 인사하기
– 그 소식을 전하기
– 그녀의 도움에 감사하기
– 축하 파티에 초내하기 그리고 파티가 언제 어떻게 어디에서 열리는지 알려주기

Opción 2

당신은 지역 문화모임의 회장이다. 최근 여행에 대한 계산서를 받았는데, 그 가격이 계약한 것보다 높다.

여행사 책임자에게 다음 사항이 포함된 편지를 쓰시오:

– 인사하기
– 편지의 동기 설명하기
– 여행의 특성 서술하기
– 정확한 가격이 적힌 새 계산서를 보내줄 것을 부탁하기

Parte número 2 : Redacción

Instrucciones

Escriba una redacción de **150-200 palabras** *(15-20 líneas).*

Escoja sólo una de las dos opciones que se le proponen.

Escriba la redacción definitiva en la **Hoja de Respuestas Número 2.**

> 150-200 **단어**(15-20줄) 정도의 글을 쓰시오.
> 제시된 두 개의 선택사항중 하나만 고르시오.
> 2번 **답지**에 결정된 글을 쓰시오.

Opción 1

Todo el mundo ha hecho algo en la vida de lo que se siente especialmente satisfecho. Escriba un texto en el que cuente :

- qué fue lo que hizo ;
- por qué lo hizo ;
- en qué momento de su vida sucedió ;
- por qué se siente tan satisfecho de ello.

Opción 2

Con frecuencia escuchamos la siguiente frase : "Los jóvenes de ahora no leen". Elabore un escrito en el que deberá :

- exponer su opinión a favor o en contra ;
- dar ejemplos que justifiquen su opinión ;
- hablar de su experiencia personal ;
- elaborar una breve conclusión.

Opción 1

모두들 일생에서 특히 만족스럽게 느꼈던 무언가를 한 적이 있다. 다음을 밝히는 글을 쓰시오:

– 한 일이 무엇인가
– 왜 그 일을 했는가
– 인생의 어느 순간에 일어났는가
– 그 일에 대해 왜 그토록 만족스럽게 생각하는가

Opción 2

우린 "요즘 젊은이들은 독서를 하지 않는다"는 말을 종종 듣는다. 다음 사항이 포함된 글을 쓰시오:

– 찬반 의견을 펼치시오.
– 당신의 의견을 뒷받침하는 예를 드시오.
– 개인적인 경험에 대해 이야기하시오.
– 짧은 결론을 도출하시오.

PRUEBA 4. GRAMÁTICA Y VOCABULARIO

Sección 1 : Texto incompleto

Instrucciones

Complete el siguiente texto eligiendo para cada uno de los huecos una de las tres opciones que se le ofrecen.

Puede utilizar esta página como borrador, si lo estima conveniente.

Marque la opción elegida en la **Hoja de Respuestas Número 4.**

다음 지문에서 각각의 빈칸을 주어진 세 개의 선택지 중 하나를 골라 완성하시오.
필요하다면 이 페이지를 연습지로 사용할 수 있습니다. **4번 답지**에 선택된 답을 표시하시오.

CARAMELOS CON HISTORIA

Algunos de los caramelos más populares tienen su origen en el siglo XIX. Sin embargo, por ellos no pasan los años.

Los caramelos, las chuches, las golosinas... Eso que les gusta tanto a los niños y a los que no son ___1___ niños, no han sido siempre un capricho que comemos para endulzar nuestros paladares. ___2___ se crearon hace años, tenían su explicación y finalidad.

Nacen a raíz de la necesidad del ser humano de ___3___ un alimento ligero, fácil de transportar, pero que además le produjese energía.

El consumo de caramelos ___4___ íntimamente ligado al descubrimiento de la miel. Ya en ___5___ de Noé, los viajeros preparaban una pasta dulce y jugosa con pulpa de fruta y cereales ; ___6___ los antiguos egipcios preparaban sus caramelos mezclando miel y fruta, y moldeándolos de ___7___ diversas formas. Pero es de la India de donde procede el descubrimiento de usar azúcar __8__ elaborarlos, allí se produjo por primera vez el azúcar sólido.

El nombre de *caramelo* procede del descubrimiento de la caña de azúcar, que en latín __9__ denominaba *canna melis* y que finalmente dará __10__ al término *caramelo*. Con la caña de miel se desarrollaron nuevas y mejores técnicas de repostería ; el problema fue que durante siglos __11__ un producto de lujo que no podía ser disfrutado por muchos, ni estaba al alcance de __12__.

De esta época son también los caramelos cubiertos __13__ azúcar y rellenos con frutos secos, pasas... A estas grageas __14__ añadían aromas de fresa, violeta, limón y utilizaban diversos colores en su presentación para que __15__ la atención.

Fue ya en 1850 cuando Estados Unidos comenzó con la producción industrial de caramelos, pero en España no se aplicó __16__ finales del XIX.

Un clásico entre los caramelos es el chicle. Su uso procede de la costumbre __17__ tenían los mayas de masticar la savia de algunos árboles. De esta forma descubrieron que __18__ una magnífica forma de calmar la sed. Pero la gran revolución se produjo __19__ T. Adams empezó a usar el chicle como goma base, con gran capacidad para retener el sabor ; esto permitió que __20__ al mercado chicles con diferentes sabores : fresa, regaliz, menta... muy similares a los que ahora consumimos.

[Adaptado de *funversion.universia.es*. España]

Opciones

1. a) tan b) tanto c) tantos
2. a) Cuando b) Desde c) Nada más
3. a) encontrado b) encontrar c) encontrando
4. a) es b) tiene c) está
5. a) tiempos b) ratos c) momentos
6. a) incluido b) incluso c) incluyendo
7. a) más b) todas c) muy
8. a) para b) por c) a
9. a) se b) le c) lo
10. a) espacio b) sitio c) lugar
11. a) hubo b) fue c) estuvo
12. a) cualquiera b) cualquier c) alguno
13. a) de b) por c) sin
14. a) los b) las c) les
15. a) llamaron b) llamaran c) llamaban
16. a) hasta b) hacia c) por
17. a) la que b) que c) quien
18. a) fue b) era c) había sido
19. a) cuando b) después c) durante
20. a) saldrían b) salían c) salieran

CLAVE									
1. ⓐ	2. ⓐ	3. ⓑ	4. ⓒ	5. ⓐ	6. ⓑ	7. ⓒ	8. ⓐ	9. ⓐ	10. ⓒ
11. ⓑ	12. ⓐ	13. ⓐ	14. ⓒ	15. ⓑ	16. ⓐ	17. ⓑ	18. ⓑ	19. ⓐ	20. ⓒ

GRAMÁTICA & VOCABULARIO

1 ...no son **tan** niños : 형용사 niño를 수식하는 부사는 성수 변화가 없다.

1-1 por ellos no pasan los años : pasar por algo (~로 지나가다) / el caramelo (사탕), la chuche(chuchería) (사탕, 젤리 종류), la golosina (단 맛의 주전부리) / el capricho : '변덕'을 뜻하지만 큰 의미 없이 하는 행동을 뜻하기도 한다.

2 **Cuando** se crearon hace años... : 문맥상 올바른 형태를 찾는다. nada más, desde는 모두 동사원형을 요구한다.

3 ...de **encontrar** un alimento... : 명사와 동사만이 전치사와 연결될 수 있다.

3-1 a raíz de algo : ~을 근거로, 기반으로, 뿌리로 하여

4 El consumo de caramelos **está** íntimamente ligado al descubrimiento... : estar ligado(a) a algo (~에 연결된, 관련된)

5 ...en **tiempos** de Noé... : tiempo만 '시절, 시대'의 뜻이 있다.

6 ...**incluso** los antiguos egipcios... : 현재분사는 올 수가 없고, incluído는 '포함하는'을 뜻하므로, incluso처럼 '~까지도, ~마저'의 의미는 표현할 수 없다.

7 ...**muy** diversas formas : 문맥에 유의한다.

8 ...usar azúcar **para** elaborarlos... : 어떤 행위로 얻고자 하는 목적은 para로 표현된다.

8-1 proceder de +장소 : ~에서 유래하다, 비롯되다 / por primera vez : 처음으로

9 ...se denominaba ***canna melis***... : denominarse '명명되다'

10 ...dará **lugar** al término... : dar lugar a algo (~에 동기, 구실을 제공하다)

11 ...durante siglos **fue** un producto de lujo... : Be동사가 요구되는 구문이다.

12 ...al alcance de **cualquiera** : '누구나'를 뜻하는 대명사가 요구되는 자리이다.

12-1 al alcance de alguien (~의 손닿는 곳에, ~의 능력 안에)

13 ...los caramelos cubiertos **de** azúcar... : cubierto(a) de algo (~으로 뒤덮인)

14 A estas grageas les añadían... : A estas grageas에 해당하는 간접목적대명사를 선택해야한다.

15 ...para que **llamaran** la atención : para que는 항상 접속법시제를 요구한다 / llamar la atención (흥미, 관심을 끌다)

16 ...no se aplicó **hasta** finales del XIX : 시한을 나타냄에 유의한다.

16-1 comenzar con algo (~을 시작하다)

17 ...la costumbre **que** tenían... : que 절은 la costumbre를 수식하는 형용사절이다. 선행사가 사람도, 주격도 아니므로 quien이나 la que는 올 수 없다.

18 ...descubrieron que **era** una magnífica forma... : 동시대 과거의 일을 설명하고 있으므로 불완료 과거시제가 옳다.

19 ...se produjo **cuando** T. Adams empezó... : 절을 연결하고 있음에 유의한다.

20 ...permitió que **salieran** al mercado... : permitir는 종속절에 접속법 시제 요구.

20-1 similar a algo : ~와 비슷한, 유사한

역사가 있는 사탕

가장 인기 있는 사탕 중 어떤 것들은 19세기에 생겨났다. 그렇지만 그들에겐 세월이 흐르지 않는다.

사탕, 젤리, 캐러멜... 어린이들과 그다지 어리지 않은 이들이 그토록 좋아하는 그것들은 언제나 혀를 달콤하게 하려고 먹던 주전부리였던 것은 아니다. 예전에 만들어졌을 땐 그 이유와 목적이 있었다.

그들은 가볍고, 운반이 용이하지만 에너지를 만들어주는 음식을 찾아내려는 인류의 필요성을 바탕으로 탄생했다.

사탕의 소비는 꿀의 발견과 밀접하게 연관되어 있다. 이미 노아의 시대에 여행자들은 과육과 곡류로 달콤하고 즙이 풍부한 졸임을 만들었었다. 고대 이집트인들은 꿀과 과일을 섞어 아주 다양한 형태로 빚어 사탕을 만들기까지 했던 것이다. 그러나 그것을 만들기 위한 설탕 이용법 발견이 유래한 것은 인도에서였다. 그곳에서 최초로 고체 설탕이 만들어졌던 것이다.

사탕(캐러멜)이라는 이름은 사탕수수의 발견에서 비롯되었는데, 그것은 라틴어로 '칸나 멜리스'라는 이름이었고 결국 캐러멜이라는 명칭을 낳게 되었다. 사탕수수로 새롭고도 개선된 디저트 기술이 진보를 이루었다. 문제는 수 세기동안 다수에 의해 향유되어지거나 누구나 손에 넣을 수 없는

사치스러운 상품이었다는 점이다.

설탕으로 덧입히고 말린 과일이나 건포도 등으로 속을 채운 사탕 역시 이 시기에 나왔다. 이 둥근 정제에 딸기, 바이올렛, 레몬의 향을 더하고, 관심을 끌기위해 겉에 다양한 색을 이용하였다.

미국이 산업화된 사탕 생산을 시작하였을 때는 이미 1850년이었으나, 스페인에서는 19세기 말까지 이루어지지 않았다.

사탕(캐러멜) 중에서 고전의 하나가 껌이다. 그것의 사용은 마야인들이 일부 나무들의 진액을 씹었던 풍습에서 비롯되었다. 갈증을 잠재우는 훌륭한 방법이라는 것을 이 형태에서 발견했던 것이다. 그러나 엄청난 변화는 T. 아담스가 맛을 유지하는 뛰어난 역량이 있는 고무 베이스로 껌을 활용하기 시작했을 때 발생했다. 이는 지금 우리가 먹는 것과 매우 흡사한 딸기, 감초, 박하 등 다양한 맛의 껌이 시장에 나오는 것을 가능하게 하였다.

[스페인. funversion.universia.es에서 각색한 글]

EJERCICIO 1

Instrucciones

En cada una de las frases siguientes se ha marcado con letra **negrita** *un fragmento. Elija, de entre las tres opciones de respuesta, aquella que tenga un significado equivalente al del fragmento marcado. Por ejemplo* :

- No he hablado todavía con Javier porque el teléfono **está comunicando.**

a) está estropeado
b) no da señal
c) está ocupado

La respuesta correcta es la **c.**

Marque la opción correcta en la **Hoja de Respuestas Número 4.**

다음 문장들 각각에서 한 부분이 진한 글씨체로 표시되어 있다. 해답의 세 선택지 중에서 표시된 부분에 해당하는 의미를 가진 답을 선택하시오. 예를 들어 :

– 전화가 **통화중이라** 난 아직 하비에르와 이야기하지 못했다.

a) 고장이 나서
b) 신호가 가지 않아서
c) 사용 중이라

올바른 답은 c 이다.

4번 답지에 올바른 답을 표시하시오.

21. - ¿Sabes? Al final el seguro pagó todos los gastos de la avería.
- **Menos mal**.
  a) ¡Qué alivio!
  b) ¡Qué injusto!
  c) ¡Qué raro!

– 알고 있어? 결국 보험(회사)이 파손 비용 전부를 지불했어. – **불행 중 다행이군**. a) 마음이 놓여! b) 불공평해! c) 비싸잖아! ► al final : 마침내, 결국	답 : a

22. - Pero, ¿cómo te rompiste el pie?
- Iba **descalzo** por el pasillo y me caí.
  a) corriendo
  b) sin zapatos
  c) a oscuras

– 그런데 다리는 어떻게 해서 부러진 거야? – **신발 벗고** 복도를 지나가다 넘어졌어. a) 뛰어가다가 b) 신발 없이 c) 어둡게	답 : b

23. - ¿Sabes que cuando era pequeño **era muy goloso**?
- Pues has cambiado mucho.
  a) me gustaban mucho los dulces
  b) no hablaba mucho
  c) me peleaba con mis compañeros

– 내가 어릴 적엔 **단것을 무지 좋아했었다는** 것 알아? – 그럼 너 많이 변한 거구나.	답 : a

a) 단 것을 무척 좋아했어.
b) 말을 많이 하지 않았어.
c) 동급생들과 싸웠어.

24. - ¿Ya has **arreglado** lo dc la multa?
- Bueno... Todavía no sé si han aceptado mi reclamación.
a) comparado
b) comprobado
c) solucionado

– 그 벌금 건은 이제 **해결한** 거야?
– 뭐... 내 이의가 받아들여졌는지는 아직 몰라.
a) 비교한
c) 확인한
c) 해결한

► lo de algo : 미리 이야기한 주제를 언급할 때 쓴다.

답: c

25. - ¿Puedes venir conmigo al dentista?
- **¡Cómo no!**
a) Por supuesto
b) No, lo siento
c) Claro que no

– 나랑 치과에 같이 가줄 수 있어?
– **물론이야!**
a) 당연하지
b) 아니, 미안해
c) 물론 아니야

► venir con alguien : ~와 함께 가다

답: a

26. - Creo que Laura lo hizo **a propósito.**
- Yo no estoy tan seguro.

a) sin pensar
b) con intención
c) para molestar

– 내 생각엔 라우라가 그 일을 **일부러** 한 것 같아. – 나는 그다지 확신이 가지 않아. a) 생각 없이 b) 의도를 가지고 c) 귀찮게 만들려고 ► estar seguro(a) de algo : ~에 대해 확신하다, ~라고 믿다	답: b

27. - No se lo digas tú. Prefiero hacerlo yo.
    - Bueno, si **te empeñas**...
    a) no te importa
    b) te interesa
    c) insistes

– 그/그녀에게 말하지 말아줘. 내가 말하고 싶어. – 알았어, 네가 고집을 부린다면... a) 네가 괜찮다면 b) 네가 관심 있다면 c) 네가 고집하면 ► empeñarse en algo : ~에 고집부리다, ~을 고집하다	답: c

28. - ¿Qué tal en la boda de Felipe y Ana?
    - ¡Genial! **Nos pusimos las botas.**
    a) Bailamos todo el tiempo
    b) Comimos mucho
    c) Éramos los más elegantes

– 펠리페와 아나의 결혼식에서 어떻게 보냈어? – 끝내줬어! **최대한 즐겁게 보냈으니까.** a) 내내 춤췄어	답: b

b) 많이 먹었어 c) 우리가 가장 우아했어 ► ponerse las botas : 어떤 일에서 최대한의 이익을 취하다	

29. - ¿Qué te parece el nuevo secretario?

- La verdad es que **no lo aguanto**.

a) me cae muy mal

b) no lo conozco

c) me parece simpático

– 새 비서는 어때 보이던? – 솔직히 **그 사람 못 참아주겠어**. a) 매우 마음에 들지 않아 b) 그를 잘 몰라 c) 상냥해 보여 ► aguantar : 참다 / caer bien(mal) a alguien : ~에게 마음에 들다 (들지 않다)	답: a

30. - ¿Sabes que han despedido a Santiago?

- **¡No me digas!**

a) No me lo repitas

b) Ya lo sabía

c) Es increíble

– 산티아고가 퇴직 당했다는 것 알고 있니? – 그럴 리가! a) 반복해서 말해줄 것 없어 b) 이미 알고 있었어 c) 믿을 수 없어 ► ¡No me digas! : 상대의 말에 놀라움을 표현할 때 사용한다.	답: c

EJERCICIO 2

Instrucciones

Complete las frases siguientes con el término adecuado de los dos o cuatro que se le ofrecen. Marque la opción en la **Hoja de Respuestas Número 4.**

> 주어진 두 개나 네 개의 단어중 적절한 단어를 골라 다음 문장들을 완성하시오.
> **4번 답지**에 선택된 답을 표시하시오.

31. - ¿Qué está haciendo Ana? Hace mucho que no la veo.
    - Pues _______ de recepcionista en un hotel de Palma y está muy contenta.

    a) es

    b) está

— 아나는 뭐하고 있어요? 그녀를 못 본지 꽤 되었는데. — 빨마의 한 호텔에서 예약담당자로 있는데 매우 만족스럽게 지내요. ► estar de +직업 : 일시적인 직업을 나타낸다. ► hace +시간 +que : ~한지 ~되었다	ser-estar 구분 (답 : b)

32. - ¿Tenemos que terminar el informe hoy?
    - Sí, _______ muy urgente.

    a) es

    b) está

— 보고서를 오늘 끝내야만 합니까? — 예, 매우 급합니다. ► ser urgente : 급하다	ser-estar 구분 (답 : a)

33. - ¿Has visto a Sonia?
    - No está. Ayer me comentó que hoy _______ una reunión en Madrid.

a) tenía
b) tuvo

— 너 소니아 봤니? — 지금 없어. 오늘 마드리드에서 회합이 있다고 어제 나한테 말했거든. ► 간접화법이므로 불완료과거 시제가 옳다.	부정과거- 불완료과거 구분 (답: a)

34. - Hoy esta sopa _______ riquísima, tiene un sabor muy especial.
- Es que le he echado azafrán.
a) está
b) es

— 오늘 이 스프 굉장히 맛있네, 아주 특별한 맛이야. — 사프란을 첨가했거든. ► 음식의 맛은 estar동사로 표현한다.	ser-estar 구분 (답: a)

35. - He ganado una enciclopedia en el concurso _____ decir 5 países de Latinoamérica.
- ¿Sólo 5? ¡Qué fácil!
a) para
b) por

— 라틴아메리카의 5개국을 말한 것으로 학교 퀴즈대회에서 백과사전을 탔어. — 고작 5개? 너무 쉽잖아! ► 'por +이유, 원인' 구문이다.	para-por 구분 (답: b)

36. - ¡Es tardísimo! ¿Dónde has estado?
- Es que he venido _______ la autopista y había mucho tráfico.
a) para
b) por

— 너무 늦었잖아! 어디에 있었던 거야?	para-por 구분

– 고속도로로 왔는데 교통이 막혔기 때문이야. ► 어떤 행위가 이루어지는 경로를 표현할 때는 por를 사용한다. ► es que : 변명 시 자주 사용되는 구문이다.	(답 : b)

37. - Pero... ¡En esta oficina no hay _______ ordenador que funcione!
    - ¿Has probado el mío?.
    a) ningún
    b) algún

– 그런데... 이 사무실엔 작동하는 컴퓨터가 없잖아! – 내 것을 써봤니? ► 부정문에서 형용사가 요구되는 문제이다.	부정사(indefinidos) 구분 (답 : a)

38. - ¿Cuál es tu coche?
    - Aquél, el que _______ aparcado al final de la calle.
    a) está
    b) es

– 네 차는 어떤 거니? – 저거야, 거리 끝에 주차되어 있는 차. ► 'estar +형용사' 구문으로, 주어의 일시적인 상태를 나타낸다. ► al final de algo : ~의 끝에	ser-estar 구분 (답 : a)

39. - ¿Sabías que Román _______ 7 años en México?
    - No. ¡Ni idea!
    a) vivía
    b) vivió

– 로만이 멕시코에서 7년간 살았었다는 것 알고 있었어? – 아니, 생각지도 못했어! ► 7년이라는 기한이 명시되어 있으므로 부정과거시제가 옳다. ► ¡Ni idea! : 전혀 아무런 생각이 없음을 강조할 때 사용한다.	부정과거- 불완료과거 구분 (답 : b)

40. - ¿Sabe _______ dónde es la conferencia?
- Creo que en el salón de actos.
a) alguien
b) algún

– 회의가 어디에서 열리는지 아시는 분 있나요? – 회의장일 겁니다. ► 사람을 가리키는 부정대명사가 필요하다.	부정사 (indefinidos) 구분 (답 : a)

41. - ¿Vas a ir al congreso de Montevideo?
- Sí quería, pero _______ me coincida con el de París.
a) probablemente
b) a lo mejor
c) igual
d) lo mismo

– 몬테비데오의 학회에 갈 거야? – 응, 가고 싶었어, 하지만 아마도 파리 학회와 겹칠 것 같아. ► 가능성의 표현이다. probablemente 만이 접속법시제와 쓰이면서 희박한 가능성을 표현한다. a lo mejor, igual은 모두 직설법과 쓰이고, lo mismo (같은 것)는 무관하다.	관용구 (답 : a)

42. - Manaña, _______ salga del banco, me llama a la oficina.
- De acuerdo, no se preocupe.
a) desde que
b) nada más
c) en cuanto
d) hasta que

– 내일 은행에서 나오자마자 사무실로 전화해주십시오. – 그러죠, 걱정하지 마십시오. ► 문맥상 '~하자마자'를 뜻하는 표현이 필요하다. nada más는 직설법을, en cuanto는 미래의 일을 가리킬 경우 접속법을 요구한다.	접속사 구분 (답 : c)

43. - ¿Y qué hiciste cuando se acabó la gasolina?
- Pues, _______ no tenía el móvil, tuve que andar hasta la gasolinera más próxima.
a) como
b) porque
c) de modo que
d) a causa de

– 그래서 휘발유가 다 떨어졌을 때 어떻게 했어? – 휴대전화가 없어서 가장 가까운 주유소까지 걸어가야만 했지. ► como와 porque는 모두 이유를 설명하는 절을 이끌지만, como 절은 앞자리를 차지한다 / de modo que (그래서), a causa de (~때문에) ► el móvil : 휴대전화 (중남미에선 el celular를 사용)	접속사 구분 (답: a)

44. - ¿Qué le digo a la secretaria?
- _______ quieras.
a) Lo cual
b) El que
c) Que
d) Lo que

– 비서에게 뭐라고 말하지? – 하고 싶은 대로 해. ► 선행사가 없는 주격 관계사로는 lo que가 옳다. lo cual은 선행사 없이 쓸 수 없고, el que도 문맥상 무엇을 가리키는지 알 수 없으며, que는 주격으로 쓸 수 없다.	관계사 구분 (답: d)

45. - ¿Vas mucho al cine?
- Sí, _______ estrenan una nueva película.
a) cada vcz quc
b) ya que
c) mientras
d) aunque

— 극장에 많이 가니? — 응, 새 영화를 개봉할 때마다. ▸ 문맥상 때를 나타내는 접속사구가 요구된다.	접속사 구분 (답 : a)

46. - Mira, si vamos a esta casa rural podemos montar _______ caballo.
    - Ya, pero yo no sé montar.
      a) con
      b) a
      c) por
      d) de

— 이봐, 만일 우리가 그 전원주택에 간다면 말을 탈 수 있어. — 그래, 하지만 난 말 탈 줄 모르는 걸. ▸ montar a caballo : 말을 타다 ▸ casa rural : 직역하면 '전원주택' 쯤 되지만 사실은 외진 시골 민박집의 개념이다.	관용구 (답 : b)

47. - ¿A qué hora salieron del curso?
    - Pues no sé, cuando llegué no había nadie. Ya se _______.
      a) marchaban
      b) han marchado
      c) marcharon
      d) habían marchado

— (그들은) 몇 시에 수업을 마치고 나왔어요? — 난 잘 몰라요, 내가 도착했을 땐 아무도 없었거든요. 이미 떠나고 없더라구요. ▸ 과거시점에서 완료된 일을 가리키므로 과거완료 시제가 옳다.	시제 구분 (답 : d)

48. - Fíjate _______ esto ¡Es increíble!
    - A ver, a ver...
      a) en
      b) a
      c) por
      d) para

– 이것 좀 봐. 정말 믿을 수 없을 정도야! – 어디 봐.... ► fijarse en algo/alguien : ~에 주목하다, 주의를 기울이다	관용구 (답: d)

49. - ¿Ya te has enterado de los resultados de la encuesta?
    - Sí, ya los conocía antes de que los _______.
      a) publicaron
      b) publicaban
      c) publicaran
      d) publiquen

– 이제 설문조사의 결과에 대해 알았어? – 응, 그것이 발표되기 전에 이미 알고 있었어. ► antes de que는 접속법 시제와 사용되며, 주절이 과거시제임에 유의한다. ► enterarse de algo : ~에 대해 깨닫다, 눈치 채다	직설법-접속법 구분 (답: c)

50. - ¿_______ has explicado todo a Rocío?
    - Que sí, no te preocupes.
      a) Se te
      b) Se lo
      c) Se la
      d) Se le

– 로씨오에게 모두 설명해줬니? – 그렇다니까, 걱정하지 마. ► 그녀에게 (le) 그것을 (lo) → se lo ► Que sí : 대답을 반복할 때 쓴다.	직간접목적대명사 구분 (답: b)

51. - ¿Qué te pasa?
    - Que estoy cansadísima, me voy a ir _______ vacaciones ya mismo.

a) a
b) de
c) en
d) para

– 너 무슨 일 있니? – 무지 피곤해, 당장 휴가를 떠날 거야. ► ir de vacaciones : 바캉스 가다, 휴가 가다 ► que가 원인이나 이유를 이끄는 기능도 있다.	관용구 (답 : b)

52. - Como no te _______ prisa no llegaremos a tiempo.
- Ya voy, ya voy.
a) des
b) dieras
c) das
d) darás

– 네가 서두르지 않으면 우린 제시간에 도착하지 못할 거야. – 이제 가, 간다니까. ► como 절이 경고의 의미로서 조건을 표현할 때 접속법 시제가 요구된다. ► darse prisa : 서두르다 / a tiempo ; 제 시간에, 시간에 맞춰	직설법- 접속법 구분 (답 : a)

53. - ¡Quién _______ ir contigo a Cancún!
- Pues si no vienes es porque no quieres.
a) puede
b) pudiera
c) pueda
d) podrá

– 도대체 누가 너랑 깐꾼에 갈 수 있겠어! – 네가 가지 않는다면 그건 네가 원하지 않기 때문이야. ► ¡Quién +접속법 과거동사! : 가지지 못하거나 될 수 없는 것에 대한 한탄을 표현.	시제 구분 (답 : b)

54. - Yo que tú no le _______.
 - No sé por qué no.
 a) llamaré
 b) llamo
 c) llamara
 d) llamaría

– 내가 너라면 그/그녀에게 전화 안 할 거야. – 왜 안 되는지 모르겠어. ► 충고의 의미인 yo que tú는 종속절에 가정법 시제를 요구한다.	시제 구분 (답: d)

55. - Tengo ganas _______ comer un helado.
 - Yo también. ¡Qué rico!
 a) por
 b) de
 c) para
 d) a

– 아이스크림 먹고 싶다. – 나도 그래. 얼마나 맛있을까! ► tener ganas de algo : ~하고 싶다	관용구 (답: b)

56. - ¿Y qué le contestaste?
 - Que _______ que volver mañana antes de las 10 :00.
 a) había tenido
 b) tenía
 c) tuvo
 d) ha tenido

– 그래서 그/그녀에게 뭐라고 대답했어? – 내일 10시전까지 돌아가야 한다고 했지. ► Que 앞에는 Le contesté가 생략되어 있는 셈이다. 과거 시점에서 미래의 일을 나타내므로 종속절에 가정법이나 불완료과거 시제가 옳다.	직간접 화법 (답: b)

57. - En cuanto _______, dile que me llame.
- Vale.
a) volverá
b) vuelve
c) volviera
d) vuelva

– 그/그녀가 돌아오자마자 나에게 전화해달라고 말해줘. – 알았어. ► en cuanto는 미래의 일을 가리킬 때 접속법 시제를 요구한다.	직설법-접속법 구분 (답: d)

58. - ¿Qué has hecho esta mañana?
- _______ he comprado una cámara de vídeo a Andrés.
a) Lo
b) La
c) Le
d) Se

– 오늘 아침에 뭐했니? – 안드레스에게 비디오카메라를 사줬어. ► 'Andrés에게'를 뜻하는 간접목적대명사는 le.	직간접목적대명사 구분 (답: c)

59. - Es precioso, pero un poco caro.
- Bueno, es que está hecho _______ mano.
a) a
b) por
c) con
d) de

– 예쁘군요, 하지만 좀 비싸요. – 그렇죠, 수제품이기 때문이거든요. ► hecho(a) a mano : 손으로 만들어진, 수제품인	관용구 (답: a)

60. - ¿Qué quería el gerente?
- Nada importante, que le _______ la dirección de un cliente.
  a) dare
  b) diera
  c) daría
  d) daba

− 매니저가 무엇을 원하던가요? − 대수롭지 않아요, 어떤 손님의 주소를 알려달라고 했어요. ► 여기서 que는 quería que와 같다. 따라서 접속법과거시제가 요구된다.	직설법-접속법 구분 (답: b)

EJERCICIO

PRUEBA 1. COMPRENSIÓN DE LECTURA

Instrucciones

A continuación encontrará usted cuatro textos y una serie de preguntas relativas a cada uno de ellos.

Hay dos modalidades de preguntas :

Primer tipo :

a) Verdadero
b) Falso

Segundo tipo. Selección de una respuesta entre tres opciones :

a) ...
b) ...
c) ...

Marque la opción correcta en la **Hoja de Respuestas Número 1.**

Texto 1

BUSCAR EXPRESIONES FIJAS EN EL DICCIONARIO

Lo corriente es que quien se ve precisado a buscar una expresión fija dentro de un diccionario lo haga en el artículo correspondiente a la primera palabra de la frase y, si no aparece en esta, proceda a hacerlo en la segunda y así sucesivamente hasta que, al fin, termina encontrándola ; se trata de un procedimiento efectivo, pero lento y pesado. Desconocen quienes así proceden que existe toda una normativa, generalmente aceptada, según la cual la expresión habrá de buscarse en la primera palabra de la frase perteneciente, por orden de preferencia, a las categorías de sustantivo, verbo, adjetivo, pronombre y adverbio, exceptuándose en el caso de sustantivo las palabras *persona y cosa* y en el de los verbos, los que actúan como auxiliares. Así pues, expresiones fijas como *cabello de ángel* debe ser buscada en *cabello y no en ángel* ; *a ojos vista*, en *ojos* ; *cantarlas claras, en cantar* ; *poner pies* en *polvorosa*, en *pie*, etc.

Cuando, por otro lado, en un mismo artículo se registran varias expresiones fijas, estas aparecen ordenadas entre sí alfabéticamente. No es necesario, pues, como procede frecuentemente, ir leyendo una por una las frases fijas hasta encontrar la que se busca. Así pues, si queremos buscar, por ejemplo, *parque natural*, bajo el vocablo *parque*, lo encontraremos después de *parque nacional* y antes que *parque zoológico*.

Conviene tener además en cuenta que, tratándose de expresiones incluidas en el artículo de un sustantivo, tales expresiones están ante todo divididas en dos grupos : en primer lugar aparecen las constituidas de locuciones sustantivas, esto es, formadas por el sustantivo en cuestión y un adjetivo o complemento, ordenadas entre sí alfabéticamente y, a continuación, las demás frases hechas, también en orden alfabético. Así pues, bajo la entrada *piel*, aparecerán antes locuciones como *piel de gallina y piel de seda* que la expresión *dejarse la piel*.

Todavía conviene añadir que el *María Moliner* retringe la elección del verbo cuando la expresión fija carece de sustantivos, exceptuándose no sólo los verbos que actúan como auxiliares, sino también los que ofrecen función atributiva. Así pues, una frase como *dejar plantada a una persona*, en vez de estudiarse en *dejar*, se hace en *plantado*.

[Adaptado de *cvc.cervantes.es*. España]

PREGUNTAS

1. Según el texto, existe una normativa efectiva para buscar una expresión fija dentro de un diccionario.
   a) Verdadero
   b) Falso

2. Según el texto, para encontrar una expresión fija en un diccionario hay que buscarla siempre en el artículo que corresponde a la primera palabra de la misma.
   a) Verdadero
   b) Falso

3. Según el texto, María Moliner estudia sobre la elección del verbo en las expresiones fijas.
   a) Verdadero
   b) Falso

사전에서 관용구 찾기

사선에서 관용구를 찾아야만 하는 사람은 관용구의 첫 단어에 해당하는 항목에서 하고, 만일 여기 없으면 두 번째 단어로, 그렇게 해서 결국 그것을 찾게 될 때까지 연속적으로 찾는 것이 일반적이다. 효과적이지만 더디고 번거로운 방법인 것이다. 그렇게 계속하는 사람들은 일반적으로 받아들여지고 있는 규칙이 있다는 것을 모르고 있다. 그 규칙에 의하면 관용구는 우선순위에 따라 명사, 동사, 형용사, 대명사, 부사의 범주에 속해있는 구의 첫 단어에서 찾아야만 한다. 명사의 경우 persona, cosa, 동사의 경우는 조동사로 기능하는 것을 제외하고 말이다. 그래서 cabello de ángel과 같은 관용구는 ángel이 아닌 cabello에서 찾아야만 하는 것이다. A ojos vista는 ojos에서, cantarlas claras는 cantar에서, poner pies en polvorosa는 pie에서 찾는다.

한편, 동일한 품사에 여러 관용구가 속해있을 때, 이들은 서로간의 알파벳 순서로 나타나있다. 그러므로 자주 행동하듯이 찾는 것을 발견할 때까지 관용구를 하나하나 읽어갈 필요는 없는 것이다. 따라서 예를 들어, parque natural을 찾고 있으면 parque라는 단어 아래, parque nacional 다음 parque zoológico 전에 그것을 발견하게 될 것이다.

또한 명사라는 품사에 속한 관용구의 경우, 그런 관용구는 무엇보다 두 그룹으로 나뉘어져 있다는 짓을 염두에 두는 것이 좋다. 먼저, 명사구로 이루어진 것들이 서로간의 알파벳 순서로 등장하는데, 이는 문제의 명사와 형용사 혹은 보어로 구성된 것들이다. 계속해서 다른 관용구 역시 알파벳 순서로 나타난다. 그리하여, piel의 항목 하에 piel de gallina, piel de seda와 같은 구가 dejarse la piel보다 앞에 나온다.

María Moliner 사전은 조동사로 기능하는 동사뿐만 아니라 한정사 구문의 동사도 제외하면서 관용구에 명사가 없을 때 동사의 선택을 제한하고 있다는 것 또한 덧붙이는 것이 좋겠다. 그러므로 dejar plantada a una persona와 같은 구는 dejar에서 찾는 대신 plantado에서 해야만 한다.

[*cvc.cervantes.es* 에서 각색한 글]

PREGUNTAS

1. 위 글에 의하면, 사전에서 관용구를 찾는 데는 효과적인 규칙이 있다.
2. 위 글에 의하면, 사전에서 관용구를 찾으려면 항상 첫 번째 단어 해당 항목에서 찾아야 한다.
3. 위 글에 의하면, 마리아 몰리네르는 관용구에서의 동사 선택에 대해 연구하는 언어학자이다.

[답: a / b / b]

Texto 2

La risa de Paloma

Cuando estaba en el instituto, con 16 ó 17 años, Alfonso jugaba al balonmano después de las clases. Un día, Paloma se sentó junto a la cancha donde los chicos corrían detrás de una pelota como si esa fuese la verdadera razón de sus existencias. Un minuto después, se sentó allí mismo un morenazo alto, fuerte, que hacía baloncesto en la cancha de al lado. Cuando Alfonso se acercaba a ellos, escuchó lo que él decía.

- ¿Sabes Paloma?, hoy he soñado contigo.

- ¡Vaya, pues contándote a ti ya somos ciento cincuenta - respondió Alfonso.

Y ella, Paloma, la chica de la que toda la clase estaba enamorada, la chica a la que Alfonso dedicaba sus poemas, se rió con su risa de pájaro durante unos segundos que a él le parecieron una eternidad maravillosa. Se rió tan dulcemente, que los que jugaban al fútbol un poco más abajo, y los que practicaban voleibol, y los que hacían natación en las piscinas cubiertas del polideportivo, todos, se detuvieron unos momentos sólo para escucharla. Los conductores dejaron de insultarse en los semáforos. En los bares, los mayores pidieron más cerveza, y los pequeños más zumos de naranja. Los vendedores, en las tiendas, regalaron detergente a las señoras y chocolate a los niños. El sol salió por un momento para ver qué pasaba, después de estar cuatro días escondido tras las nubes. A lo lejos, en las fábricas, sonaron casi treinta segundos las alarmas, y las campanas de la iglesia tocaron a ritmo de samba. Alfonso nunca se atrevió a besarla, ni a invitarla al cine, ni a pasear por la plaza. Ella nunca entendió sus poemas de amor. Pero todavía hoy guarda, en algún lugar de su memoria, los ecos de su risa, y de vez en cuando los oye y eso le ayuda a ser feliz.

Volvió al entrenamiento. Hizo dos goles seguidos, luego otro de penalty. El domingo siguiente, salió a jugar desde el principio del partido. Pero perdieron.

[Adaptado de David C. Sánchez, *Los labios de Bárbara*, España]

PREGUNTAS

4. Según el texto, al que jugaba Alfonso cuando estaba en el instituto es :
   a) el fútbul.
   b) el balonmano.
   c) el baloncesto.

5. Alfonso nunca se atrevió a Paloma a :
   a) invitarla al cine.
   b) dedicarle poemas de amor.
   c) guardar en la memoria los ecos de su risa.

6. En el entrenamiento Alfonso hizo :
   a) dos goles.
   b) tres goles.
   c) cuatro goles.

빨로마의 웃음소리

16, 7세의 알폰소가 고등학교에 있었을 때 그는 방과 후에 핸드볼을 했었다. 어느 날, 소년들이 마치 자신들의 진정한 존재 이유인 것 마냥 공의 뒤를 쫓아 뛰어다니는 운동장 옆에 빨로마가 앉았다. 1분 후, 옆 경기장에서 농구를 하고 있던 키가 크고 건장한 검은 머리의 소년이 바로 그곳에 앉았다. 알폰소가 그들에게 다가갔을 때 그가 말하는 것을 들었다.

“너 알아, 빨로마? 오늘 네 꿈을 꿨어”.

“그것 참, 너까지 계산하면 이제 150명 째가 되는 군” 하고 알폰소가 대답했다.

그러자 반 전체가 사랑에 빠져있는 그녀, 알폰소가 자신의 시들을 바치는 그녀 빨로마가 그에게는 황홀한 영원처럼 느껴진 몇 초 동안 새소리와 같은 소리로 웃었다. 어찌나 달콤하게 웃던지, 약간 아래에서 축구를 하고 있던 사람들과 배구 연습하던 사람들, 체육관의 실내 수영장에서 수영하던 이들 모두가 오직 그것을 듣기 위해 잠시 행동을 멈추었다. 운전자들은 신호등에서 서로 욕하는 것을 그만두었다. 바에서는 어른들이 맥주를, 아이들은 오렌지 주스를 더 주문했다. 상인들은 가게에서 아줌마들에게는 세제를, 아이들에게는 초콜릿을 선물했다. 태양은 구름 뒤에 숨은 지 나흘 만에 무슨 일인가 살펴보러 잠시 모습을 드러냈다. 멀리 떨어진 공장에서는 거의 30초간 벨이 울렸고, 교회의 종들은 삼바 리듬으로 울려댔다. 알폰소는 그녀에게 키스하거나 영화관으로 초대하거나 광장으로의 산책에 한 번도 엄두를 내본 적이 없었다. 그녀는 그의 사랑의 시를 결코 이해하지 못했다. 그러나 그는 지금까지도 기억 어딘가에 그녀의 웃음이 남긴 메아리를 간직하고 있고 이따금씩 그것을 듣는다. 그리고 그것은 그가 행복하게끔 도와주는 것이다.

그는 연습으로 돌아갔다. 연속으로 두골을, 그 다음에는 페널티로 한 골을 기록했다. 그 다음 일요일에는 게임 시작부터 경기를 하러 나갔다. 그러나 시합은 지고 말았다.

[스페인. 다비드 C. 산체스, 『바르바라의 입술』에서 각색한 글]

PREGUNTAS

4. 위 글에 의하면, 고등학교에서 알폰소가 했던 운동은
   a) 축구
   b) 핸드볼
   c) 농구

5. 알폰소는 빨로마에게 한번도
   a) 극장으로 초대하지 못했다.
   b) 사랑의 시를 바치지 못했다.
   c) 그녀의 웃음이 남긴 메아리를 기억에 저장해두지 못했다.

6. 연습에서 알폰소는
   a) 두 골을 넣었다.
   b) 세 골을 넣었다.
   c) 네 골을 넣었다.

[답: b / a / b]

Texto 3

¿CREERLO O NO?

Yo conozco un gran número de supersticiones, ya que varios de mis familias son supersticiosos. Se dice que cuando sientes un escalofrío repentino es que alguien acaba de pisar la que será tu tumba y que después de haber ido a un entierro tienes que bañarte. Antes de que venga una visita que no te guste, pon una escoba detrás de la puerta, saldrá pronto de tu casa. Se dice que esta dos últimas son supersticiones que vienen de Asia. Existe también una superstición que viene de Cuba que dice que cuando quieras olvidar a alguien porque su recuerdo te hace daño, tienes que escribir su nombre con lápiz en un papel negro y meterlo en el congelador. No se te olvidará hasta que no hayas olvidado que lo congelaste.

Existen también muchas supersticiones en cuanto a verrugas y lunares ; por ejemplo, si tienes una verruga, pásate una patata por ella y ponla encima del armario de tu habitación donde no puedas verla, a medida que se vaya secando la patata, se irá secando tu verruga.

La sal era moneda de cambio en culturas anteriores a la nuestra. Cuando se te cae, pierdes parte de tu riqueza y además es un poco engorroso porque siempre quedan granitos de sal por algún lugar ; no sé si es por eso o por qué, pero recuerda que siempre que se te derrame la sal tienes que coger un poco de la sal derramada y tirarla hacia atrás sobre tu hombro izquierdo, porque de lo contrario, tendrás muy mala suerte.

Respecto a los espejos, siempre ha habido muchas leyendas. Se decía que eran la puerta a otras dimensiones, a mundos desconocidos, por eso, inmediatamente después de que se te rompa un espejo, tienes que meter los pedazos en agua durante siete días y siete noches o tendrás siete años de mala suerte. Si quieres empezar bien el día, al levantarte, procura hacerlo con el pie derecho, si no, es posible que tengas un día horrible. Y, por último, recuerda que un juramento no tiene valor si, mientras lo haces, cruzas los dedos, y que se pide un deseo cuando se ve una estrella fugaz.

[Adaptado de *www.augustobriga.net*. España]

PREGUNTAS

7. Según las supersticiones del narrador, antes de que venga una visita que no nos guste, tenermos que :
   a) tirar la sal hacia atrás sobre el hombro izquierdo.
   b) poner una escoba detrás de la puerta.
   c) bañarnos.

8. Según el texto, cuando se nos cae la sal, para evitar la mala suerte tenemos que :
   a) tirar la sal hacia atrás sobre el hombro izquierdo.
   b) limpiar la casa.
   c) escribir el nombre con lápiz en un papel negro.

9. Según el texto, si queremos empezar bien el día, al levantarnos tenemos que:
   a) cruzar los dedos.
   b) romper el espejo.
   c) levantar con el pie derecho.

믿을 것이냐 말 것이냐?

나는 많은 수의 미신을 알고 있는데, 그것은 가족 중 여럿이 미신을 믿기 때문이다. 당신이 갑작스런 오한을 느낄 때는 누군가 당신의 무덤이 될 곳을 막 밟았기 때문이고, 장례식에 다녀온 다음에는 반드시 목욕을 해야만 한다고들 말한다. 당신이 싫어하는 방문자가 오기 전에 문 뒤에 빗자루를 놓아두라, 그러면 금방 당신의 집에서 나갈 것이다. 이 마지막 두 개의 미신은 아시아에서 유래되었다고 한다. 또한 쿠바에서 비롯된 미신도 있는데, 그에 따르면 누군가의 기억이 당신을 고통스럽게 하기 때문에 그를 잊고 싶다면, 검은 종이에 그의 이름을 연필로 써서 냉동고에 넣어두어야만 한다. 그것을 냉동시켰다는 것을 잊어버리기 전까지는 그도 잊히지 않을 것이다.

또한 사마귀나 점에 관한 미신도 많다. 예를 들어, 당신이 사마귀가 있다면 감자를 그 위에 문지르고 그것을 당신이 볼 수 없는 방 옷장 위에 놓아두라. 감자가 건조되어가면서 당신의 사마귀도 말라갈 것이다.

현 시대 이전 문화들에서 소금은 교환용 화폐였다. 소금이 당신에게 쏟아지면 당신의 재산 일부를 잃어버릴 것이고, 더군다나 항상 어딘가에 소금 알갱이가 남아있기 때문에 조금 성가시기도 하다. 그것 때문인지 아니면 왜 그런지는 몰라도 소금이 쏟아질 때면 언제나 쏟아진 소금을 조금 집어서 왼쪽 어깨 뒤쪽으로 그것을 던져야만 한다는 것을 기억하라. 그렇게 하지 않으면 굉장한 불운을 겪게 될 것이기 때문이다.

거울과 관련해서는 언제나 많은 속설들이 있어왔다. 다른 차원, 미지의 세계로의 문이라고 말하는데, 그래서 거울이 깨진 다음에는 즉시 그 조각들을 7일 밤 7일 낮 동안 물에 담가두어야만 한다. 그러지 않으면 악운의 7년을 지내게 될 것이다. 만일 하루를 잘 시작하고 싶다면, 아침에 일어날 때 오른 발로 일어나도록 노력하라. 그러지 않으면 끔찍한 하루를 보내게 될 수 있다. 마지막으로, 맹세를 하는 동안 손가락을 꼬면 맹세가 효력이 없다는 것과 별똥별이 지나가는 동안 소원을 빌어야 한다는 것을 기억하라.

[*www.augustobriga.net* 에서 각색한 글]

PREGUNTAS

7. 화사의 미신에 의하면, 마음에 들지 않는 방문자가 오기 전에는
   a) 왼쪽 어깨 뒤쪽으로 소금을 뿌린다.
   b) 문 뒤에 빗자루를 놓아둔다.
   c) 목욕을 한다.

8. 위 글에 의하면, 소금이 쏟아졌을 때 악운을 피하기 위하여
   a) 왼쪽 어깨 뒤쪽으로 소금을 뿌린다.
   b) 집을 청소한다.
   c) 검은색 종이 위에 연필로 이름을 쓴다.

9. 위 글에 의하면, 하루를 잘 보내고 싶으면
   a) 손가락을 꼬아서 소원을 빈다.
   b) 거울을 깬다.
   c) 오른발로 일어난다.

[답: b / a / c]

Texto 4

Untura de las brujas

Las cosas que la vieja me decía sobre la que decía ser mi madre me dolían profundamente, y quería atacarla y morderla ; y si no lo hice fue para que no muriese siendo pecadora. Finalmente, me dijo que aquella noche pensaba untarse para ir a uno de sus convites, y allí preguntaría al demonio lo que iba a sucederme. Yo quería saber cómo eran esas unturas y parece que me leyó el deseo, pues me dijo :

- Esta untura de las brujas está compuesta de hierbas, y no de sangre de niños, como piensa la gente. Es tan fría que nos quita todos los sentidos y quedamos desnudas en el suelo. Entonces nos parece convertirnos en gallos, lechuzas o cuervos y vamos al lugar donde nos espera el demonio, nuestro señor, y allí volvemos a nuestra forma normal y disfrutamos de unos placeres que no te cuento por no asustarte. Me lo paso muy bien cuando me unto, y aunque ya tengo setenta y cinco años, aún puedo disfrutar un año más. Después sólo Dios sabe lo que será de mí, y basta. Y se acabó la conversación, porque me pongo triste. Ven, hijo, y me verás untar.

Se levantó diciendo todo esto, cogió el candil y entró en otra habitación más pequeña ; yo la seguí admirado de lo que había oído y de lo que iba a ver. Colgó la Cañizares el candil en la pared y se desnudó deprisa. Sacó una olla, metió en ella la mano y se untó desde los pies hasta la cabeza.

Antes de untarse del todo me pidió que esperara allí hasta la mañana porque me diría las noticias de lo que me pasaría hasta volver a ser hombre. Le dije que sí bajando la cabeza y se acostó en el suelo como una muerta. Acerqué mi boca a la suya y vi que no respiraba.

[Adaptado de M. de Cervantes, *El coloquio de los perros*, España]

PREGUNTAS

10. Según el texto, la untura de las brujas :
    a) convierte a las brujas en cuervos.
    b) le causa el dolor profundo al narrador.
    c) hace que las brujas disfruten de los placeres incontables.

11. Según la bruja vieja, esta untura se puede untar hasta :
    a) 75 años.
    b) 76 años.
    c) 77 años.

12. Según el texto, lo que pidió la bruja al narrador es :
    a) contarle a ella lo que iba a suceder al narrador.
    b) llevarla a uno de sus convites.
    c) esperarla hasta el día siguiente.

마녀의 고약

노파가 내 어머니라고 말한 사람에 대해 내게 말했던 것들은 나를 깊숙이도 아프게 만들어서, 나는 그녀를 공격하고 물어뜯고 싶었다. 그렇게 하지 않았던 것은 노파가 죄인인 채로 죽어버리지 않도록 하기 위함이었다. 결국 노파는 그날 밤 자신들의 집회 중 한 곳에 가기 위해 고약을 바를 생각이고, 내게 일어날 일을 그곳에서 악마에게 물어볼 것이라고 말했다. 난 그 고약이 어떤지 알고 싶었는데 노파는 내가 원하는 바를 읽은 것 같았다. 그래서 내게 말했다.

"이 마녀의 고약은 약초로 만들어졌어, 사람들이 생각하듯 어린애의 피가 아니라. 어찌나 차가운지 모든 감각을 빼앗아 가버리지. 그래서 우린 땅바닥에 벌거벗은 채로 남아있게 되는 거야. 그러면 마치 우리가 닭이나 부엉이, 까마귀로 변해버린 것 같아. 그리고 우리는 주인님이신 악마께서 우릴 기다리는 장소로 간단다. 그곳에서 우린 평상시의 모습으로 되돌아가서 네가 놀랄까봐 말해줄 수는 없는 쾌락을 즐기는 거지. 고약을 바를 때면 난 굉장히 즐거운 시간을 보내게 돼. 비록 내가 75살이지만 아직도 1년은 더 즐길 수 있어. 그 다음은 오직 신만이 내가 어떻게 될지 알고 계시지. 이제 대화는 끝났다, 슬퍼지거든. 얘야, 이리 오렴, 내가 고약 바르는 것을 보여 주마".

노파는 이 모두를 말하며 일어서더니, 등잔을 들고 더 작은 방으로 들어갔다. 나는 내가 들은 것과 보게 될 것에 놀라 그녀를 따라갔다. 라까니싸레스는 등잔을 벽에 걸더니 재빨리 옷을 벗었다. 그리고 냄비를 꺼내 손을 집어넣고는 발부터 머리까지 고약을 발랐다.

고약을 전부 바르기 전에 내가 다시 인간이 되기까지 일어날 일에 대한 소식을 말해줄 테니 그곳에서 아침까지 기다리라고 부탁했다. 나는 고개를 떨구며 그러겠노라고 대답했고, 노파는 바닥에 시체처럼 누웠다. 내 입을 그녀의 입에 가져갔지만 숨을 쉬지 않는다는 것을 깨달았다.

[스페인, 미겔 데 세르반테스, 『개들의 대화』에서 각색한 글]

PREGUNTAS

10. 위 글에 의하면, 마녀의 고약은
   a) 마녀들을 까마귀로 만든다.
   b) 화자에게 깊은 고통을 야기한다.
   c) 마녀들이 말할 수 없는 쾌락을 즐기게 만든다.

11. 늙은 마녀에 의하면, 이 고약을 즐길 수 있는 나이는
   a) 75세까지이다.
   b) 76세까지이다.
   c) 77세까지이다.

12. 위 글에 의하면, 마녀가 화자에게 부탁한 것은
   a) 화자에게 일어나게 될 일을 그녀에게 말해 주는 것이다.
   b) 그녀를 집회 중 한 곳에 데려다주는 일이다.
   c) 다음 날까지 그녀를 기다려주는 일이다.

[답: c / b / c]

PRUEBA 4. GRAMÁTICA Y VOCABULARIO

Sección 1: Texto incompleto

Instrucciones

Complete el siguiente texto eligiendo para cada uno de los huecos una de las tres opciones que se le ofrecen.

Puede utilizar esta página como borrador, si lo estima conveniente.

Marque la opción elegida en la **Hoja de Respuestas Número 4.**

Una llamada

El timbre del teléfono me despertó, sobresaltada, cuando __1__ que mi hija se casaba __2__ todo lo alto en la __3__ iglesia de Santa María del Mar. Estaba tumbada sobre el sofá de mi despacho, en la parte vieja de la ciudad, cerca del Ensanche. La siesta era obligatoria con aquel calor y además tenía pocos clientes. Bueno, no tenía clientes, ni crédito en el banco, ni señora de la limpieza, ni una secretaria en la agencia. Mis ahorros volaban como el humo __4__ el número cero y yo me acordaba __5__ los consejos de mi padre : cerrar ese sucio negocio de fisgón heredado de mi marido y __6__ a trabajar con él, mi padre evidentemente, y sus socios en el bufete de abogados.

__7__ el teléfono. Una voz de mujer con acento __8__. Parecía nerviosa.

- Buenos días, ¿la agencia Forner, por favor?
- Es aquí. ¿Qué desea?

La mujer hablaba insegura.

- ¿Con quién __9__? __10__ con su jefe el señor Forner, por favor.

__11__ siempre, en este trabajo los clientes querían hablar con un hombre.

- Es un poco difícil. El señor Forner ya no está aquí. Yo soy su esposa, y ahora la directora de esta agencia.

La mujer rió, nerviosa.

- Perdone, no lo __12__. ¿Ha muerto? Él me conocía.
- No, pero se fue __13__ un año.

La mujer volvió a reír. __14__ mucho más nerviosa.

- Siempre ando __15__ la pata.
- Dígame qué desea, señora.
- Necesito sus servicios. Pero no puedo seguir __16__ por teléfono. Quiero hablar personalmente con usted.
- __17__ espero en mi oficina. Voy a estar toda la tarde.

Y colgué. Tenía la cabeza espesa, pero la posibilidad de tener un cliente me dio fuerza. 'Voy a mostrar a todos __18__ me dicen que estoy loca __19__ continuar con este negocio que no __20__ necesito'.

[Adaptado de Julio R. Melero, *Muerte entre muñecos*, España]

Opciones

	a)	b)	c)
1.	a) soñó	b) soñaba	c) soñé
2.	a) por	b) para	c) con
3.	a) mismísima	b) segurísima	c) buenísima
4.	a) desde	b) con	c) hacia
5.	a) con	b) por	c) de
6.	a) seguir	b) volver	c) ayudar
7.	a) Sonó	b) Sonaba	c) Soné
8.	a) andaluz	b) andalucía	c) andalucés
9.	a) telefoneo	b) digo	c) hablo
10.	a) Ponme	b) Póngame	c) Póneme
11.	a) Así	b) Como	c) Pues
12.	a) sabía	b) supe	c) sé
13.	a) desde	b) hacia	c) hace
14.	a) estuvo	b) está	c) estaba
15.	a) metiendo	b) meter	c) metida
16.	a) hablando	b) hablado	c) hablar
17.	a) Le	b) Lo	c) La
18.	a) les que	b) los que	c) las que
19.	a) para	b) por	c) a
20.	a) les	b) los	c) las

CLAVE									
1. ⓑ	2. ⓐ	3. ⓐ	4. ⓒ	5. ⓒ	6. ⓑ	7. ⓐ	8. ⓐ	9. ⓒ	10. ⓑ
11. ⓑ	12. ⓐ	13. ⓒ	14. ⓒ	15. ⓐ	16. ⓐ	17. ⓒ	18. ⓑ	19. ⓑ	20. ⓑ

한통의 전화

전화벨 소리가 화들짝 놀라게 하며 나를 깨웠는데, 그때 나는 딸이 다름 아닌 산따 마리아 델 마르 교회에서 화려하게 결혼하는 꿈을 꾸고 있었다. 난 엔산체 근처의 구시가지 내 사무실 소파위에 누워있었다. 그 더위로 인해 낮잠은 의무적이었고, 더군다나 손님도 적었다. 아니, 손님도, 은행 잔고도, 청소 도우미 아줌마도, 사무소에 비서도 없었다. 내 저축액은 숫자 0을 향해 마치 연기처럼 날아갔고 나는 아버지의 충고를 떠올렸다. 남편에게서 물려받은 남의 뒷조사나 하는 그 지저분한 사업을 접고 로펌에서 그, 물론 아버지와 그의 파트너들과 함께 다시 일을 하는 것이었다.

전화벨이 울렸다. 안달루시아 말씨의 여자 목소리였다. 긴장한 듯 했다.

"안녕하세요, 포너 탐정사무소인가요?"

"여기 맞습니다. 무슨 일이신지요?"

여자는 더듬거리며 말했다.

"누구시죠? 윗분인 포너씨를 바꿔주세요."

언제나 그렇듯이 이 직종에선 고객들은 남자와 이야기하고 싶어 한다.

"그건 좀 힘들겠군요. 포너씨는 이미 이곳에 안계십니다. 저는 그의 부인으로 지금은 이 사무소의 소장이지요."

여자는 신경질적으로 웃었다.

"실례했습니다, 몰랐어요. 돌아가셨나요? 그분은 저를 알고 계셨는데."

"그렇진 않지만 1년 전에 나가셨어요."

여자는 다시 웃었다. 훨씬 더 긴장하고 있었다.

"전 언제나 실수하고 말아요."

"무슨 일인지 말씀해주세요, 부인."

"그곳의 서비스가 필요해요. 하지만 전화로 계속 이야기할 수는 없군요. 직접 당신과 이야기하고 싶어요."

"제 사무실에서 기다리겠습니다. 오후 내내 있을 거예요."

그리고는 전화를 끊었다. 머리가 개운치 않았으나, 의뢰인이 생길 수 있다는 가능성이 내게 힘을 북돋았다. '내가 이 사업을 계속하는 것에 미쳐있다고 말하는 모든 사람들에게 그들이 필요치 않다는 것을 증명해보이겠어.'

[스페인, 훌리오 R. 멜레로, 『인형가운데에서의 죽음』에서 각색한 글]

EJERCICIO 1

Instrucciones

En cada una de las frases siguientes se ha marcado con letra **negrita** *un fragmento. Elija, de entre las tres opciones de respuesta, aquella que tenga un significado equivalente al del fragmento marcado. Por ejemplo* :

- No he hablado todavía con Javier porque el teléfono **está comunicando.**

a) está estropeado
b) no da señal
c) está ocupado

La respuesta correcta es la **c.**

Marque la opción correcta en la **Hoja de Respuestas Número 4.**

21. - ¿Qué te pasa? Tienes mala cara.
- **No** he podido **pegar ojo** en toda la noche.
a) No he dormido nada.
b) No he estudiado nada.
c) No lo he pasado bien.

22. - ¿Qué te pareció la nueva escuela, hijo?
- La escuela está bien, pero **no es para tanto.**
a) Está bien pero no es muy barata.
b) Está bien pero a mí no me gusta.
c) Está bien pero sin exagerar.

23. - ¿Sabes? Pedro ha ganado mucho dinero en su nuevo negocio.
    - Ya lo sabía. **Tiene ojo** para los negocios.
        a) Tiene intuición.
        b) Tiene cuidado.
        c) Tiene imaginación.

24. - ¡Uf, cómo me duele la cabeza! Tu hermano no ha parado de hablar.
    - Antonio **habla por los codos.**
        a) Habla muchísimo.
        b) Habla rapidísimo.
        c) Habla sólo del cuerpo.

25. - Pero mi compañero no quiso ayudarme al principio.
    - Sin embargo, al final lo **hizo por las buenas.**
        a) Voluntariamente, de buen grado.
        b) Lentamente, sin prisa.
        c) Gratuitamente.

26. - Anda, hijo, llévate el paraguas **por si las moscas.**
    - No creo que lo necesite, mamá.
        a) Para arreglarlo.
        b) Para defenderte de las moscas.
        c) En prevención, porque quizá lo vas a necesitar.

27. - Mi cuñado se salvó **por los pelos** en el terremoto de Quito.
    - ¡Menos mal!
        a) Se salvó por muy poco.
        b) Se salvó gracias a su pelo.
        c) Se salvó desde el principio.

28. - ¿Crees que vendrá María a la fiesta?
    - **Doy por hecho** que vendrá.

a) Quizá vendrá.
b) Creo con una cierta seguridad que vendrá.
c) Me parece que vendrá.

29. - Venga, vamos a comprar nuevos pantalones.
- Pero **estoy sin blanca.**
a) No tengo suerte.
b) No tengo dinero.
c) No tengo hermanas.

30. - No me gusta Emilio porque **es un pelota.**
- Por eso no hablaste con él en la fiesta.
a) No me gusta porque sólo habla de fútbol.
b) No me gusta porque es demasiado cerrado.
c) No me gusta porque su comportamiento es demasiado adulador o sumiso.

21. - 무슨 일 있니? 안색이 좋지 않아.
- 밤새도록 **눈을 붙이지 못했어.**
a) 전혀 자지 않았어.
b) 전혀 공부를 하지 않았어.
c) 잘 지내지 못했어. [답 : a]

22. - 얘야, 새 학교는 어때 보였니?
- 학교는 좋아요, 하지만 **그렇게 호들갑떨 정도는 아니에요.**
a) 좋지만 아주 싸지는 않아요.
b) 좋지만 마음에 들지는 않아요.
c) 좋지만 과장할 정도는 아니에요. [답 : c]

23. - 너 알고 있니? 페드로가 새 사업에서 큰돈을 벌었어.
- 벌써 알고 있었어. 사업을 **보는 눈이 있다니까.**
a) 직관력이 있다.
b) 조심스럽다.

c) 상상력이 있다. [답: a]

24. - 휴, 머리가 너무 아파! 네 동생은 끊임없이 말하더구나.
- 안토니오는 **수다쟁이야.**
a) 말을 굉장히 많이 한다.
b) 말을 굉장히 빨리 한다.
c) 오직 몸에 대해서만 말한다. [답: a]

25. - 하지만 내 동료는 처음에 나를 도와주려하지 않았어.
- 그래도 결국엔 **자발적으로 했다니까.**
a) 스스로, 선선히
b) 천천히, 서두르지 않고
c) 무료로 [답: a]

26. - 얘야, **혹시 모르니까** 우산을 가져가렴.
- 필요할 것 같지 않아요, 엄마.
a) 고쳐야하니까
b) 모기로부터 방어해야하니까
c) 조심해서, 혹시 필요하게 될 수 있기 때문에 [답: c]

27. - 우리 매형이 키토의 지진에서 **가까스로** 목숨을 구했었어.
- 천만다행이구나!
a) 간신히 살았어.
b) 머리카락 덕분에 살았어.
c) 처음부터 살아났어. [답: a]

28. - 마리아가 파티에 올 것 같니?
- **확실히** 온다니까.
a) 아마 올 거야.
b) 올 것이라고 어느 정도 확신을 가지고 믿고 있다.
c) 올 것 같아. [답: b]

29. - 자, 우리 새 바지를 사러가자.
- 하지만 **난 한 푼도 없는 걸.**

a) 운이 없다.
b) 돈이 없다.
c) 자매가 없다. [답: b]

30. - 에밀리오는 **아첨꾼이라** 마음에 들지 않아.
- 그래서 파티에서 그와 말하지 않았구나.
a) 오직 축구에 대해서만 이야기하기 때문에
b) 너무 폐쇄적이라
c) 태도가 너무 아첨을 떨거나 복종적이라 [답: c]

EJERCICIO 2

Instrucciones

Complete las frases siguientes con el término adecuado de los dos o cuatro que se le ofrecen. Marque la opción en la **Hoja de Respuestas Número 4.**

31. - ¿Dónde _______ la celebración?
    - En el hotel Lago.

    a) es

    b) está

32. - Mamá mira, me caí en la calle.
    - No te preocupes. La herida no _______ nada.

    a) cs

    b) está

33. - La casa no _______ ni calefacción ni ascensor.
    - ¡No me digas! ¡Con el alquiler que pagaste!

    a) tuvo

    b) tenía

34. - ¿A dónde vas?
    - Me duele mucho la cabeza. Voy _______ una aspirina.

    a) para

    b) por

35. - Anoche me encontré a don Julio. _______ viejísimo.
    - ¿Qué le habrá pasado?

    a) es

    b) está

36. - ¡Qué bien cocinas!
- Esto lo hace _______.
  a) cualquier
  b) cualquiera

37. - Perdone, ¿puedo comprar un pastel?
- ¿Un pastel? Ya no me queda _______
  a) ninguno
  b) ningún

38. - No me gusta la clase del profesor Molina.
- Sus explicaciones normalmente _______ confusas.
  a) son
  b) están

39. - Después de que hablamos la semana pasada, sinceramente _______ otro comportamiento de él.
- Aún es pronto. Esperemos unos días más.
  a) esperé
  b) esperaba

40. - _______ aprender una lengua se necesita mucha paciencia.
- Sí, tienes razón.
  a) para
  b) por

41. - ¿A qué hora salió Miguel anoche?
- _______ aproximadamente las dos cuando salió de aquí.
  a) Fueran
  b) Son
  c) Fueron
  d) Serían

42. - Y después de comer, ¿qué hiciste?
- Me puse _______ limpiar.
a) de
b) para
c) por
d) a

43. - Según Antonio, tú eras el ganador del concurso.
- Ya... Si no me _______ nada, no me habría ilusionado.
a) hubiera comentado
b) han comentado
c) comentó
d) comentara

44. - Venga, vamos a sacar fotos.
- No, no quiero. Tengo pocas fotos en _______ esté bien.
a) las que
b) los que
c) que
d) cuyos

45. - Otra vez quiero hablar contigo sobre este tema.
- _______ sobra sabes qué pienso sobre él.
a) Para
b) Con
c) De
d) Por

46. - Te digo un secreto. El jefe irá a otro sitio sin decir nada a la empresa.
- _______ ser eso cierto, habrá problema.

a) Con
b) De
c) Como
d) Si

47. - ¿Vas a hacer el favor a María?
- Si puedo, _______ haré.
a) te lo
b) se la
c) me lo
d) se lo

48. - ¿Sabes que Antonio quiere cambiar de trabajo?
- Sí, ya _______ contó la semana pasada.
a) me lo
b) la
c) se
d) me le

49. - ¿Cómo se encuentra tu abuelo?
- Desde la última operación su salud va de mal _______ peor.
a) por
b) a
c) en
d) de

50. - Como no me _______ caso, te quedarás castigado.
- Vale, papá. Ya voy a estudiar.
a) hicieras
b) haces
c) hagas
d) has hecho

51. - El jefe tiene muy mal carácter, ¿no?
- No es que tenga mal carácter, _______ hoy está muy nervioso.
a) si
b) porque
c) es que
d) por eso

52. - ¿De verdad sabes hacer el pastel de chocolate?
- Preparar el pastel es pan _______.
a) fácil
b) rico
c) pagado
d) comido

53. - ¿Qué haces con el periódico?
- Estoy buscando una buena película _______ vayamos a verla este sábado.
a) para que
b) porque
c) así que
d) mientras

54. - María y Julia siempre están juntas.
- Es verdad. Se quieren _______ fueran hermanas.
a) si
b) siempre que
c) como
d) como si

55. - ¿Vas a votar?
- No lo pienso. Yo paso _______ política.

a) de
b) por
c) para
d) a

56. - ¿Y qué le dijiste a tu padre?
- Le respondí con la intención de que ______ mi opinión.
a) conocerá
b) conociera
c) conozca
d) conoce

57. - Estoy preocupado por la operación de mañana, doctor.
- No debes preocuparte de nada. Está en buenas ______.
a) manos
b) familias
c) situaciones
d) suertes

58. - Date prisa, que ______ coger el tren de las dos.
- Ya voy, ya voy.
a) podamos
b) pudieramos
c) podemos
d) podríamos

59. - Entonces, ¿qué tengo que hacer, doctor?
- Llámeme apenas le ______ la fiebre.
a) subiera
b) subirá
c) sube
d) suba

60. - ¿Sabes si José va a ir a Perú este invierno?
    - Sí, me comentó que _______.
    a) iba a ir
    b) irá
    c) va a ir
    d) vas

31. - 축하연은 어디입니까?
    - 라고 호텔입니다. [답: a]

32. - 엄마, 이것 봐요, 길에서 넘어졌어요.
    - 걱정하지 마. 상처는 별것 아니야. [답: a]

33. - 집은 난방도, 엘리베이터도 없었어.
    - 그럴 리가! 네가 낸 임대료는 어쩌고! [답: b]

34. - 어디가?
    - 머리가 무지 아파. 아스피린 가지러 가. [답: b]

35. - 어제 훌리오 선생님을 만났어. 무척 늙으셨더라.
    - 무슨 일이 있었던 걸까? [답: b]

36. - 너 요리 정말 잘 하는구나!
    - 이건 누구나 하는 거야. [답: b]

37. - 실례합니다만 케이크를 살 수 있을까요?
    - 케이크요? 이젠 하나도 남지 않았어요. [답: a]

38. - 몰리나 교수님의 수업은 마음에 들지 않아.
    - 보통 그의 설명은 혼란스러워. [답: a]

39. - 지난주에 이야기한 다음에, 솔직히 말하면 난 그에게 다른 태도를 기대했었어.
    - 아직은 일러. 며칠 더 기다려보자. [답: b]

40. - 한 언어를 익히려면 많은 인내심이 필요해.
- 그래, 네 말이 옳아. [답: a]

41. - 어젯밤 미겔은 몇 시에 나갔어?
- 여기서 나갔을 때가 약 두 시쯤일 거야. [답: d]

42. - 밥 먹은 후엔 뭐 했니?
- 청소를 시작했지. [답: d]

43. - 안또니오에 의하면, 네가 그 대회의 승자였어.
- 그래... 만일 나에게 아무 말도 하지 않았더라면 나도 기대하지 않았을 텐데. [답: a]

44. - 자, 우리 사진찍자.
- 아니, 싫어. 난 잘 나온 사진이 굉장히 적어. [답: a]

45. - 이 주제에 대해 너와 다시 이야기하고 싶어.
- 그것에 대해 내가 어떻게 생각하는지 넌 충분히 알고 있어. [답: c]

46. - 비밀을 하나 말해줄게. 보스가 회사에는 아무 말 없이 다른 곳으로 옮길 거야.
- 그게 사실이면 문제가 생길 텐데. [답: b]

47. - 마리아에게 부탁을 들어줄 거야?
- 할 수 있다면. 들어줄 거야. [답: d]

48. - 안또니오가 직장을 바꾸고 싶어 한다는 것을 알고 있어?
- 응, 이미 지난주에 내게 그것을 말해주었어. [답: a]

49. - 네 할아버지는 어떠시니?
- 마지막 수술부터 건강이 악화되고 계셔. [답: c]

50. - 내 말을 듣지 않으면 넌 벌을 받게 될 거다.
- 알았어요, 아빠. 공부하러 갈게요. [답: c]

51. - 보스는 성격이 좋지 않아, 안 그래?
- 성격이 안 좋은 것이 아니라 오늘 굉장히 신경이 예민해서 그래. [답: c]

52. - 정말 초콜릿 케이크를 할 줄 알아?
- 케이크 만드는 것은 식은 죽 먹기야. [답: d]

53. - 신문으로 뭐하고 있는 거야?
- 이번 토요일에 보러가려고 좋은 영화를 찾고 있어. [답: a]

54. - 마리아와 훌리아는 항상 같이 있어.
- 정말 그래. 자매같이 서로 아껴. [답: d]

55. - 투표할거야?
- 그럴 생각 없어. 나는 정치에 관심 없어. [답: a]

56. - 그래서 아버지께 뭐라고 말씀드렸니?
- 내 의견을 알고 계시라는 의도로 대답했어. [답: b]

57. - 내일 수술 때문에 걱정예요, 박사님.
- 아무 것도 걱정할 필요 없단다. 넌 믿을만한 손에 있으니까. [답: a]

58. - 서둘러, 두시 기차를 타도록 말이야.
- 이제 가, 간다고. [답: a]

59. - 그럼, 전 뭘 해야 하죠, 박사님?
- 열이 오르자마자 전화해주세요. [답: d]

60. - 호세가 이번 겨울에 페루에 가는지 안 가는지 알고 있어?
- 응, 갈 거라고 나한테 말했어. [답: a]

DELE Nivel Intermedio
기출문제 해설집

초판 1쇄 발행 2008년 10월 15일 **초판 2쇄 발행** 2010년 6월 21일
초판 3쇄 발행 2014년 10월 31일

지은이 조혜진 **펴낸이** 박성복 **펴낸곳** 도서출판 월인
등록번호 제6-0364호 등록일 1998. 5. 4.
주소 142-879 서울특별시 강북구 노해로25길 61(수유2동 252-9)
대표전화 (02) 912-5000 팩스 (02) 900-5036
e-mail worinnet@hanmail.net homepage http://www.worin.net

ISBN 978-89-8477-412-4 93770

값 15,000원